万川
reflections

一步万里阔

贸易

马尼拉大帆船与全球化经济的黎明

The Age of Trade

The Manila Galleons and the Dawn of the Global Economy

〔美〕阿图罗·吉拉尔德斯 著 李文远 译

Arturo Giraldez

中国工人出版社

致　谢

xi

若没有参考书目中写出的历史学家的努力，我不可能写出这本书。可以说，我正是“站在巨人的肩膀上写作”。这些优秀的学者包括雪莉·菲什（Shirley Fish）、巴勃罗·E. 佩雷斯·马亚伊纳（Pablo E. Perez Mallaina）和威廉·莱特尔·舒尔茨（William Lytle Schurz），他们对大型帆船做的大量研究工作对本书来说必不可少。多年来，我的同事 D. O. 弗林（D. O. Flynn）始终与我探讨现代经济史，我们还合著了一些出版物，本书正是合作成果之一。无论是对于我们的友情还是知识层面的合作，我都心怀感激。西班牙的很多大学教授与我分享了他们的著作，并为我答疑解惑，我想借此机会感谢他们的慷慨之举。这些专家包括：西班牙拉科鲁尼亚大学（Universidade de Coruna）的路易斯·阿隆索·阿尔瓦雷斯教授（Prof. Luis Alonso Alvarez），科尔多瓦大学（Universidad de Cordoba）的安东尼奥·加西亚·阿瓦索罗教授（Prof. Antonio Garcia-Abasolo）、安娜·玛丽亚·普列托·卢塞纳博士（Dr. Ana Maria Prieto Lucena）和因马库拉达·阿尔瓦·罗德里格斯博士（Dr. Inmaculada Alva Rodriguez），西班牙高等科学研究理事会（Consejo Superior de Investigaciones Cientificas）的文科博士多洛莉丝·埃利萨尔德（Dra. Ma. Dolores Elizalde），以及马德里自治大学

（Universidad Autonoma Madrid）的帕特里西奥·伊达尔戈·努切拉博士（Dr. Patricio Hidalgo Nuchera）。太平洋大学图书馆（University of the Pacific Library）的同事对我提出的问题和要求总是有求必应。在这里，我要特别感谢馆际互借服务，他们总是及时满足我的借书请求，从不迟误，我欠这些同行一大笔人情。太平洋大学教务长办公室给我批了公休假，让我得以完成这本书的写作，对此我表示感谢。在本书的写作过程中，罗曼与利特菲尔德图书出版公司的苏
xii 珊·麦凯琴（Susan McEachen）给予我许多鼓励和建议；责任编辑莉·波比林斯基（Lea Popielinski）完善了本书手稿。他们和匿名读者一起，提出了许多有益的建议，极大地改进了原文内容。若本书仍存在遗漏或错误，皆因本人疏忽所致，敬请见谅。

谨以此书献给阿姆斯特丹大学（University of Amsterdam）教授利奥·诺德格拉夫博士（Dr. Leo Noordegraaf）。

序　言 1

马尼拉（Maynila）意为“睡莲之地”。早在1570年，马尼拉就是一个繁荣的市场。在今日的马尼拉湾（Manila Bay）西岸，拉惹[①]拉德扬·马坦达（Ladyang Matanda）和他的侄子兼继承人拉惹苏莱曼（Suleyman）曾统治着这片土地，他们与婆罗洲的文莱苏丹（Sultanate of Brunei）有姻亲关系。中国和文莱的商人定期来到马尼拉，用黄金、蜂蜡和林业产品交换丝绸、瓷器、锣和枪。一道栅栏围住了酋长的住所、公用仓库和一座枪炮铸造厂。在枪炮铸造厂里，一位葡萄牙铁匠正忙于制造大炮。当地人为中国和日本商人提供了一个广场和一处临时住所。这块飞地位于连接明朝时期的中国、日本和香料群岛（Spice Islands）的路线上，而香料群岛由马鲁古群岛（Molucca）和班达群岛（Banda）组成，这是世界上唯一一个能生长令人垂涎的丁香和肉豆蔻的地方。自15世纪以来，旧世界的贸易呈上升趋势，马尼拉王国也被纳入这些交易网络当中。中国大型帆船运来货物，穆斯林船员驾驶较小的船只，将货物分发到无数岛屿上。菲律宾商人阶层扩散到马六甲（Malacca）——马六甲是印度洋（Indian Ocean）和中国海（China Sea）之间的重要转运港，也是吕

① Rajah，又译作“拉者”，是东南亚和印度等地对于领袖或酋长的称呼。——译者注

宋岛商人发迹之地。此外，每年有两三艘船载着黄金、木材和食品从马尼拉驶往马六甲。在 15 世纪至 16 世纪，马尼拉与诸多东南亚转运港遵循着相同的商业模式。

在太平洋对岸的墨西哥，奥古斯丁修会（Augustinian）修士安德烈斯·德·乌尔达内塔（Andres de Urdaneta）向西班牙总督路易斯·德·贝拉斯科（Luis de Velasco）推荐了巴斯克人米格尔·洛佩兹·德·莱加兹皮（Miguel lopez de legazpi），担任未来远征菲律宾的领导人。

2 莱加兹皮曾在西班牙和墨西哥担任公职，丰富的经验是他的优势所在。之所以乌尔达内塔的建议举足轻重，是因为他曾在一支马鲁古群岛探险队里当过会计，还在马鲁古群岛上生活多年，会讲马来语，拥有广博的航海知识。征服新土地通常需要公共利益和私人利益之间的合作，西班牙王室则负责提供体制上的支持。莱加兹皮卖掉了他在墨西哥的所有财产，为此次航行提供资金。他获得了“西班牙贵族”（Adelantado）（一种授予征服者的荣誉称号）的称号，以及未来新殖民地的总督职位。

拉惹和西班牙人的相遇改变了菲律宾的自治型社会，把这里变成了遥远的墨西哥总督的统一行政属地，当地居民也变成了一位遥远国君统治下的臣民。新的动植物被运到岛上，改变了群岛的生态和经济。传教士要改变当地的宗教信仰和仪式，将天主教强加给当地居民，而传教士的上司却远在罗马。西班牙殖民政府要求菲律宾人必须向政府缴纳贡赋，为政府工作，并向政府提供食品和其他用品。这些贡赋是殖民统治的主要资金来源，菲律宾土著居民不仅被西班牙人殖民，还要为殖民活动提供资金。

19 世纪，单一民族国家是占主导地位的政治模式，菲律宾人为实现独立的菲律宾国家而战。1898 年，西班牙人离开了菲律宾，但菲律宾民族主义者的愿望并没有实现——因为美国的太平洋扩张计划取代了西班牙的帝国战略。直到 1946 年，菲律宾群岛才恢复了莱加兹皮建立马尼拉市（Manila）时土著社区失去的自治权。

殖民者与土著人的看法相反，前者将新西班牙（New Spain）统治下的菲律宾视为一个遍布商机的地方。1590 年，塞巴斯蒂安 · 比斯凯诺（Sebastian Biscaino）写信给他的父亲，喜悦之情跃然纸上："我可以证明，我从西班牙带去的价值 200 枚杜卡特金币[①]的货物和一些随身携带的佛兰德（Flemish）商品，在那里值 1400 枚杜卡特。我算了一笔账，如果我把那些丝绸制品和其他商品运往墨西哥，一趟行程就可以赚 2500 枚杜卡特。"[1]

从全球角度来看，马尼拉这座城市的建立意味着人类首次通过不间断的互动把地球大陆连接起来。在英国开启技术革命之后，马尼拉大帆船使美洲大陆加入了大西洋、印度洋和南海的贸易往来，现代世界就此成型。

正如现代机场始于基蒂霍克镇（Kitty Hawk）、现代飞机始于 3
"莱特飞行者一号"（Wright Flyer I）一样，那些运载着数千吨商品、横跨太平洋的超级油轮的历史可追溯到 1571 年建市的马尼拉。柯蒂 ·N. 乔杜里（Kirti N.Chaudhuri）将我们的当代经济与 16 世纪出现的全球贸易联系在一起："19 世纪的工业革命改变了技术平衡，使西方国家受益，全球贸易关系的存在极大地促使这些国家通过提

① 欧洲古代贸易货币。——译者注

升专业化程度最大限度地增加经济收益。”[2]

首先，我们必须纠正一些当代的观念。19 世纪以前，世界贸易规模要比现在小得多，当时的世界人口也比现在少得多。2000 年，全球人口 60 亿人；而 1600 年的全球人口约为 5.45 亿人，1700 年约为 6.1 亿人，1800 年约为 9 亿人。贸易是一种高度投机的活动，价格波动和不同市场之间的巨大价差让商人看到了赚取丰厚利润的希望。当时的通信速度缓慢，货物运输经常受到天气、海盗和战争的干扰，这些因素导致价格波动和运输成本高昂。只需一艘帆船，就能改变某一特定市场的货物价格或黄金价格。在 17 世纪和 18 世纪的欧洲、印度、中东、中国和美国，商业城市都是按照相似方式规划的。与世界其他地方的商人相比，北欧商人没有任何制度经济优势。马尼拉大帆船与英国或荷兰来往于印度的大帆船（Indiamen）有着相同的商业特征，但由于美国和亚洲白银市场之间存在价格差，马尼拉大帆船能获得可观的利润；同样，廉价的中国丝绸在新西班牙各总督辖区也很有销路，不过需求比如今小得多。17 世纪，美洲总督辖区的人口约有 1000 万人，而在 18 世纪的最后几年，人口约有 1600 万人。在这样的小规模社会中，马尼拉大帆船影响巨大。

从 16 世纪马尼拉大帆船航线的运行情况，我们就能看出这种船与西属美洲殖民地以及亚洲国家之间的关系，中国尤为重要。因为中国不仅能满足全球市场对廉价商品的需求，甚至能决定全球金融。19 世纪之前，全球经济的货币体系一直依赖于中国对美洲白银的需求。如果没有中国，西班牙帝国不可能顺利运转。在这个近代贸易网络中，商人要直接进入亚洲市场，只能取道于连接着阿卡普尔科（Acapulco）和马尼拉的航线。秘鲁和新西班牙总督辖区的商人除了销售大西洋舰队带来的货物外，还可以选择另一种高利润投资渠道。

商人们拥有特权地位，因此，他们会慷慨地支持西属美洲殖民 4
地防御敌国的进攻，并向西班牙国王的国库提供大量捐款。如果没有这些精英的支持，美洲的西班牙帝国就会分崩离析；而大西洋和太平洋两岸的商业贸易所产生的利润足以让他们保持对帝国的忠诚。

当代不同学科对地球大陆进行了不同的区域划分。从学术角度来看，美洲总督辖区和菲律宾都属于历史久远的地理区域，而西班牙帝国的兴衰变迁往往是从欧洲人的角度加以描述的，但欧洲、美洲和亚洲知识体系相去甚远，因此欧洲人的观点难免有失偏颇。不过，水路运输的成本远低于陆路，海洋也就不仅仅是连接西班牙帝国遥远殖民地领土的重要纽带，英国、荷兰、法国、葡萄牙等国家同样如此。从海运角度来看，马尼拉大帆船的甲板是观察世界历史发展脉络的一个特殊场所。美洲、非洲、欧洲，菲律宾、中国和印度的民众以及他们多方面的互动，或多或少地与定期往来于太平洋两岸的船只有关。要理解马尼拉大帆船的意义，就要用另一种不同的理论从整体上阐述帝国主义，尤其是西班牙帝国。亨利·卡门（Henry Kamen）认为："回顾历史，任何时期的帝国似乎都没有获得成功。正是判定其失败的敏锐意识，才有助于讲述与西班牙世界统治史有关的无尽神话。"[3] 葡萄牙是欧洲第一个采用殖民制度的国家，后被荷兰、英国和法国模仿。西班牙人采用了同样的殖民制度，但在 19 世纪之前，西班牙殖民的领土面积大于其他任何国家。西班牙之所以如此突出，除了从美洲搜刮到了白银以外，还因为它有能力汇集不同民族的资源，并得到了当地精英阶层的主动配合。意大利人在地中海提供船队，佛兰德人在大西洋与荷兰人作战，德国人提供技术，热那亚人和葡萄牙银行家提供金融方面的专业知识，亚美尼亚和西班牙系犹太人积极参与到帝国的贸易网络中，殖民地当局收集贡赋和组织劳动力。不同国家、不同种族的人口，构成了西班牙帝国这一“跨国企业”。近几个世纪，西班牙帝国殖民地的税务和会计档案验证了卡门的断定：“正如任何优秀的跨国公司一样，帝国的真正秘密在于它成功整合了区域业务，并拥有有效的‘成本自主权’，即每家分公司都有独立核算的权力，而非总部进行核算。”[4]

与历史上的其他帝国一样，西班牙帝国的建立和维系离不开暴
5 力手段。它就像一家由政府资助的跨国企业集团，为旗下的企业提供保护，努力改善资源流动，使成本更加合理化，并对有争议的产权和各类性质的冲突进行调解。西班牙帝国得以存续的根基是所有利益相关者都能够获得利润。18 世纪的墨西哥商人就是一个很好的例子，当西班牙中央政府改变商业政策，夺走当地行会对纺织市场的控制权时，殖民协议就被打破了。短短几十年时间，墨西哥就实现了独立。

马尼拉帆船队的航线是连接现代世界的几条路线之一。来自不同民族和族裔的商人在利润丰厚的时候参与到贸易活动中；18 世纪最后几十年，无法在这条航线得到收益时，他们便停止了投资，这条航线因而彻底停摆，荷兰和英国的东印度公司也是如此。

以下例子可以说明马尼拉大帆船贸易的性质及其影响。日本曾经历过一个“基督教世纪”（Christian Century），来自菲律宾的修士在这段时期起着至关重要的作用。胡安娜 · 伊内斯 · 德拉克鲁斯修女（Sor Juana Ines de la Cruz）是墨西哥城的一名修女作家，马尼

拉有一座以胡安娜命名的剧院（1651—1695年）；在马尼拉和墨西哥城，非洲人和菲律宾人加入了当地带有宗教性质的兄弟会。1697年，意大利人吉梅利·卡勒里（Gemelli Careri）写道，在新西班牙首都的复活节游行中，方济各会修士组成的方队被称为“中国人方队”，因为所有修士都来自菲律宾，而在墨西哥，所有亚洲人都被称为“中国人”。菲律宾人教墨西哥土著人用棕榈树酿造葡萄酒。此前多年，也就是1635年，墨西哥城的西班牙理发师曾向市政委员会抱怨外国人抢了他们的生意。当地似乎有200名中国理发师和胡须修剪师，以及低级别的医疗从业者，他们在市中心广场（Plaza Mayor）开店，用中西医结合的方法给人们治病，包括烙术、针灸、放血疗法和中草药疗法，还特别擅长治疗牙周病。普埃布拉（Puebla）的陶器模仿明代瓷器的饰纹。非洲人乘坐大帆船到达阿卡普尔科后，便留在当地生活和工作。加利福尼亚修道院的法衣用中国丝绸制成，而1701年由“圣卡洛斯号”（San Carlos）从马尼拉带来的旋转圣幕如今仍保留在旧金山的多罗雷斯修道院（Mission Dolores），证明着西班牙殖民加利福尼亚与帆船贸易航线的确存在着关系。在后续章节中，我们将把马尼拉帆船放在世界历史背景中，以论证地理、气候史、生态学、经济学、宗教和技术等不同学科以及关于人们日常生活的研究如何从根本上与这些来往于太平洋两岸的船只联系在一起。

目 录

第一章　西班牙殖民前的菲律宾群岛

第二章　西班牙在菲律宾定居点的起源

第七章　18 世纪的大帆船航线

第一章　西班牙殖民前的菲律宾群岛

季风、群岛和“环太平洋火山带” 7

菲律宾群岛的7100个岛屿分布在面积为50万平方英里的弧形地带上，该弧形带北起中国台湾和中国南部，南至婆罗洲。菲律宾群岛的西面是沿中国南海向南延伸的越南，南面则隔苏拉威西海（Celebes Sea）与印度尼西亚相望。菲律宾位于如今人们所说的“东南亚”，中国人过去称之为“南洋”（Southern Ocean），印度洋商人则把这些岛屿称作“风下之地”。

吕宋岛和棉兰老岛（Mindanao）是菲律宾群岛中最大的岛屿，占如今菲律宾11.56万平方英里总面积的95%。在吕宋岛和棉兰老岛之间，有一组被称为“米沙鄢”（Visayas）的岛屿，而明都洛岛（Mindoro）和巴拉望岛（Palawan）之间的岛屿叫作“卡拉棉群岛”（Calamianes）。山谷和山脉遍布吕宋岛和棉兰老岛，而沿海的河流和湖泊为人类提供了适宜灌溉和居住的土地。山脉、狭窄的山谷和成千上万的小岛屿，形成了菲律宾独特的由邻近淡水水域和相对较小海岸组成的社区聚居模式。

菲律宾的热带气候受季风影响。冬季，大陆上空的低温引发高压系统，形成寒冷且干燥的风；夏季，陆地上空的低压系统吸引来自海洋的水分，形成暴雨。季风遵循由南向北的模式，并受地球自转影响，由东向西偏转。

菲律宾群岛一年有两个主要的季节：雨季伴随着南部和西南部 9
的季风同时到来，西南季风（vendavales）从6月持续到9月，东北季风（brisas）则始于11月或12月。热带气旋又被称为“台风”，或当地人所谓的“碧瑶风”（baguios），常见于7月至11月。1604

年，耶稣编年史家佩德罗·奇里诺（Pedro Chirino）对热带气旋进行了描述："它们是狂暴的大风，通常在北方海洋上空形成，并在20个小时内或更长的时间以圆盘状向西南方向移动。"[1]过去，这些可怕的风暴决定了菲律宾社区的分布位置。例如，苏禄群岛（Sulu）和棉兰老岛的穆斯林苏丹国位于台风带之下。北部岛屿位于破坏性极大的碧瑶风的前进路线上，山脉西坡的河口或沿海地区可以为定居点提供庇护，马尼拉就是这种定居点。

每年，这些热带风暴都从卡罗林群岛（Caroline Islands）和玛丽亚娜群岛（Mariana Islands）向西移动到菲律宾。马尼拉大帆船的航行轨迹与台风带相一致："这使得从中国经马尼拉到墨西哥的贸易路线成为全世界最难航行的通道之一。"[2]除了碧瑶风和逆风带来的威胁外，群岛不规则的海岸线、暗礁、珊瑚礁和其他水下障碍物也是重型帆船行驶过程中的常见危险。

诸多岛屿的风、洋流和崎岖的地形影响了各地原住民的互动，并造成社会、语言和文化上的差异。地理上的分隔使菲律宾群岛与东南亚其他岛屿一样，形成了错综复杂的经济环境。生态多样性有利于岛屿之间以及山区、丘陵和沿海地区之间的资源贸易。正如17世纪的一位法国旅行家所说，"这些人不得不保持连续的交流，因为唯有如此，才能满足相互的需求"。[3]西班牙人到来时，这种粗犷的地理环境促成了菲律宾的多样化政体，其中包括穆斯林苏丹国、规模和复杂程度各异的酋长领地、高地部落群体以及少量的猎人和采集者。[4]

作为太平洋"边缘"或称"火山带"的一部分，菲律宾拥有许多活火山。太平洋面积为6380万平方英里，约占地球水覆盖面积的

46%、地球总表面积的1/3，超过全球陆地面积的总和。太平洋是地球上唯一一个被俯冲带围绕的海洋。当两个地壳板块相遇，一个板块俯冲到另一个板块之下，并沉入地幔时，就形成了俯冲带。

数百座活火山位于各种俯冲带之上，这便证明了太平洋沿海 10
是名副其实的“火山带”。构造位移会引发地震、海啸和火山活动，菲律宾历史上就经常受到火山爆发和地震的影响。1641年1月4日，苏禄群岛的两座火山同时爆发，威力极大，以至于整个群岛甚至远到越南的地方都能听到火山爆发的声音。几天后，一位名叫弗雷·卢卡斯·德·阿吉拉尔（Fray Lucas de Aguilar）的奥古斯丁修会修士接待了一群访客，这些被称为“伊戈洛特人”（Igorots）的山地人带来了令人吃惊的消息。在火山爆发当天，“突然出现了一场强烈的台风，把房屋或树木连根拔起；随后发生了一场地震，将巨石震向60英尺的空中，山崩释放出一股地下洪流，冲走了3座村庄”。当地人把自己的不幸遭遇归因于他们不愿听从一位“举止端庄的美丽女士”的劝告，她曾“斥责他们没有接受洗礼”。[5] 1754年，塔尔火山（Taal Volcano）连续喷发了6个半月，喷射出来的大量灰烬和熔渣形成一层厚厚的浮石，覆盖了塔尔湖（Taal Lake）。1766年，法国天文学家纪尧姆·勒·让蒂尔（Guillaume Le Gentil）恰好在马尼拉观察金星凌日现象时，他的天体监测工作于10月23日停止，“凌晨2点，马荣（Mayon）火山开始喷水，水量不计其数……利博格（Libog）和阿尔拜（Albay）之间形成了很多条30码宽的河流，暴涨的河水汹涌澎湃，朝大海奔去”。[6]

1645年的地震永久性地改变了马尼拉殖民地的建筑风格。地震之前，当地房屋通常为3层楼，一楼有屋顶平台，或者叫“露台”（azotea），还有一个悬在人行道上方的阳台，以保护行人免受日晒雨淋。一位目击者留下了一段关于此次地震的生动描述：“石墙摇摆晃动，仿佛随风起舞的纸张或牛皮纸；塔楼像树一样颤抖，最后被折断……一堆堆从被地震毁坏的房子上掉下来的石头，散落在街道上。”[7] 地震造成 600 人丧生，摧毁了多座建筑，包括总督官邸和检审庭（Audiencia）（即菲律宾群岛的高等法院），以及民宅、修道院、教堂和学校，只有马尼拉大教堂的两间祈祷室仍然矗立着。马尼拉以外的石头建筑也遭到破坏。相比之下，由于建筑风格已经发生了变化，1654 年和 1658 年地震的损失并不严重。那时单层房屋取代了多层高楼，房屋的墙壁很厚，且有扶墙支撑。1677 年 11 月 29 日，西班牙牧师佩德罗·库贝罗·塞巴斯蒂安（Pedro Cubero Sebastian）目睹了另一场“从凌晨 1 点持续到次日中午左右”的地震。

11 在马尼拉，这场可怕的地震似乎预示着世界末日，“所有宗教信徒和牧师以不同方式做着最深刻的忏悔：有些人戴着锁链，有些人身上绑着铁块，有些人肩上扛着十字架，还有一些人头上顶着装满灰烬的麻袋……到处乱糟糟的，仿佛末日审判”。尽管此次地震让人恐惧，但只造成了少数房屋倒塌，无人丧生。[8]

一般来说，热带地区土地贫瘠。相比之下，菲律宾的土地属于热带地区较为肥沃的，[9] 常年的高温和丰沛的降水形成的自然资源丰富的热带雨林中散布着许多小块永久种植区。[10] 茂密的树林催生了刀耕火种的农业模式，同时为人们提供木材、竹子和棕榈叶以建造住宅；此外，森林还遍布可采集和可进行商业化培育的动植物。

沿海土著居民

从历史上看，菲律宾的人口特征遵循了东南亚的总体发展趋势。菲律宾人口增长速度很慢，长期保持着低人口密度，并一直持续到18世纪晚期。[11]据学者估计，在西班牙人到达菲律宾群岛时，当地总人口在125万到157万人，平均每平方公里不到10人。[12]大部分岛民集中在贸易中心或密集的水稻种植地区，伊罗戈斯区（Ilocos）、邦板牙省（Pampanga）和马尼拉人口密度达到每平方公里20多人。

母乳喂养期延长、使用避孕草药、堕胎和疟疾等降低生育能力的疾病是造成出生率低下的原因。农村女性要开垦农田和种地，日常工作量很大，没有大量时间抚养子女。上流社会的妇女为了保持高贵血统和保护遗产，往往会选择中止妊娠，而不太富裕的妇女出于贫穷也会采取同样的做法。欧洲基督徒留下的资料曾提到，菲律宾社会居然接受这种做法，这让他们感到很惊讶。1590年，总督戈麦斯·佩雷斯·达斯马里尼亚斯（Gomez Perez Dasmarinas）（1593—1596年在任）说道，“当地妇女生过一两个孩子之后再怀孕，等到胎儿三四个月大时，她们就会堕胎。当地有专门从事堕胎的妇女，她们只要按摩孕妇肚子然后放置某些草药……孕妇就会流产”。[13]1668年，耶稣会会士的弗朗西斯科·伊格纳西奥·阿尔济纳（Francisco Ignacio Alzina）在一篇文章中指出，菲律宾人口密度低的原因是人们杀害畸形或残疾的新生儿，以及使用草药堕胎。[14]

除了疟疾、登革热、麻风病、血吸虫病和结核病等一系列在热 12
带气候中发病率很高的疾病之外，土著居民还需要面对当时低下的农业生产力以及周期性的饥荒、台风、洪水、火山爆发等灾难。[15]突发的严重传染病来自中国或邻近岛屿，但都没有成为地方性流行疾病。[16]尽管发生了这些灾祸，但与16世纪的欧洲人相比，东南亚人的寿命更长，其部分原因在于后者的儿童死亡率较低；此外，由于饮食和卫生条件较好，东南亚人的总体健康状况优于同时代的欧洲人。[17]关于卫生，奇里诺说："从出生的时候开始，这些岛民便临水而居。因此，无论男女，即使是小孩子都能像鱼一样游泳，根本不需要从桥上过河。"他还说："刚分娩的女人也可以洗澡，而且初生婴儿被放入清凉的河水或泉水中浸洗。在每间房子门前都放着装满水的盆；无论是主人还是客人，进门前都会从盆里舀水来洗脚。"[18]检审庭的一位成员——安东尼奥·德·摩尔加（Antonio de Morga）在1609年出版的著作《菲律宾群岛志》（*Sucesos de las Islas Filipinas*）中谈到，菲律宾人每天都要洗澡："无论是年轻人还是老年人，洗澡时常常整个人泡在河流和溪水中，却从未想过此举可能会对他们身体造成伤害。"他还说，土著人认为泡澡是"已知最好的疗法之一，胎儿一降生，他们就给婴儿泡澡"。[19]阿尔济纳则认为，经常泡澡会导致妇科病。[20]这种说法是依据当时的西班牙医学理论，即洗澡会导致皮肤毛孔打开，使有害物质进入体内，造成危险的后果。[21]总的来说，欧洲人认为经常洗澡是一件骄奢淫逸且不健康的事情，1571年，英国剑桥大学甚至禁止学生在河里沐浴。[22]

菲律宾土著居民的主食是大米，副食包括鱼、块根农作物、家禽、猪肉和棕榈酒。弗朗西斯卡·布雷（Francesca Bray）认为，东亚和东南亚对大米的依赖形成了一个统一的宏观区域，"该区域的发展有着自身的技术逻辑"。[23]菲律宾一位历史学家赞同布雷的说法：

“大米是当地民众的基本食物，在他们的农作物中名列榜首。”[24]与其他谷物相比，大米具有很多优点：首先，它是一种高产谷物；其次，大米营养价值高；最后，它不易煮烂。天然稻田中存在固氮微生物，使得农民每年可以在同一块田里种植两三季作物。[25]

菲律宾人用 3 种方法种植稻米，每种方法都有自己的优缺点。13
第一种是在米沙鄢、棉兰老岛和吕宋岛的大部分地区，农民采用“毁林轮垦”的方式种植水稻。他们先在斜坡区砍伐并烧掉一片树林，清理出一块新田地，然后用棍子在地里戳出洞孔，把谷物放入孔中。这种方法只需最少的劳动力便能满足家庭的粮食需求，但无法生产出多余的粮食以供出售。第二种方法产量较高，农民在洪水泛滥之前把种子撒在河漫滩上，洪水使养分沉积，就能以最低限度的劳动力投入来提升粮食产量。殖民时代之前，马尼拉附近的贝湖（Laguna de Bay），棉兰老岛的仁牙因（Lingayen）、宿务（Cebu）和武端（Butuan）等地的河流附近，以及苏禄群岛的霍洛岛（Jolo）都种植洪水稻（tubigan）。种植洪水稻的土地最有价值，拥有这些土地的家庭可继承、购买土地，进行易货贸易，或将其作为债务抵押。第三种稻米种植法是将秧苗移栽到一个有边界的、需要控制水位的耕地中。这种方法能产生最大收益，但相对于所投入的劳动力来说，收益还是较低。多元化种植能让农民收获更多水稻，正如达斯马里尼亚斯在吕宋岛卡加延（Cagayan）山谷所观察到的那样，“农民每年可收获两季作物，一季靠人工灌溉，另一季自然生长”。[26]与其他两种方法相比，水稻种植法最适合人口密度较大的地区，不仅能提高收成，还能把剩余的稻米当作商品出售。[27]

在吕宋岛和班乃岛（Panay）土地最肥沃的地区，丰收的稻米为人们提供了充足的食物，直至下一季庄稼成熟。但在 1573 年，一位西班牙人注意到，“在一年当中的大部分时间里”，岛屿上大多数居民“以小米、玉米面包、烤香蕉、当地称作‘奥罗皮萨’（oropisa）的某种类似于红薯的块根作物以及山药为食”。[28] 此外，他们还从墨西哥引进了玉米。[29] 棉兰老岛的穷人一年中有三四个月吃不到大米，只能吃棕榈树的纤维状茎髓（即西米）制成的粉状物。虽然稻米是摄食首选，但只有少数地方能够生产足够数量的稻米，所以块根作物较为常见。[30] 在稻米短缺时或收割稻米之前，块茎植物是人们的主食，这有助于防止大规模饥荒。[31]

菲律宾人从事自给农业，不生产多余的谷物。尽管他们过着自给自足的生活，但在 16 世纪和 17 世纪的粮食短缺时期，菲律宾群岛的民众也从未遭受过类似于欧洲或中国那种毁灭性的饥荒。里德（Reid）称：“对绝大多数东南亚人来说，本地绝不可能发生饥荒或营养不良之类的事。”[32]

菲律宾没有轮式工具或耕畜，东南亚其他地区也是如此。为了能够用上他们习惯的交通工具，西班牙人从墨西哥、中国和日本引进了马和其他耕畜。根据摩尔加的说法，各个岛屿之间的土著居民通过船只往来交流，而最常见的船只是“巴朗盖船（barangay）和维雷耶船（vireye），只能运载较少的船员和乘客”。

14 令摩尔加感到惊讶的是，舷外托架加快了船只的行进速度：“托架悬于水面之上，但不干扰划船，还能起到平衡船只的作用，无论波浪多大，或者船帆上的风多强，船只都不会倾覆或翻转。”在欧洲人眼中，最令人印象深刻的船只无疑是卡拉考帆船（Karakoa），这种船两边各有一个平台，平台下方是桨手，士兵驻扎在桨手上方。[33]

位于吕宋岛附近的卡坦端内斯岛（Catanduanes）居民堪称伟大的木匠们，他们出售不同尺寸的船只，用大船装运小船，最大的船能装10艘到12艘较小的船体。这些本地船只适合在遍布珊瑚礁和岩石的沿海水域航行，舵手需熟悉水的深度、浅滩和沙洲的位置，还要对岛屿之间的水道和太平洋的湍急洋流有所了解。[34]

水路运输比陆路运输更快、更经济。中国明朝的一位官员在一份关于明帝国航运状况的备忘录中指出，“内陆水运比陆运便宜30%至40%，海运则比陆运便宜70%到80%”。[35]东南亚有着相似的经济优势。尽管菲律宾海岸崎岖不平、水流湍急，还有季节性的碧瑶风，但规律的季风、均匀的水温和充足的造船木材等其他因素，“让菲律宾有‘东南亚地中海’之称，而与水更深、风暴更猛烈的西方地中海相比，菲律宾更加气候宜人，更吸引人”。[36]

人口因素和丰富的自然资源与一个重在控制劳动力而非领土的政治制度相互作用。这个政治组织重视结盟活动，如送礼、建立广泛的家庭关系和举行仪式化的盛宴，所有活动都旨在维持菲律宾复杂社会网络的社会凝聚力。[37]在西班牙殖民时代开始前，菲律宾群岛的大多数居民被称为“他加禄人”（Tagalog），意为“住在河滨的人”。他加禄人居住在以亲属关系为基础的小型自治社区中，形成所谓的“巴朗盖社会”。“巴朗盖”一词来源于将马来移民带到菲律宾群岛的船只。[38]这些社区位于出产海鲜的河岸或沿海地区，交通非常便捷。土著居民住在架空的房子里，房子下面有柱子作支撑；妇女们在围着栅栏的区域舂米和照料牲口。每间房子都有一个单独的房间，屋顶用木材和竹子建造，其上覆盖着棕榈叶。酋长的房子有更多的房间，更大、更舒适，有时还配备家具。

15 每个他加禄定居点都由一名酋长统治，酋长也被称作“达图”（datu）。在菲律宾南部的穆斯林苏丹领地，苏丹对手下的达图有控制权，而达图只统治自己的社区。[39] 1589年，方济会修士胡安·普拉森辛亚描述了巴朗盖社区和达图之间的关系：“这些酋长只统治少量人口，多时可达100户，少时甚至不到30户……然而，除了友情和人际关系外，他们彼此间不受约束。在各种战争中，巴朗盖社区的酋长倾其力量相互帮助。”[40] 达图是父系社会中的世袭贵族，担任着政治、司法和海上突袭队和贸易远征队的领导人。除了贵族以外，达图管辖下的所有家庭都要向其缴纳贡赋，提供劳役。达图的政治权力和社会威望表现在他们拥有的大量剩余农业品、奴隶和奢侈品上，包括瓷器、黄金、丝绸和金属武器，酋长会在仪式性的宴会上展示这些奢侈品。为了结盟并促进普通商品贸易，精英阶层会交换这些商品。宴会是展现和强化政治权力和地位的场合，通过举办宴会，达图们相互竞争，以显示各自所在的巴朗盖社区的财富和权力。被俘的奴隶增加了农业劳动力，从而使当地工匠能够集中精力制造用于交换的商品，让人们有更多时间专门从事贸易活动。达图和他们的贵族把能干的俘虏留给自己，其余的全部卖掉。[41] 有时，主人去世，俘虏会被当作陪葬品。[42] 敌对社区之间时常相互攻伐，胜利者没收被征服社区积累的出口商品，包括粮食和劳动力，以消灭竞争对手。因此，外国商人会重新规划他们的航程，寻找其他供给更充足的停靠港，此举增加了港口所在地达图的财富。16世纪西班牙人到达菲律宾时，所有菲律宾社区都参与过劫掠俘虏的活动。[43]

1405年以后的巴朗盖社会和商业时代

1346年至1348年的“黑死病”（Black Death）灾难平息后，北半球对外来产品的需求激增；与此同时，中国明朝积累了两个世纪的财富和人口增长，欧洲香料贸易也恢复了生机。来自亚历山大城（Alexandria）和贝鲁特（Beirut）的货物远销威尼斯、热那亚和巴塞罗那。1405年，明朝官员郑和率船队第一次下西洋。里德认为，这标志着东南亚“商业时代”的开始。[44]

由于这些经济活动激增，菲律宾开始加强采集林产品和海产品 16
的劳动，以供出售。贸易水平的扩大导致掠夺活动增加，酋长领地合并成更大、更有凝聚力的政治实体。巴朗盖社区建造了防御工事，为堡垒和船只配备了枪炮，由此涌现出职业战士阶层。西班牙人在征服马尼拉时，发现了一家火炮铸造厂，还有放在栅栏外防御外敌人侵用的大炮。墓葬出土的证据显示：当时的敌对活动使得遭到暴力杀害的死者增加。在被西班牙人征服之前，枭首、活人陪葬、把敌人身体器官当作战利品等行为，在他加禄人的宴会上和与死亡相关的仪式中很常见。普拉森西亚写道：“某位酋长快去世时，为了替酋长复仇，他们要砍掉很多人的脑袋，用人头大摆宴席，并跳舞祭祀。”[45] 多年以后，摩尔加说：“追击敌人时，他们会一只手抓住敌人的头发，另一只手则用‘巴拉劳’（bararao）砍下敌人的头，然后带走头颅。他们把这些头颅作为展品挂在自家房子里。”[46]

达图极受尊重，这体现在人们对他们的尊称和平民的顺从上。酋长和其他贵族用金银珠宝、丝绸或高质量的棉质服装和花哨的文身来装饰自己。在巴朗盖社会的等级制度中，达图下面是贵族，而贵族通常是达图的亲戚。还有些人靠凭空捏造的亲属关系、专业技能或受野心驱使，自愿成为达图的从属，[47]他们也能分得一部分战利品和俘虏，并得到酋长的庇护。这些实权人物还参加达图举办的宴会，担任品酒师，协助婚姻谈判，并在祭礼中扮演某种角色。[48]平民的地位排在第三位，其职责是向达图缴纳贡赋和提供服务，或者充当工匠。平民追随达图作战，参加他的宴会。酋长保护平民，与他们分享自己的部分财富。约翰·L. 费伦（John L. Phelan）将社会的最低等级定义为一个“卑躬屈膝、依附于他人的阶级，西班牙人将其误称为‘奴隶’”。[49]这些依附他人者拥有不同程度的自主权和财产权，并且要按要求付出一定劳动力。奴役是普遍存在的现象：自由人会为了嫁妆而把自己抵押出去；农奴自身也可因债蓄养奴隶或其他依附于他们的人。[50]菲律宾检审庭成员梅尔乔·达瓦洛斯（Melchor Davalos）在给国王的一封信中描述了这种习俗：

> 有些人之所以做奴隶，是因为他们的父辈和祖辈都是奴隶；有些人则是自己把自己卖了……他们要么等钱用，要么需要偿还债务；有些人因为在战争中被俘而做了奴隶；又或者他们是孤儿，为了获取食物或应付日常开销而做奴隶；有些人在
> 17 闹饥荒时被他们的父亲、母亲或兄弟卖掉；有些人因贷款而成为奴隶，借了殖民地土著人（Indio）和摩洛人（Moro）的贷款后，其利息会成倍地迅速增加，穷人就变成了奴隶；还有些人则是因犯罪后无力支付罚款或为免受刑罚而成为奴隶。[51]

该依附性阶层普遍存在于菲律宾社会中。在农业生产力低下的

社区，当地人需要相互借粮，而在这些社区中唯一可用的担保物就是借粮者本人。除了住在主人家的农奴之外，大多数农奴需要自己维持生计，并向主人提供劳动力以偿还债务，有些人实际上只是半个奴隶或四分之一个奴隶。摩尔加说："奴隶是这些岛屿土著居民的主要资本和财富，因为奴隶对他们农场的运作至关重要。奴隶就像其他商品一样被出售、交换和买卖。"

被西班牙征服前，菲律宾人生活在以农业和渔业为主、以粮食采集和狩猎为辅的自给经济中。部分劳动分工变成了特定的职业，包括金属制作工、陶器制作工、助产士、商人等，但每个人都要从事部分农业活动。许多工作需要家庭之间的合作，比如平整土地、种植和收割粮食、建造房子等。接受帮助的家庭要举办宴会和酒会招待他人。

巴朗盖社区之间常交换食品、陶器、席子、器皿和鱼。1565年，莱加兹皮在宿务岛上看到了几名吕宋岛商人与宿务人做交易。[53]菲律宾商人经常在群岛的海域中航行，以寻找黄金和奴隶。[54]摩尔加说："有时，交易需要现金支付，双方就约定使用黄金或从中国运来的铜锣（metal gongs）作为支付手段。"他还说，土地、房屋、田地、渔场、奴隶和棕榈树都可以用来交易。

在整个菲律宾群岛，砂金都被用作交易的货币。而自10世纪以来，"印有'他加禄'字样的金铸颗粒"（每颗0.09克至2.00克）成为通用货币"。[56]在殖民时代之前，米沙鄢群岛的居民将盐当作小额货币。[57]山地人和生活在低海拔地区的菲律宾人会随身携带一杆秤，在购买各种商品时称砂金。秤的基重叫作"萨迦"（saga），是一种红色的小种子（即非洲相思子，*Abrus pieca torius*）。类似的秤在中国也很常见。1609 年，奇里诺称，哪怕菲律宾人已经喝了很多酒，表现出明显的醉意，可“如果要买卖任何商品，他们不仅在讨价还价过程中不犯任何错误”，而且“如果要称量黄金或白银”，他们仍然“能够精准地使用平时惯用的秤，手从不颤抖，重量也不会出错”。[58] 这表明当时的菲律宾已经是一个高度商业化的社会，商品交易活动司空见惯。

18 菲律宾群岛的主要语言有共性，同时也存在一定差异性，桑巴尔人（Zambal）、伊洛卡诺人（Ilocano）、邦板牙人（Pampango）和他加禄人的语言易于区分。[59] 至于土著文字，摩尔加指出，“菲律宾群岛的土著人善于写字，他们所写的某些字符像希腊语或阿拉伯语，共 15 个字符，其中 3 个是元音，相当于我们的 5 个元音……过去，他们以竹子作为文字的载体，现在换成了纸张”。[60] 西班牙人注意到，无论是写作还是阅读，菲律宾女性都比男性流利得多。[61]

山地人

菲律宾群岛的山地土著族群与低海拔地区的他加禄族截然不同，这给殖民者出了许多难题。山地社会和经济生活呈现出相当多样化的特点，既有小型狩猎采集群体，也有新兴阶级统治的临时性农田种植者部落和集约型农业群体。[62] 殖民者给山地人冠以各种名称，比如丁魁安人（Tinguians）、桑巴尔人、伊戈洛特人和伊富高人（Ifugaos）。事实上，“伊戈洛特”和“伊富高”是土著居民的语言，意为“高地居民”。其他土著群体则被西班牙人取了个绰号，叫“尼格利陀人”（Negritos）。一位西班牙牧师写道，这个绰号是一种蔑称。[63]尼格利陀人被菲律宾人称为“阿埃塔人”（Aetas），意为“山地人”。西班牙人很怕山地人。1618年出版的《菲律宾群岛见闻录》（*Description of Philippinas Islands*）作者称：“他们极不安分，又极其好战，不愿意与其他人进行贸易和交流，所以到目前为止，我们还无法有效地控制他们。虽然他们在不同的场合受到了严厉惩罚，但我们仍然无法获得安全感。”他继续写道：“他们仍然如此野蛮和厌恶文明，虽生而为人，却不配为人。因为他们经常把自己父亲和兄弟的头砍下来作为消遣，除了天生的残忍和野蛮之外，我找不到其他理由来解释这种行为。”他们没有固定的住所或定居农业，靠红薯等块根作物和狩猎为生。该见闻录的最后重申了山地人的暴力行为：“除了偷袭和杀人以外，他们几乎从不来平原或沿海地区。枭敌首最多者会得到本部落的最大敬畏和尊重。”[64]早在西班牙殖民前，低海拔地区的他加禄社会和山地人社会便积极参与到了菲律宾群岛以外的贸易网络中。例如，中国商人用精美的纺织品、铜锣和陶瓷换取菲律宾土著人的黄金和林产品。因此，菲律宾的沿海居民扮演着中间人的角色，撮合中国商人与伊戈洛特人、阿埃塔人和丁古伊安人之间的交易。

位于金矿产区的伊戈洛特人尤其重要。在被西班牙征服之前， 19
伊罗戈斯地区的阿古港（Agoo）（即西班牙人所谓的“日本港”（Puerto del Japon）是一个贸易殖民地，中国和日本商人在此用货物与当地人交换黄金。莱加兹皮在马尼拉立足约6个月后，他的孙子胡安·德·萨尔塞多（Juan de Salcedo）组织了一次到吕宋岛北部的勘探活动，因为此前有传言称帕拉卡莱（Paracale）蕴藏丰富的金矿。这位年轻的船长在探险途中死了，死因可能是痢疾。探险队的报告首次对伊戈洛特人进行了描述，据估计，伊戈洛特族的人数在1.8万至2万人。他们从事刀耕火种的农业活动，基本饮食包括芋头、地瓜（camotes）或山药等块根作物。在绵延2万多公里的科迪勒拉山系（Cordillera），伊富高人不用任何犁或牲口就开垦出了用于种植稻米的梯田。[65]

尽管伊戈洛特人居住在金矿产区附近，但他们并没有收藏黄金。他们的私人珠宝倒是以黄金制品居多，比如妇女装饰牙齿的金属片，或者大人物下葬时裹尸布上点缀的黄金碎片。无论男女，伊戈洛特人都佩戴耳环、手镯和由种子、贝壳、玻璃珠或红玉髓制成的链子。在17世纪，耶稣会会士弗朗西斯科·科林（Francisco Colin）称，红玉髓来自婆罗洲或印度，每块红玉髓值1枚八里亚尔银币。西班牙人到来之前，这些不算太贵重的宝石在米沙鄢群岛和吕宋岛曾有着广泛的用途。[66]

根据西班牙语原始资料，在18世纪，伊戈洛特人从事冶金活动，且当地一些工种的专业化程度较高，比如粮食销售和利用奴隶从事采矿工作等。伊戈洛特人从低地买来铁，再用树干制成的风箱加以锻造，生产刀子、锄头和矛头。他们用斧子、大砍刀、铜罐和林产品交换狗、盐、酒、席子、毯子、鱼干、缠腰带、瓷盘、瓷罐、制手镯的金属丝、珠子、宝石和铁锅。然而，在伊罗戈斯，伊戈洛特人并不把烟草作为交换的商品，这种做法一直持续到1780年西班牙人垄断了烟草贸易。尽管科迪勒拉山系大部分是蜂蜡产地，但由于当地森林遭到砍伐，蜜蜂消失无踪，山地人只能从别处购买蜂蜜。与这些岛屿进行贸易的中国帆船出口蜂蜡和黄金，马尼拉帆船也是如此。自这条贸易线路开通以来，马尼拉帆船就出口了大量蜂蜡到墨西哥，用来制造蜡烛。[67]

除酋长外，伊戈洛特人不使用棉布，而是穿树皮制成的布料， 20
外面再裹一层伊洛卡诺毛毯。他们的房屋建在地面上，以木材和茅草为原材料。伊戈洛特人与其他菲律宾人有许多不同之处，比如坚守猎头传统，而他加禄人早已放弃了这种传统，这是低地人受伊斯兰教或西班牙同化的结果。相比之下，伊戈洛特人依旧会砍下敌人头颅，并将战俘当作奴隶使用。

他们通过采矿和淘金收集黄金。1620 年，加西亚·德·阿尔达纳（Garcia de Aldana）率领的探险队称，数百名伊戈洛特人在一处带排水系统的矿井中工作。其他资料还提到了以松脂火把作为照明手段的采矿隧道。根据史料，在 18 世纪，这些矿井世代相传，矿主强迫奴隶开采黄金。[68]矿主们“只允许自己的仆人和奴隶进入矿井，其他人一概禁止入内。奴隶都是矿主从遥远内陆买来的异教徒，如果他们敢偷东西、逃跑或不服从给他们食物的主人，就会受到鞭子和棍棒的惩罚，甚至直接被处死”。[69]没有金矿的人就在河流和小溪中淘金。用摩尔加的话说，“矿主带着未经提纯的黄金到某些固定地点与伊洛卡诺人进行交易，换取大米、猪、水牛和其他紧俏物品；伊洛卡诺人则负责提纯黄金，然后将其卖到菲律宾其他地方”。[70]

伊戈洛特人不欢迎西班牙人的到来。西班牙人率领军事远征队来到科迪勒拉山脉，迫使低地人背井离乡，导致其与辅助西班牙军队的邻国发生冲突。教会当局怂恿军队征服这些山地人并开采当地金矿，殖民地政府也屡次尝试这样做。有人建议在采矿区建立西班牙人和华人定居点，或派遣墨西哥矿工到当地采矿。摩尔加把这些计划描述成“黄金国”（El Dorado）式的梦想：“如果西班牙人把全部精力投入开采黄金当中，那么，从其中任何一个岛屿获得的黄金产量都足以媲美世界上黄金产量最高的地方。”[71] 这种夸张的说法出现在 1609 年的印刷品上。9 年后，即“三十年战争”（Thirty Year's War）伊始，菲利普三世（Philip III）接受了这一建议。西班牙财政部想要收集所有可用的黄金，除了来自美洲的，菲律宾的黄金也很受欢迎。总督阿隆索·法哈多（Alonso Fajardo）（1618—1624 年在任）收到了征服和开采伊戈洛特金矿的命令，然而他并没有执行该命令。继任国王菲利普四世（Philip IV）对资源有着无尽渴求，并鼓励总督阿隆索采取果断措施。1620 年，一支探险队在矿区建造了两座要塞。起初，伊戈洛特人和西班牙人之间并没有起冲突。在台风季节，土著人一直按兵不动，他们耐心等待西班牙人耗尽给养；到了 11 月份，连日大雨导致西班牙人的火绳枪无法点火，土著人趁机对西班牙人发起了攻击。

21 日本人很有先见之明，他们在自己的火绳枪上加了一层防水漆布，以防止暴雨将燃烧的火绳浇灭，还可以在夜间隐藏发光的灯芯。[72] 但是，欧洲的枪支制造商没有想到类似的创新手段。要塞失陷。4 年后，1624 年 2 月 14 日，一支军事远征队进入伊戈洛特人领土，队伍中有两名日本矿工、11 名黑奴，47 名中国木匠、铁匠和锯木工，还有西班牙士兵和大量菲律宾士兵，其中一些西班牙人本身就是矿工。像前两次尝试一样，此次远征同样徒劳无功。西班牙皇家财政部（Royal Treasury）一位愤怒的官员称，3 次远征根本没产生任何收益，钱倒花了很多，而且由于许多低地人跟随西班牙人远征，反而导致大米和棉花短缺。西班牙人未能成功开采当地的金矿。

接纳传教士就意味着接受殖民统治，因而遭到了伊戈洛特人的反对，他们不仅要向殖民政府缴纳贡赋，提供劳务，还要受军队和地方当局的凌辱。与此同时，信仰基督教的低地人并不支持其邻居信仰基督教，他们担心自己对山蜡的垄断会被打破。1695 年，福斯托·克鲁萨特总督（Governor Fausto Cruzat）（1690—1701 年）称，低地菲律宾人以“伊戈洛特基督徒从上述异教徒那里获取黄金和山蜡的利润”为由，阻挠伊戈洛特人皈依基督教。为了促使伊戈洛特人皈依基督教并屈从西班牙王室，克鲁萨特禁止伊戈洛特人“与异教徒、叛教者、逃犯、黑人和赞巴尔人进行任何交易、通信和商业活动”，[73] 但这项法令没能产生任何效果。奥古斯丁修会的一位大主教不仅目睹了异教徒商人出现在伊罗戈斯市场，还发现平原地区和山区民众继续进行贸易。

18 世纪的教会资料表明，除了蓄养牛群外，伊戈洛特人还积攒银币。1766 年，勒·让蒂尔计算后发现，伊戈洛特人每年用黄金换取 20 万比索银币。[74] 1789 年，多明我会修士弗朗西斯科·安托林（Francisco Antolin）估计，菲律宾每年出口价值 20 万比索的黄金，其中至少有八分之一来自伊戈洛特人。他指出，伊戈洛特人用小秤称量黄金，“他们对黄金的重量和价值了如指掌”。[75]

西班牙人未能征服吕宋岛西北部的山区。在曼努埃尔·德·莱昂总督（Governor Manuel de Leon）（1669—1677 在任）的领导下，西班牙试图通过在信仰基督教的民众和山地居民之间建立缓冲区，以此维持边界的稳定。在士兵的保护下，传教士占据着一些边远村落，并建设了称为“使命万岁”（misiones vivas）的前哨站。西班牙的军事行动取得了些许进展，但伊戈洛特人一直保持独立，直至 19 世纪的最后几十年。

22 除了吕宋岛的伊戈洛特人外，菲律宾还有保持独立的人口，称为“丁魁安人”，他们生活在马尼拉以南和以东的山区。丁魁安人与低地菲律宾人保持着良好关系，向他们提供林产品并赚取丰厚利润。在其他岛屿上，居住在山区的阿埃塔人大多能够阻止西班牙的渗透。穆斯林和山地人抵抗西班牙的行为反而巩固了菲律宾低海拔地区的殖民制度，因为西班牙军队成为这些地区抵御附近敌对岛屿袭击的唯一防护手段。[76]

米沙鄢的黄金和货贝的采集

吕宋岛北部的伊戈洛特人金矿并非黄金的唯一来源。实际上，产量最高的金矿在米沙鄢群岛。1575 年，何塞·帕切科·马尔多纳多（Jose Pacheco Maldonado）在写给菲利浦二世的信中讲述了日本的情况：“日本人带来了大量白银……日本的船只每年都满载货物来到这些岛屿。他们主要从事黄金兑换白银的活动。”[77]当西班牙人到达马斯巴特岛（Masbate Island）时，当地人终止了所有采矿活动，把采矿工具抛在身后。[78]摩尔加发现，菲律宾人无论男女，身上都佩戴大量黄金珠宝：“他们的脖子上戴着像纺纱蜡一样的带有欧式链环的金项链，有些链环大，有些链环小。他们手臂上戴着被称为‘哥伦比加斯’（colombigas）的精金手镯，手镯非常大，款式各不相同。”[79]他在信中还提到了当地人忽视金矿：“自从西班牙人到来以后，当地人就放慢了采矿的速度。他们满足于现有的、过去从他们祖辈手里继承下来的珠宝和金锭。”[80]17 世纪中叶，阿尔济纳在文章中提到一位年轻的米沙鄢新娘，她的嫁妆首饰中大约有 25 磅黄金。当地人居然大量使用黄金首饰，这让阿尔济纳大为惊讶，但当地人告诉他，与过去相比，眼下的黄金已经没那么多了。[81] 伊戈洛特人拒绝透露金矿的位置，他们只在必要时提炼最少量的黄金，用以缴纳贡赋或购买小额商品。阿尔济纳神父对菲律宾人中止马斯巴特岛、薄荷岛（Bool）和米沙鄢其他小岛屿的金矿开采工作表示遗憾，并将其归因于当地人的胸无大志或懒惰。但他也承认，当地人之所以不愿意开采黄金，还是因为他们害怕受到西班牙当局的敲诈勒索。[82]

考虑到淘金和采矿的艰辛以及对殖民者的恐惧，菲律宾人此举 23
非常理智。西班牙王室试图通过低税收来鼓励菲律宾人开采黄金，但没有成功。西班牙征服菲律宾后，黄金的产量虽然有所下降，但17世纪末期，州长向意大利旅行家吉梅利·卡勒里透露，当地人开采的所有黄金相当于20万金比索。[83] 黄金渗透到菲律宾群岛的整个经济网络中，然后进入国际市场，对黄金需求量最高的当属印度市场。

菲律宾人还在沿海采集黄宝螺（Cypraea moneta），然后按重量出售到暹罗、柬埔寨、马来西亚和孟加拉，“在那些地方，黄宝螺被当作货币和交易工具，与可可豆在新西班牙殖民地的作用相似”。[84]

地中海交通线和1400年后的长期贸易繁荣

在东南亚，长途贸易模式与区域网络相互连接，中国、爪哇、印度、阿拉伯和马来商人成为“公元1400年后的长期贸易繁荣”参与者。[85] 数世纪以来，伊斯兰教在印度洋周边传播，穆斯林商业社区出现在东非、印度和东南亚。

用斯科特（Scott）的话来说，在殖民化之前，连接东南亚与非洲、中东和欧洲市场的远程贸易网络非常重要，它构成了“地中海交通线”。[86] 该“交通线”的起点位于菲律宾南部的马鲁古群岛和班达群岛，即所谓的“香料群岛”。商人先是从这些岛屿上收购丁香和肉豆蔻，运到苏门答腊岛的马六甲和亚齐（Acheh）的转口港，再由亚美尼亚、阿拉伯和印度船只把香料和亚洲的其他产品运到非洲、红海和波斯湾。最后威尼斯商人把这些珍贵商品从埃及和叙利亚的港口（亚历山大港、贝鲁特港、开罗港和大马士革港）运到欧洲市场。

公元 711 年，伊斯兰王权（Caliphate）的军队入侵了伊比利亚半岛（Iberian Peninsula）。从 9 世纪开始，来自西班牙的穆斯林定居在东南亚和欧洲之间的商业飞地中。公元 814 年，科尔多瓦（Cordoba）爆发了一场反抗埃米尔（穆斯林统治者的尊称）的起义，穆斯林开始逃离西班牙。后来，斐迪南三世（Ferdinand Ⅲ）于 1228 年至 1248 年发起多次战役，最终征服了科尔多瓦和塞维利亚，更多穆斯林离开了西班牙。1492 年，卡斯蒂利亚王国女王伊莎贝拉（Isabel of Castile）和阿拉贡王国国王斐迪南（Ferdinand of Aragon）占领了格拉纳达（Granada），把讲西班牙语的穆斯林赶到了北非和印度洋。根据 16 世纪葡萄牙编年史学家加斯帕 · 科雷亚（Gaspar Correa）称，瓦斯科 · 达 · 伽马于 1498 年到达卡利卡特（Calicut）后，派出了一名熟悉希伯来语和阿拉伯语的新基督徒若昂 · 努兹（Joan Nuz）打听这座城市的商业状况。

24 努兹在城里遇到了一个摩尔人（Moor），他用西班牙语与努兹交流，还说他出生在塞维利亚。另一位葡萄牙历史学家若昂·德·巴罗斯（Joao de Barros）称这个摩尔人为"蒙扎德"（Monzaide），并声称他是突尼斯人。努兹和巴罗斯都认为他的西班牙语说得很流利。[87] 快到果阿（Goa）时，达·伽马遇到了另一个同样讲西班牙语的人："格拉纳达被攻陷时，这名犹太人还很年轻，他被赶出了自己的国家，四处漂泊，先到达土耳其，然后从土耳其转道麦加（Mecca），去了印度。"[88] 当葡萄牙人炮轰霍尔木兹（Hormuz）时，他们遇到了一个会讲西班牙语的人，也是格拉纳达的本地人。1515 年，一群来自格拉纳达和突尼斯（北非的商业中心）的马穆卢克（Mameluk）①、土耳其人和西班牙穆斯林在加尔各答袭击了葡萄牙人。麦哲伦探险队的队员用西班牙语与婆罗洲的帕泽库兰人（Pazeculan）、马鲁古群岛的乌兹曼岛人（Uzman）和蒂多雷人（Tidore）交谈。1568 年至 1571 年的阿尔普哈拉斯战争（War of the Alpujarras）（格拉纳达以北地区）结束后，成千上万名留在西班牙的穆斯林（即摩尔人）被驱逐出境。接下来的 10 年里，奥斯曼军队在巴尔干和波斯作战。1571 年的勒班陀战役（Battle of Lepanto）中，一支土耳其舰队被击败。经历过这些动乱之后，地中海地区的穆斯林迁徙到了苏门答腊、婆罗洲和马鲁古群岛。1585 年，马尼拉的西班牙官员梅尔乔·达瓦洛斯（Melchor Davalos）承认当地存在穆斯林：

波斯人、阿拉伯人、埃及人和土耳其人把对穆罕默德的崇

① 马穆卢克这一名词通常指的是非阿拉伯的奴隶兵，他们承担军事和行政职责，为穆斯林世界的阿拉伯统治王朝服务。——编者注

> 拜和邪恶的派别带到马尼拉，甚至连突尼斯和格拉纳达的摩尔人也来到了此处。有时候，他们跟随曾经的开罗苏丹（Sultan of Cairo）和埃及国王坎普森（Campson）的舰队来……每一年他们都说有土耳其人来到苏门答腊、婆罗洲和德那地岛（Ternate），部分土耳其人在一场著名的战斗中被击败，奥地利的唐·胡安将军赢得了胜利。[89]

1492年，信仰天主教的西班牙国王和王后下令将所有拒绝皈依天主教的西班牙系犹太人（Sephardic Jews）驱逐出境，此举使各贸易中心讲西班牙语者人数大增。例如，1510年，西芒·马丁斯（Simao Martins）在一艘从麦加驶往卡利库特的船只上劫持了两名卡斯蒂利亚犹太人（Castilian Jews），葡属印度总督阿方索·德·阿尔布克尔克请这两名犹太人担任口译员。一个世纪以后，一名英国船长在摩卡（Mocha）遇到了一个会讲西班牙语的犹太人。[90]伊比利亚人只要到过某个地方，就能学会当地的语言。这种能力使他们能够收集当地市场的信息并传递出去。不到一个月，耶稣会创始人伊纳爵·罗耀拉（Ignatius of Lcyola）的信件就从开罗送到了印度。17世纪头10年，摩尔加注意到，葡萄牙人请会讲西班牙语的犹太商人作为信使，从印度向伊比利亚半岛发送信函。

25 信件沿着红海路线，穿过阿拉伯半岛，到达亚历山大港，那里的商船把它们带到威尼斯和西班牙。弗朗西斯卡·特里弗拉托（Francesca Trivellato）说，利沃诺的犹太人、里斯本的意大利人和果阿的印度教教徒都参与到了一个稳定的跨文化贸易网络中。早在17世纪20年代，西班牙的一个犹太家族就已经开始从里斯本进口印度钻石运往意大利。[91] 1617年，西班牙向萨非（Safavid）王朝派遣了大使加西亚·席尔瓦·德菲格罗亚，这位大使赞扬道，从菲律宾经由叙利亚阿勒颇（Aleppo），最终抵达西班牙的海上和陆地路线非常安全。[92]

菲律宾人在这种“地中海交通线”中拥有相对重要的地位，而这种地位表现在他们在爪哇经济中扮演的角色中。葡萄牙征服马六甲之前，当地最大的商人和船主多为皈依伊斯兰教的他加禄人。[93] 阿方索·德·阿尔布克尔克征服马六甲时，提名一位菲律宾总督为穆斯林社区服务。葡萄牙人抵达马六甲时，来自吕宋岛的两名马六甲商人——雷吉莫·迪拉贾（Regimo Diraja）和苏尔亚·迪拉贾（Surya Diraja）当时也是香料贸易的重要参与者：雷吉莫与文莱、巴赛（Pasai）、暹罗和巽他（Sunda）等东南亚国家和中国进行了积极的交流，苏亚尔每年向中国送去175吨胡椒；葡萄牙舰队首次前往中国时，他也派遣一艘帆船同行。[94] 其他菲律宾人则对葡萄牙人怀有敌意，并与葡萄牙的敌人合作，想把初来乍到的葡萄牙人从亚洲贸易路线上赶走。葡萄牙编年史学家费尔南·门德斯·平托（Fernao Mendes Pinto）于1539年写道，开罗总督派出了一支舰队，由土耳其指挥官赫雷迪姆·马法梅德（Heredim Mafamede）领导，为亚齐（Atjeh）解围。这是一支由来自土耳其、埃塞俄比亚、印度和吕宋岛的穆斯林组成的多国部队。取得胜利后，赫雷迪姆任命菲律宾人萨佩图·迪拉贾（Sapetu Diraja）为卫戍部队指挥官。[95]

欧洲人到达东南亚时，伊斯兰教已在东南亚存在了好几个世纪。1276年，伊斯兰教出现在马六甲。1390年，拉惹·巴金达（Rajah Baginda）率领一支装备火器的穆斯林军队从苏门答腊前往苏禄群岛。[96] 1478 年，马来穆斯林推翻满者伯夷帝国（Madjapahit Empire），建立了马六甲伊斯兰政府。15 世纪，伊斯兰教传播到婆罗洲，不久，以霍洛为首都的苏丹国出现在苏禄群岛。16 世纪初，普兰吉河畔（Pulangui River）的马京达瑙（Magindanao）苏丹国成为棉兰老岛最强大的国家。莱加兹皮到达吕宋岛前几年，岛上的民众纷纷皈依了伊斯兰教。安东尼奥·德·摩尔加指出，当地人正在变成穆斯林，"他们自己割包皮，取摩尔人的名字。如果西班牙人晚来一步的话，伊斯兰教就会在全岛乃至其他地方传播"。[97] 即使是最成功的商人，也会被伊斯兰教的宗教仪式深深吸引，这是伊斯兰化进程的推动因素。伊斯兰教徒禁食猪肉，而一些菲律宾人也效仿这种做法。显然，他们认为这项宗教仪式是他们获取财富的秘诀所在。[98]

26 包括土耳其人、波斯人和阿拉伯人在内的穆斯林商人一直在印度洋和东南亚地区占据主导地位，这种情况持续到 17 世纪的前 20 年。当时，从苏门答腊岛亚齐到红海的香料贸易路线已完全消失，以荷兰人为首的欧洲列强商人取代了穆斯林。[99] 到 1620 年，"地中海交通线"不复存在。

菲律宾群岛

中国是亚洲的主要经济大国，也是菲律宾群岛历史上最重要的贸易伙伴，对菲律宾的经济发展起到了很大的拉动作用。宋朝时期，菲律宾和中国之间的交流大大增加，宋朝商船到访过明都洛岛、米沙鄢群岛、吕宋岛、巴拉望岛和吕宋岛东北部的波利略岛（Polillo Island）。公元 972 年，宋朝的一项法令提到了明都洛岛；公元 982

年，一份资料表明，一些菲律宾商人已经到过广州。12 世纪，来自米沙鄢群岛的海盗袭击了中国沿海地区。1368 年，明朝试图建立一种制度，只允许获得官方许可的使团进入帝国，以此控制对外贸易活动，圣谕也禁止明朝商人出国。洪武大帝统治时期，1373 年，来自吕宋岛的使团首次前来进贡。洪武帝礼尚往来，派遣帝国一名官员前往吕宋岛，并带去了丝绸和瓷花瓶。1405 年，即永乐皇帝在位期间，一名明朝官员在视察东南亚各个贸易港口时造访了吕宋岛。班诗兰岛（Pangasinan）和苏禄群岛等一些岛屿渴望像吕宋岛那样获得明朝的承认，于是也向中国派出了使团。1417 年，备受瞩目的朝贡使团从苏禄群岛出发。当地统治者带着大批随从前往明朝，带走了大量黄金、珍珠、宝石、香料和玳瑁等“贡品”。明朝皇帝册封 3 位苏禄酋长为“苏禄国三王”。其中一位国王在取道京杭大运河回国时病逝，鉴于他的地位，明朝按皇室规格予以安葬。郑和的船队绕道访问了仁牙因、马尼拉、明都洛和苏禄群岛。[100] 1421 年，菲律宾遣往明朝的最后一个使团到达了北京。

前往明朝的朝贡活动费用高昂，不仅需要建造大型船只，收集奢华贡品，还需要为大批随行人员提供大量财政资源。除了明朝册封的头衔和印鉴赋予菲律宾统治者的地位外，菲律宾往往还能从未来的贸易中获得巨大收益。[101]

一位学者以巴朗盖政治经济为大背景审视了这种朝贡活动，他 27
认为，“为了从潜在的贸易竞争对手中转移其外贸财富，朝贡贸易活动骤增”，同时伴随着“许多有着相似复杂程度和规模的政体之间的竞争性互动”。[102] 14 世纪末至 15 世纪初，菲律宾群岛向明朝派遣使团的活动达到顶峰。15 世纪初，吕宋岛北部各社区竞相争夺“马鲁古群岛—婆罗洲—吕宋岛—福建东部”贸易路线控制权，以及菲律宾南部“马鲁古群岛—爪哇岛—马六甲”沿线地区的霸权，而上述竞争给位于北部的马尼拉和南部的苏禄地区带来了贸易优势。这种竞争并非孤立的现象。在巴朗盖社会，强大的达图之间相互竞争，占领了吕宋岛、棉兰老岛以及莱特岛（Leyte）和帕奈岛（Panay）的沿海区域。[103]

菲律宾和文莱的苏丹国和酋长领地扮演着中国、马鲁古群岛和班达群岛之间的贸易中间人角色；菲律宾商人经常前往马鲁古群岛。香料群岛出口丁香、肉豆蔻、肉豆蔻干皮和檀香木，船只抵达苏禄群岛的霍洛岛后，再装上当地产的硬木、珍珠、林产品和海产品。载着货物的帆船沿着一条向西的线路朝爪哇岛和马六甲方向驶去，或者向北前往菲律宾群岛，然后又添加黄金、蜡、槟榔、棉花制品、贝壳、兽皮、牛角等货物，以及奴隶。货物在当地港口被装进中国商船，或由菲律宾船只运往中国南部。作为交换，菲律宾商人得到瓷器、铁器、铅、锡、玻璃珠、铜锣、铃铛、丝绸和“用于贸易的黄金”。[104]中国商船船体庞大，很难在吕宋岛以南的水域航行，因此来自菲律宾和苏禄群岛的船只负责收集香料，并把它们带到霍洛和马尼拉等地。

15 世纪和 16 世纪整个时期，国外市场和菲律宾之间的关系更加紧密。因此，山地人和低地巴朗盖社会之间的交易量也出现了同样的趋势；大量的奢侈品从低地运往山地，以换取林产品。[105]如今，考古工作者陆续从山区墓葬中出土了数万件中国瓷器，反映出当时贸易的激增。[106]达图能够动员平民劳动力和军队向其下属和盟友分发货物，由于更加频繁地举行仪式性宴会，山地人对瓷器的需求也增加了。在这些宴会上，食物的数量和质量与呈现食物的方式同等重要。[107]

在商业时代，菲律宾也加强了与泰国和越南的商业贸易，菲律 28
宾考古过程中出土的大量瓷器和陶罐就是明证。15 世纪至 17 世纪，泰国和越南的大量陶器进入东南亚贸易网络。[108] 然而，并非所有瓷器都得到了平等对待。菲律宾的达图把最好的中国瓷器留给自己，那些廉价的瓷器则分发给地位较低的贵族、平民、内部部落首领和客户。来自不同地区的大量陶器表明，陶瓷在菲律宾群岛酋长领地的政治经济中发挥着日益突出的作用。殖民时代之前，这些礼物有助于扩大联盟网络，巩固达图的权力。[109] 随着贸易活动的增加，内地人口被吸引到沿海地区，社会和经济都产生了变化。越来越多的核心定居点发展起来，成群的房屋聚集在这些定居点的村落中心；在环境适宜的地方，农业从轮垦模式也向定居模式转变。[110]

从 15 世纪起，与东南亚社会相关的贸易量开始增加。人口增长和更大的市场规模是推动商业时代发展的力量，也是菲律宾社会融入全球趋势的部分因素。热带雨林的狩猎采集者和高地部落群体与组织结构更复杂的酋长领地交换货物，并参与到东南亚国家以及中国和日本的经济圈当中。1571 年后，帆船贸易将美国经济与太平洋地区的菲律宾贸易网络联系起来，从根本上改变了菲律宾群岛的社会面貌及其历史发展轨迹。

第二章　西班牙在菲律宾定居点的起源

马尼拉和世界贸易的起源 29

瓦斯科·达·伽马和斐迪南·麦哲伦的探险航行，预示着地球大陆之间将发生连续且持久的海上联系。虽然哥伦布的航行开启了大西洋经济，但1571年马尼拉市的成立才是太平洋地区贸易的起源。实际上，在马尼拉立市后的最初200年里，这一新兴的全球经济体忽视了太平洋群岛的作用，并且在很大程度上也忽视了澳大利亚，只关注澳洲北部那些与东南亚进行互动往来的居民。[1]然而，只有当全球所有人口稠密的大陆都开始不间断地交易产品，且产品价值足以从根本上影响所有参与到贸易活动的合作伙伴时，才是全球化贸易真正出现的时候。按桑杰·苏布拉曼亚姆（Sanjay Subrahmanyam）的说法，“可以说，真正的全球化商业联系始于16世纪末。随后几个世纪，这种联系将变得更加牢固，商业活动将更加频繁，但基本的联系已在1600年建立起来了”。[2]

从根本上讲，这种世界贸易依赖于西班牙帝国统治下的墨西哥和秘鲁总督辖区所开采的白银，而且对日本开采的白银也有一定依赖度。当时，知名经济学家已经意识到白银在商业交易中的重要作用。亚当·斯密在1776年出版的《国富论》（*The Wealth of Nations*）中阐述道：“秘鲁的白银不仅在欧洲找到了销路，而且从欧洲到中国延途的各个地区都有其用途。”此外，他还指出，“就这样，新大陆的白银似乎成为旧大陆两端进行贸易的主要商品之一。从很大程度上讲，白银把世界上相隔千山万水的地方相互联系了起来”。[3]

约翰·梅纳德·凯恩斯（John Maynard Keynes）在1930年出 30
版的《货币论》（*A Treatise on Money*）中指出了美洲白银的重要意

义，尤其是对于英国和世界历史的意义："在英国，大部分进口白银来自德雷克所俘获的西班牙运宝船和其他人通过类似行为抢来的白银。这些探险活动由财团和企业资助，代表着商业投机活动。成功的探险活动带来的丰硕成果对各类企业都起到了刺激作用。"[4]

弗朗西斯·德雷克（Francis Drake）在 1577 年至 1580 年进行环球航行。除积累了地理知识之外，他还收获了整整 13 大箱战利品，其中包括总重 80 磅的 8 块黄金，还有 26 吨未铸成硬币的白银。资助弗朗西斯爵士此次航行的投资人获得了 4700% 的回报。[5]凯恩斯指出了此次航行的重要性：

> 事实上，德雷克用"金鹿号"（*Golden Hind*）帆船带回来的战利品可能在很大程度上被视为英国的对外投资的源头和起源。伊丽莎白用这些收益还清了全部外债，并将部分剩余资金（约 42000 英镑）投资于黎凡特公司（Levant Company）；黎凡特公司的大部分收益被用来创立东印度公司。在 17 世纪和 18 世纪，东印度公司的收益是英国对外关系的主要基础。[6]

如此大量的白银可谓旷古未闻，其机遇带来的巨大回报使欧洲人能够参与到刚启动的全球化市场网络中。亚洲人不太需要来自欧洲的商品，只有白银受到当地商人的追捧。然而，刚起步的全球化贸易对某些参与者来说并非一种进步。斯密以略带忧伤的口吻反思道："对于东印度群岛和西印度群岛的土著人来说，这些活动虽然会带来商业利益，但也给他们造成了可怕的不幸。在厄运面前，任何商业利益都如过眼云烟。"[7]

西班牙王室是从白银产业中获益最大的政治实体。西班牙国王统治着人类历史上储量最丰富的银矿：波托西山银矿（Cerro de Potosi）。早在1602年，耶稣会会士利玛窦（Matteo Ricci）所制的世界地图，不仅印着中文写成的传说，还展现了位于美洲大陆的波托西山。这座矿山位于秘鲁总督辖区（Viceroyalty of Peru）（即如今的玻利维亚）的安第斯山脉，海拔达15000英尺以上。在16世纪和17世纪，波托西山的白银产量占全球产量的60%，17世纪40年代之后，其产量有所下降。[8]那里的白银储量极其丰富，而且由于西班牙人采用了一种名为“混汞法”的新型提取技术，所以西班牙帝 31
国控制的秘鲁和墨西哥殖民地成为世界上成本最低的白银原产地。[9]除了对美洲的银矿拥有管辖权外，西班牙国王还享有对汞的特殊控制权。秘鲁的万卡维利卡（Huancavelica）和西班牙的阿尔马登（Almaden）等城市是世界上水银产量最大的地方，丰富的硫化汞储量满足了美洲采矿者的开采需求。直到17世纪的1645年，奥格斯堡（Augsburg）的富格尔（Fugger）家族银行家管理着阿尔马登；作为交换条件，他们贷款给西班牙的哈布斯堡王室（Habsburg）。有时，位于哈布斯堡领地范围内的伊德里亚矿场（Idrija）（该矿场位于斯洛文尼亚）也向美洲出口水银。

要了解西班牙帝国及其对太平洋贸易的兴趣，我们有必要先理清该国的经济资源、君主权力以及整个西班牙帝国的背景情况。16世纪中叶之前，西班牙只是一个人口约750万的小国，约为法国人口的一半。它的贸易由出口原材料、进口制成品和奢侈品组成，与法国、英国和荷兰等西欧国家截然不同。早期的现代西班牙“是一个落后的国家，资源贫乏，依赖外部市场和外部供应”。[10]来自美洲的白银为西班牙提供了财政基础，使其得以持续对抗敌人。1630年，一名西班牙修士写了篇文章，清楚地看到了采矿业对西班牙的作用：“波托西山的存在是为了满足西班牙的宏伟抱负，即惩罚土耳其人、打败摩尔人、让佛兰德人颤抖，并吓退英国人。”[11] 1664年，关注经济问题的英国作家托马斯·芒（Thomas Mun）谈到了美洲的矿山，“这些矿山为西班牙国王所有，因此，他能够让意大利和其他国家的许多城邦和行省保持臣服（不过，他们很快就会从他的臣服者名单中消失了）”。最后，他总结道，西班牙国王“雄心勃勃，想靠金钱打造君主政体，因为金钱是他的力量源泉”。[12]

据统计，1500年至1800年，拉丁美洲共生产了15万吨白银。日本秋田县、伊豆、石见和佐渡岛的银矿产量排名世界第二位，它们的产量约占16世纪银矿总量的30%，约占17世纪银矿总量的16%。[13] 对于葡萄牙人来说，日本就是“白银之岛”（*Ilhas Argentarias*，或*IlhasPlaterias*），该说法由路易斯·德·卡蒙斯（Luis de Camoes）在其史诗《日本，精银诞生之地》（*Japao*，*onde nace a prata fina*）中提出。[14] 到了1570年左右，中日两国黄金与白银的兑换比例不同，如果把日本的白银运到中国用以购买中国的黄金，那么利润将非常丰厚。1592年，耶稣会东方教区巡察使范礼安（Alessandro Valignano）称，“在日本，许多大名（日本封建时代的大领主）恳请我让他们做金银兑换业务的代理商，这是耶稣会遇到的最大难题之一”。[15]

32 近代日本所产的白银在亚洲经济和政治发展进程中发挥了重要作用。为了统一日本，织田信长（1534—1582年）、丰臣秀吉（1536—1598年）和德川家康（1543—1616年）相继发起了反抗封建领主的军事行动，其军费就来自银矿产生的收益。丰臣秀吉还借助这些收益入侵朝鲜，巩固了德川家康幕府的统治。

进入全球市场的大量白银是世界贸易的关键驱动力。与此同时，从1520年左右开始，全球各地出现了通货膨胀时期，史称“价格革命”。在欧洲，食品的价格平均上涨了5倍，工业品的价格可能上涨了3倍。[16]从一定程度上讲，物价上涨反映了1460年至1530年中欧的白银产量增加了5倍，但真正引发全球通货膨胀的原因是1545年后日本生产并流入市场的白银，特别是美洲白银。尽管民众的生活水平和国家的财政健康因物价上涨而受到损害，但也有人从中受益。用凯恩斯的话说：“在近代世界史上，商人、投机者和奸商从未遇到过持续时间如此之长、如此容易暴富的机遇。”[17]

16世纪至17世纪的大西洋白银

许多交通线连接着美洲的银矿和亚洲市场，马尼拉帆船走的就是其中一条航线。只有在白银所跨越的越洋航线网络中，我们才能看清帆船贸易的经济化进程。

根据西班牙法律，为了便于收税，西班牙与美洲的所有贸易都集中在该国南部城市塞维利亚的瓜达尔基维尔河畔（Guadalquivir River）。那是西班牙贸易局（Casa de Contratacion）的所在地。用克拉伦斯·H.哈林（Clarence H. Haring）的话说，贸易局既是“政府管辖下的商务部门，又是一所航海学校，更是殖民地贸易的结算单位”。[18]贸易局负责收集西班牙所有殖民地的税收，批准探险和贸易活动，更新与贸易路线相关的信息，向船长和领航员颁发执照。1680 年后，贸易业务转移到港口设施较完善的大西洋沿海城市加的斯（Cadiz）；而到了 1717 年，新建立的波旁王朝（Bourbon dynasty）正式将贸易局搬到加的斯。

33 自 1503 年起，西班牙当局便以垄断模式管理西班牙与美洲的贸易活动。西班牙与海外属地的贸易在一家商会监督下进行；该商会于 1543 年在塞维利亚成立，与贸易局进行合作，并与墨西哥城和利马的商会保持着密切关系，这两个商会均于 16 世纪末建立。这些机构代表着商人的利益，并扮演法院的角色。到了 1769 年，西班牙驻菲律宾商会才在马尼拉成立；在此之前，所有与帆船贸易有关的重要事项都由市民和商人组成的市政厅（cabildo）决定。马尼拉低级法庭负责处理小规模的商业纠纷，大型诉讼则由菲律宾高等法院审理。印度群岛理事会（Consejo de Indias）负责管理美洲和亚洲的所有殖民机构，并就行政管理、法律处置和教会事务等所有相关事项作出裁决。

运往美洲的国内外商品在塞维利亚汇集，等待上船运输；相应地，来自美洲的商品也会运回塞维利亚，包括染料、珍珠、糖和最令人垂涎的白银。1564 年的条例规定，西班牙每年要向美洲派遣两支受武装帆船保护的舰队，第一支舰队称为“弗洛塔”（flota）（“舰队”之意），其航行目的地是新西班牙和其他加勒比殖民地；第 2 支舰队名为“加列昂”（galeones）（“帆船队”之意），航行到位于西印度卡塔赫纳（Cartagena de Indias）的火地岛（Tierra Firme）（即如今加勒比沿海的哥伦比亚附近）以及南美洲北部的其他港口。帆船队将在南布雷·德·迪奥斯港（Nombre de Dios）或今巴拿马的波多贝罗港（Portobelo），与来自秘鲁总督辖区的商人会合。

来自西班牙各总督辖区的商人们前往韦拉克鲁兹（Veracruz）、 34
西印度卡塔赫纳和南布雷·德·迪奥斯港的集市购买进口商品；1593年后，波多贝罗的集市也成为商人聚集的地方。南方舰队（Armada del Sur）把曾经穿越巴拿马地峡（Panama Isthmus）的货物运往秘鲁利马附近的埃尔卡亚俄港（El Callao），在返回途中，两支舰队在哈瓦那会合，然后一起前往塞维利亚。

虽然塞维利亚处于西班牙与美洲贸易交流的中心位置，但从法律的角度来说，这并不意味着西班牙人控制了跨大西洋贸易。17世纪，90%以上的船队资本和利润属于法国、热那亚、英国、荷兰和德国的海运利益集团。托马斯·芒在其1664发表的短文中指出，西班牙人已经失去了在美洲市场的霸权地位："但现在，西班牙人再也赚不到这样的巨额利润了。英国人、荷兰人和其他参与东印度贸易的商人消除了贸易争端，贸易额不亚于西班牙人。"[19]此外，根据1686年的资料，除西班牙以外，欧洲其他国家商人走私的货物满足了美洲大约三分之二的客户需求。[20]产自西班牙总督辖区的白银通过官方和非官方渠道到达欧洲。在17世纪的第一个10年里，皮拉尔德（Pyrard）注意到葡萄牙人在普拉塔河（Plata River）流域贩卖奴隶，"他们在那里获得了大量白银"。[21]欧洲商品在葡萄牙装船，然后被运往巴西，并在秘鲁总督辖区进行分销。巴西和塞维利亚都有秘鲁商人的代理人，从1636年起，拥有葡萄牙血统的新基督徒抵达利马，这个贸易网络被称为秘鲁总督辖区的"后门"。

如果想弄清楚塞维利亚商人反对马尼拉帆船的原因，就必须了解舰队系统及其经济基础。来自阿卡普尔科的白银不在塞维利亚官员和投资者的管辖范围之内，而且从菲律宾运来的纺织品与欧洲产的纺织品形成了直接竞争。与此同时，秘鲁和墨西哥商人认为自己很幸运，因为他们的投资渠道和供货渠道不受大西洋利益集团的控制。同样重要的是，在16世纪到17世纪这段物质贫乏时期，运到塞维利亚的私人白银有被皇室官员没收以换取国有债券的危险，阿卡普尔科则不受这种风险的影响。

35 16世纪至17世纪的中国和全球市场

墨西哥、秘鲁总督辖区和日本的矿山是白银的供应方，中国市场则是最大的需求方。在11世纪的中国，获得官方许可的商行发行了大量银票；到了12世纪，全国其他地区都普及了银票的使用。元末明初，皇帝借助大量印钞的方式为军事行动提供资金。贸易活动需要一种可交换的媒介，以取代贬值的纸币，因此白银成为最佳选择。黄金价值太高，不适合日常使用，而用铜币作为货币则存在诸多问题。因为银可以用牙齿咬的方式检测纯度，但若想测试铜币纯度，则需要把它们熔化。同时，铜币重量和金属含量还会发生变化，因此，给铜币准确定价是件很难的事情。于是，白银成为最受青睐的货币。尽管明朝历代皇帝都决心重新树立纸币的地位，但他们的努力毫无成果。明朝政府一再试图阻止白银从海外市场进入中国，却不见成效。不久，沿海地区的地方政府开始征收白银税。伊懋可（Mark Elvin）认为，“1436年，明朝政府允许民众用白银支付部分土地税，一部分原因是来自民众的压力，另一部分原因则是铸币的运输和储藏成本比谷物低；到了1500年，这种做法已经非常普遍”。[22] 15世纪50年代，政府开始用白银支付官员的工资，铜币则被用于小额交易。渐渐地，明朝政府接受了白银的主导地位；大约在1570年，皇帝实施“一条鞭法”（Single Whip）税收制度，对经济政策做出了重大变革。该税收制度将一系列不同的税收合并成一笔金额，用白银支付。由于总有人抵抗这种税收合并措施，所以经过了好几百年时间，才得以全面实施。尽管如此，从商人、地主到贫农，所有人都参与到了明帝国的商业网络当中，因为税收制度要求以白银支付税款。从16世纪起，中国就通过葡萄牙、西班牙、荷兰以及后来的英国等贸易伙伴在旧有的泛亚经济圈之外进行贸易互动。欧洲和美洲则进入了中国经济影响范围之内。[23]

中国在“朝贡制度”的保护伞下发展其商业和外交关系。朝贡是一项由政治实体组织的活动，旨在向明朝皇帝表示敬意。外国派往中国的朝贡使团花费巨大，极尽奢侈铺张之能事。使团到达都城后，两国互赠礼物，使节受皇帝赐予名号。与此同时，商业交易往往与外交礼仪同步进行。朝贡使团不定期到访中国，他们所带来的礼物并非政府收入的来源；与外国人送的礼物相比，中国人回赠的礼物更奢华。事实上，朝贡制度代表着一个广泛的经济交流网络，在该网络中，中国扮演主导合作伙伴的角色。

滨下武志认为，“这一体系包含了东亚和东南亚国家，并与印 36
度、伊斯兰地区和欧洲等邻近的贸易区相连”。[24]中国及其邻国采用银锭作为其主要货币，对全球贸易产生了影响。亚洲大陆位于埃及以东，西至乌拉尔山脉、高加索山脉、里海和黑海，东至太平洋，南至印度洋，北至北冰洋。1500年，亚洲的人口为2亿至2.25亿人；到1650年，全球拥有人口5亿人左右，亚洲人口约为3亿人。一个世纪后的1750年，亚洲人口约占全球7亿人口的60%。[25]牟复礼（F.W.Mote）认为，在亚洲大陆，中国“一直是最大的人类共同体，无论是从种族、文化还是政治角度定义，其人口比世界历史上其他任何群体都要多”。[26] 1500 年，中国有 1.55 亿人口；1600 年，达 2.31 亿人口；1650 年，达到 2.68 亿人口。[27] 明朝末期，像南京这样的城市拥有 100 多万名居民，北京则紧随其后，有 66 万人。如果占世界经济体如此大比例的人口致力于购买某一种特定商品，尤其是这种价值极高，且相对容易在大陆之间运输的商品，那么该行业的影响肯定是全球性的。

欧洲人到达中国沿海地区时，明朝这个曾经的海洋强国正在衰落。明朝之所以放弃海上贸易，原因有很多，包括蒙古在中国北方大兵压境，明王朝在 1421 年从南京迁都北京，1406 年至 1427 年的中越之战，以及儒家官员反对郑和继续其费用高昂的海上探险活动。然而，还有另一个重要原因：1411 年，明朝政府扩建改造全长 1705 公里、连接杭州和北京的京杭大运河（该运河如今仍在发挥作用），使船只在所有季节都可通行，此举导致海上运粮船队过剩。中国沿海地区的造船产能转移到了内河航运。在接下来的几百年里，中国的海事主动权掌握在沿海民众手中。

中国是世界上无可匹敌的制造大国，能以极低的价格生产大量可供出口的商品，如黄金、丝绸、棉花和作为船只“压舱物”携带的物品，包括数百万件瓷器。1630 年，出生在福建的何乔远称，中国通过对外贸易获得的白银促进了产品的大量出口，从而确保了“织工、制陶工和商人的就业”，“这些人富裕起来暗示着所有人的生活水平都得到了提高”。[28]

37 景德镇南部城镇的窑炉雇用了一万多名工人，使用当地产的高岭土，在1300摄氏度以上的温度下烧制瓷器，生产大量青花瓷，后来成为中国工艺水平的持久象征。16世纪40年代，里斯本精英阶级用来自中国的瓷器喝茶，并订购带有葡萄牙风格装饰图案的瓷器。到了1614年，明朝青花瓷成为阿姆斯特丹普通市民的日常用具，这在荷兰的静物画作品中有所体现。明代瓷器碎片出现在海拔约1.5万英尺的安第斯山脉的提提喀喀湖（Lake Titicaca）岸边，这表明中国瓷器在秘鲁很常见。[29] 18世纪上半叶，根据掌握了中国瓷器烧制技术的耶稣会会士殷弘绪（Xavier d'Entrecolles）估计，位于南京附近、接近100万人口的瓷器烧制中心的景德镇有大约3000座窑炉。[30]

中国制造业产能巨大的一个例子就是荷兰东印度公司出口的瓷器。从1602年至1657年的55年间，该公司向欧洲出口了300多万件中国瓷器。此外，它还向巴达维亚（Batavia）转运了数百万件瓷器，然后再出口到东南亚、印度和波斯。1729年到1734年，欧洲又进口了450万件中国瓷器，荷兰东印度公司在1730年至1789年共出口了4250万件瓷器。[31]

16世纪至17世纪，欧洲丝绸产品主要来自波斯萨非王朝，而中国出口的丝绸成为日本贸易活动（澳门和长崎之间的贸易）的主要商品，马尼拉帆船运载的货物主要也是中国丝绸产品。据葡萄牙官方编年史学家安东尼奥·博卡罗（Antonio Bocarro）估计，17世纪初，中国每年生产近2500吨丝绸，其中三分之一（约800吨）被运往海外市场。以马尼拉市场为例：17世纪30年代，一艘帆船可将31.3公吨至52.2公吨①丝绸运往阿卡普尔科；而从18世纪初开

① 已废止的计量单位，1公吨约为1000公斤。

始，每艘帆船将运回 200 吨至 700 吨生丝，为新西班牙的丝绸加工业提供原材料。[32] 丝绸一直是全球商业中的基本商品，这种情况一直持续到 18 世纪。

38 **航海大发现：伊比利亚人和香料**

在 1492 年后的两个世纪里，欧洲航海家意识到，地球各大海洋是相连的。海上探险队到达了适合人类居住的大多数地区，并在能够产生经济机遇以及当地居民不太反抗殖民者的地区建立了飞地。[33] 伊比利亚人组织了一系列探险活动，以追求最高的商业回报，荷兰人和英国人紧随其后。起初，商业回报只能通过高度集中在亚洲热带地区的香料贸易加以保证。

“香料群岛”包括规模较小的马鲁古群岛和班达群岛，位于现在的印度尼西亚。18 世纪下半叶以前，香料群岛是世界上唯一生长丁香和肉豆蔻的地方。1470 年以后，此类商品的出口量开始飙升，马六甲（位于马来西亚）此时刚好成为转口港。锡兰出产最优质的肉桂，胡椒则来自印度的马拉巴尔沿海（Malabar Coast）的喀拉拉邦（Kerala），但在 16 世纪，胡椒的种植范围扩大到次大陆和印度尼西亚的其他地区。胡椒的价格只占肉豆蔻和丁香成本的一小部分，但就数量而言，胡椒是东南亚最重要的出口商品。[34]

依据季风到来的时间，商人们经常在港口城市逗留，收集回程货物，并等待风向变化。来自马鲁古群岛的香料到达马六甲后，中国商人购买他们所需的香料，穆斯林商人［主要来自印度的古吉拉特邦（Gujarat）］则控制了香料贸易的西部路线。这些货物从卡利卡特（Calicut）运往印度北部市场后，船只便交付货物，并再次从红海的亚丁和波斯湾的霍尔木兹启航。这些商品从那里前往地中海的中东港口，威尼斯商人在港口接收货物，然后在欧洲市场上销售这些香料。印度洋贸易网络的变化始于葡萄牙人到达香料群岛之后，而且随着西班牙人、荷兰人和英国人的相继到来，这种变化不断加剧。在这些已然存在的经济关系中，武装船只拥有突出地位。拥有坚船利炮的大西洋强国能够“打破人力和装具所固有的瓶颈，并利用这种优势获得更强大的力量。正是在那个时候，欧洲帆船出现在了最遥远的东方”。[35]

军事改革和军事力量带来的垄断

15 世纪的战争使世界局势发生了变化，欧洲列强控制了全球大约 35% 的面积，一直持续到 1800 年。[36] 这一变革进程总体上被称为“军事改革”，其产物包括“船只、大炮、火枪、火药和防御工事等硬件设施，以及军事训练、军事工程、后勤官僚机构和金融系统等软件设施”。[37] 军事设备开支需要充足的税收作为保障，从而为军队和舰队提供资金，这反过来又将权力集中到君主手中，使政治实体得以巩固和兴起。

当时，所有国家都使用不同类型的枪支，包括中国明王朝、印 39
度莫卧儿王朝、俄罗斯莫斯科公国、奥斯曼帝国和沙阿巴斯一世（1587—1629 年）领导下的波斯萨非王朝。新的军事技术也是暹罗和越南等中央集权制王国兴起的原因。17 世纪，许多国家建立了专制主义制度，争夺贸易权和资源，此类国家包括巴萨通王（King

Prasat Thong）和那莱王（King Narai）统治下的暹罗（1629—1688年）、伊斯干达·穆达（Iskandar Muda）统治下的亚齐（1607—1636年）、阿更（Ageng）统治下的万丹（Banten）（1651—1680年）、哈桑努丁（Hasanuddin）统治下的望加锡（Makassar）（1635—1669年）和阿贡（Agung）统治下的爪哇群岛的马塔兰国（Mataram）（1613—1646年）。[38] 卡洛·M. 奇波拉（Carlo M. Cipolla）指出，这些国家和欧洲国家存在重大区别："西方生产的枪支始终优于非欧洲产品，其优越性能得到了普遍认可。"[39]

直到18世纪，英国人在孟加拉普拉斯西战役（Battle of Plassey）（1757年）和后来的鸦片战争（Opium War）（1839—1842年）中获胜，并于1852年迫使德川幕府"开放"日本港口后，欧洲人才真正打败了亚洲大陆国家。葡萄牙人、西班牙人、荷兰人和英国人居住在不受陆地国家控制的岛屿上，或者沿海地区，当地统治者容忍他们的存在，将他们视为联系欧洲国家与遥远贸易网络的中间人。

西班牙人计划进一步征服菲律宾以外的亚洲疆域，但这个计划实际上失败了。然而，帆船带来的军事技术不仅有助于他们在亚洲海域与欧洲对手开战，还有助于征服当地人。马尼拉的城墙和要塞都是按欧洲军事建筑风格设计的，由于其位置紧邻帕西格河（Pasig River）和海湾，战略优势更加明显。安东尼奥·塞德诺神父（Father Antonio Sedeno）是一名耶稣会会士，曾担任过费里亚公爵（Duke of Feria）的参谋，他建议公爵修建防御工事并打造正规的卫戍部队。菲利普二世对总督强调说，在墨西哥招募前往菲律宾服役的分遣队应是合格的军人，年龄至少15岁，并给予他们足够的装备。这番话暗示对方，菲律宾群岛上的驻扎部队能力有多低下。

菲律宾总督圣地亚哥·德·维拉（1584—1589年在任）接受了塞德诺的建议，决定开始构筑马尼拉的防御工事。这项工作在其继任者戈麦斯·佩雷斯·达马里亚纳斯（1590—1593年）的领导下继续进行，后者下令在该市周围修建一堵防御墙。在与荷兰的八十年战争（Eighty Year's War）（1568—1648年）期间，历任总督投入巨资修建防御工事，以及修复被自然力量破坏的墙壁。例如，迭戈·法哈多（1644—1653年）花费30万比索加强了马尼拉陆地一侧的防御工事；当局还建造了一座有40门大炮的堡垒，以保护甲米地港（Cavite），并在马鲁古群岛的德那地岛、台湾地区和棉兰老岛北部等西班牙的前哨站建造了要塞。[40]

西班牙人向菲律宾盟友传授军事训练方法，并指挥当地军队， 40
以加强他们的决心，维持纪律。尽管指挥职位通常由西班牙士兵和军官担任，但邦板牙省的居民是个例外。邦板牙省的士兵在吕宋岛外和马鲁古群岛驻守，通常由本省的军官指挥。[41]

显然，在枪炮和军事组织的帮助下，西班牙人成功镇压了殖民时期发生的100多次起义和叛乱，但直到1898年西班牙政权被推翻，本土动乱都以灾难性的方式结束。一位菲律宾历史学家将这些失败归因于不同土著群体之间存在的宿怨。“因此，邦板牙人帮助西班牙人镇压他加禄人起义；而当邦板牙人自己起义时，他加禄人则通过帮助西班牙人施加报复。”[42]

亚当·斯密和大卫·李嘉图认为，商业是一项文明的活动，所有参与到贸易活动中的合作伙伴都可以在不进行暴力性掠夺的情况下获取净利润。柯蒂·N. 乔杜里提出了截然不同的观点。他指出，当欧洲人到达亚洲沿海时，便立刻意识到“使用武器进行贸易的利润高于和平贸易的利润”。[43] 1614 年，简·皮特斯恩佐·科恩（Jan Pieterszoon Coen）总督写给荷兰东印度公司（荷兰语为 Verereenigde Oost-Indische Compagnie，简称 VOC）董事的信中特别说明了这一点：“根据经验，诸位先生应该知道，你们应在自家武器的保护和帮助下从事和维持亚洲的贸易，且贸易所得的利润必须用来购买武器。”30 年后，安东尼奥·范·迪门在回答荷兰东印度公司的代尔夫特商会（Delft Chamber）质询时说：“日常经验告诉我们，如果不进行领土征服，公司在亚洲的贸易就无法维持下去。”[44] 1686 年，乔赛亚·蔡尔德（Josiah Child）以同样的思路写道，为了保护英国人免受荷兰人的攻击，并从莫卧儿人那里获得自主权，必须“把这家公司变成一个强大的军事政府”。[45] 正如葡萄牙人和西班牙人一样，荷兰人的成功不靠理性的组织机构，也不依赖对市场力量的复杂理解；相反，他们的巨额利润源自军事力量所带来的垄断地位。[46]

41 **葡萄牙人和瓦斯科·达·伽马时代**

自 15 世纪中叶以来，葡萄牙人组织了多次远征活动，他们前往非洲沿海探险，获得了丰厚的收益。1488 年，巴托洛梅乌·迪亚斯（Bartolomeu Dias）指挥的一支舰队在绕过好望角后进入印度洋。下一步，葡萄牙要组建一支能够抵达印度的舰队。负责此次探险的是瓦斯科·达·伽马，他于 1497 年从里斯本启航。非洲沿海港口马林迪（Malindi）的统治者被迫向达·伽马提供了一名领航员，帮助舰队穿越阿拉伯海（Arabian Sea），前往印度。葡萄牙舰队 10 个月内完成了 9500 英里的航行，于 1498 年 5 月 20 日抵达卡利卡特。当葡萄牙人到达马拉巴尔海岸时，印度人并不喜欢他们提供的商品；尽管如此，葡萄牙人还是收集到了大量胡椒和其他香料，然而达·伽马却拒绝支付香料关税。

这 3 艘葡萄牙船只上安装了船尾柱舵、3 根桅杆、索具、横帆和大炮，坚固的葡萄牙武装商船和帆船与印度洋上航行的那些相对脆弱的船只形成了鲜明对比。根据加斯帕·科雷亚在 1563 年之前所写的《印度传说》(*Legends of India*)，这些印度船只是单桅帆船(dhows)，没有大炮，船体木板则是用椰子壳纤维缝制起来的。[47] 葡萄牙人率先把军事改革所带来的造船新技术应用在印度洋上，他们发现，葡萄牙的火炮能够击沉未携带武器的船只，还能对城市进行狂轰滥炸，这让他们感到非常满意。抵达卡利卡特后，达·伽马把一名因从事危险活动而被定罪的罪犯送上岸。“他被带到一个有两个来自突尼斯的摩尔人的地方，他们会说卡斯蒂利亚语和热那亚语……他们问他千里迢迢地来寻找什么，他回答说：‘我们来寻找基督徒和香料。’”[48] 瓦斯科·达·伽马的航行开创了欧洲海洋强国在亚洲水域称霸的时代，直到 19 世纪末，美国和日本成为新兴海洋强国，葡萄牙的霸主地位才逐渐衰落。葡萄牙对亚洲海洋航线的控制依赖于先前的大西洋经济体：“在大西洋之外，根本不存在能够制定海洋政策的海上强国。因此，控制了大西洋，就意味着控制了印度洋，并最终控制太平洋。”[49]

在 18 世纪下半叶之前，欧洲人的海上实力很强，善于攻击沿海目标，但吕宋岛的西班牙人和爪哇岛的荷兰人除外。“以农业为基础的内陆国家并不害怕欧洲人，但商业时代的一个重要特点就是商业城市的中心可以通过海上线路抵达”，[50]葡萄牙人为了利用这些经济体，很快就建立了一系列从非洲到澳门的贸易前哨站。

42 1500 年，继达·伽马之后，佩德罗·阿尔瓦雷斯·卡布拉尔（Pedro Alvares Cabral）开启了一次重要的探险活动。卡布拉尔的舰队由 30 艘携带强大火炮的船只组成，总人数达 1500 人。在宣布巴西为西班牙王室的领地后，卡布拉尔抵达了卡利卡特，并在当地统治者“扎莫林”（Zamorin）的默许下建造了一间工厂，而该工厂实际上是一个贸易站。当地穆斯林商界与初来乍到的葡萄牙人关系十分紧张，葡萄牙人以葡萄牙国王是海洋和大陆的主人为借口，扣押了一些船只。愤怒的当地商人杀死了工厂创始人艾里斯·科雷亚（Aires Correia）和其他葡萄牙人，并夺走了他们的财产。16 世纪的历史学家若昂·德·巴罗斯写道，为了实施报复，卡布拉尔焚烧了船只，炮轰卡利卡特城，造成 500 人死亡。[51]

1502 年，曼努埃尔一世（Manuel I）决定派遣另一支舰队，“舰队由坚固的大帆船组成，可以装载大量货物，如果它们能安全返回，将给他带来无尽的财富”。[52]除了 10 艘大船外，瓦斯科·达·伽马还增加了 5 艘小吨位的轻快帆船，“他希望用这些船打仗，并给它们配备了必要的火炮”。[53]刚到卡利卡特时，达·伽马便将扎莫林派来的婆罗门使节扣下，并命令舰队靠近海岸。“从白天到晚上，他一直在炮轰这座城市，造成了巨大的破坏。”[54]在此期间，从科罗曼德尔海岸（Coromandel Coast）出发的两艘大船和 22 艘装着大米的小船驶近港口。船只遭到掠夺。根据加斯帕·科雷亚的记载：

然后，船长命令他们割掉所有船员的双手、耳朵和鼻子，

> 全部放到其中的一艘小船里，并命令他们把同样被割掉耳朵、鼻子和手的修士押到船上；他还命令手下把这些耳朵、鼻子和手挂在修士脖子上，并给印度国王留了一只手掌。他要修士告诉国王，可以用这只手蘸点咖喱，吃他的修士（即婆罗门使者）带回去的东西。处决这些船上的印度人时，他命令手下把他们的脚绑在一起，因为他们没有手来解开绳索。为了防止他们用牙齿咬开绳索，他命令手下用棍棒打断他们的牙齿，并要他们把牙齿吞进肚子里。[55]

达·伽马的水手把受害者放在一艘船里，船上盖着席子和干叶子，然后放火烧船。在另一次事件中，“他们把一些俘虏倒挂在船上，船长命令弩兵朝俘虏射箭，再把船只送上岸”。[56]这些并非孤立事件，葡萄牙的史料记载了很多本国航海家虐待俘虏的事。[57]

葡萄牙人建造工厂，与地方政府签署条约，确保对方以固定价 43
格持续向葡萄牙供应香料。他们要求印度洋的船只只有在购买了特许证并在果阿、霍尔木兹或马六甲支付关税的情况下才能进行贸易。持特许证者不能与穆斯林有任何交易，且不能从事未经授权的香料贸易活动。[58] 16世纪末，海关收入和出售特许证所带来的利润大于葡萄牙与欧洲的贸易收入。“葡萄牙人建立的模式非常符合荷兰和英国东印度公司的宗旨”，这两家公司转而又迫切地建立了类似的机构。[59]

里德把1500年到1530年这30年称为“颠覆期”。[60]这段时间，葡萄牙取代了叙利亚、埃及和威尼斯，成为香料市场的主要参与者。大帆船从里斯本出发，将香料送到安特卫普（Antwerp）——一个位于低地国家的港口和金融中心。为了巩固本国在亚洲的定居点，葡萄牙国王从里斯本派出了一支又一支舰队。“曼努埃尔国王得到来自安特卫普的资本支持，制定了持续增援制度，这必须要归因于葡萄牙海军在东方海域取得的成就。”[61]

1510 年，阿方索·德·阿尔布克尔克征服了果阿，使其成为葡萄牙在亚洲地区的行政中心，葡萄牙人借此巩固了自己的殖民事业。1511 年，阿尔布克尔克占领马六甲（如今属于印度尼西亚）。马六甲是香料的集散中心，也是那些在爪哇、印度洋和南海航行的船只经常停靠的港口。到了 16 世纪初，它还是印度船只和中国帆船的停靠港，并开始与琉球群岛产生联系。托梅·皮雷斯（Tome Pires）在他的著作《东方诸国记》（*Suma Oriental*）中写道：“作为贸易港，马六甲的规模之大，令其他港口望尘莫及；也没有哪个地方经营着如此精美而珍贵的商品。这里不仅有来自东方各地的货物，还有来自西方的货物。马六甲海峡也是季风终止地。”[62] 后来，西班牙、荷兰和英国的船只从巽他海峡通行，开辟出一条新的航线，挑战了马六甲的特殊地位。1515 年，葡萄牙占领霍尔木兹，控制了波斯湾；1557 年，葡萄牙占领了中国沿海的澳门；1570 年左右，葡萄牙人到达日本长崎。葡萄牙航海家在印度洋实施了暴力手段，但在中国领海，葡萄牙人没能如法炮制。中国沿海的舰队击败了葡萄牙舰队，葡萄牙人只能接受明朝当局提出的贸易条件，并且放弃了进攻日本的念头。葡萄牙将其在非洲、中东和亚洲的飞地统称为“葡属印度省”（Estado da India）。

到 1515 年，葡萄牙的一支官方舰队已经到访过马鲁古群岛。为了争夺丁香贸易收益，德那地岛和蒂多雷岛的拉惹与葡萄牙展开了长期斗争。接下来的数年，西班牙也卷入该冲突。

在大帆船带回里斯本的所有产品中，香料的价值最高。维托里 44
诺·马加良斯·戈丁霍（Vitorino Magalhaes Godinho）称，1515 年，香料贸易的利润相当于葡萄牙所有教会的总收入，而且是贵金属贸易收入的两倍。[63] 当时，“在马鲁古群岛，1 巴哈尔（bahar）丁香的收购价仅为 1 克鲁扎多（cruzado）金币多一点”，而“当丁香运到里斯本后，单价便暴涨到 700 克鲁扎多”。[64] 正是因为收益如此丰厚，近代欧洲人才会不惧风险，积极投身长途贸易。

斐迪南·麦哲伦

瓦斯科·达·伽马的成功没有得到广泛的认可。富格尔家族驻里斯本的代表克里斯托瓦尔·德·哈罗（Cristobal de Haro）对葡萄牙王室（Portuguese Court）给予他的待遇非常不满，于是移居到了塞维利亚。当时只有 17 岁的少年查理一世（Charles I）刚刚加冕西班牙国王。在塞维利亚，德·哈罗与布尔戈斯主教（bishop of Burgos）、负责西班牙殖民帝国的主席胡安·罗德里格斯·德·丰塞卡（Juan Rodriguez de Fonseca）关系密切。这位富格斯家族的代理人收集了有关葡萄牙海上航线的信息，并坚决要求西班牙派遣一支远征队，沿着一条航线穿越大西洋。查理一世的祖父、神圣罗马帝国皇帝（Emperor of the Holy Roman Empire）马克西米利安（Maximilian）曾欠下富格尔家族银行数百万级的债务，登基后的查理一世自然也继承了这些债务。此外，在 16 世纪的前几十年里，就经济效益而言，美洲大陆出产的商品无法与香料贸易相媲美，西班牙王室渴望找到丁香和肉豆蔻的原产地。“决定与麦哲伦签署商业合同的人不是查理一世，而是一位名叫雅各布·富格尔（Jacob Fugger）的德国银行家。”[65] 斐迪南·麦哲伦受查理一世之命组织了一支前往遥远岛屿的远征队，查理一世向富格尔家族借了1万枚杜卡特金币，为船队提供部分资金，从而成为此次航行的最大投资者。[66]

麦哲伦是一名土生土长的葡萄牙人。1505年，他曾随葡萄牙首任印度总督弗朗西斯科·德·阿尔梅达的舰队前往印度。在亚洲的8年中，麦哲伦参与了阿方索·德·阿尔布克尔克军队攻占马六甲的战役。安东尼奥·皮加费塔（Antonio Pigafetta）担任这支探险队的书记官。根据他的记录，为德那地国王效力的葡萄牙航海家弗朗西斯科·塞朗（Francisco Serrao）到达马六甲时，曾与麦哲伦通过信。“因此，麦哲伦要求葡萄牙国王曼努埃尔一世将他每月养老金提高1托斯顿（toston）[①]，因为他认为这是自己应得的酬劳，但国王拒绝了，于是他来到了西班牙。”[67] 1517年，麦哲伦到达塞维利亚。

45 事实证明，招募船员相当困难。大约40名葡萄牙人加入了一个由西班牙人、意大利人、法国人、佛兰德人、德国人、爱尔兰人和来自其他不同国家的水手组成的世界性团队，其中还包括一位英国枪手，他给自己起了个西班牙名字，叫安德烈斯·隆巴德罗（Andres Lombardero）。[68] 237名船员中有两名口译员，分别是讲阿拉伯语的豪尔赫（Jorge）和讲波斯语的马来人恩里克（Enrique），后者是麦哲伦在马六甲买的奴隶；此外，船队还有少数非洲人。16世纪，塞维利亚的奴隶市场非常繁荣。

---

① 托斯顿曾是拉美国家常用的一种银币，1托斯顿等于0.5比索或4八里亚尔。——译者注

1519年9月20日，5艘小型帆船从瓜达尔基维尔河河口的圣卢卡尔·德·巴拉梅达（San Lucar de Barrameda）出发，横渡大西洋，在南美洲沿海开始了充满变数的航行。航行过程中，舰队发生了一次兵变和一起鸡奸案件。鸡奸案闹上了军事法庭，被告分别是“维多利亚号”（Victoria）航海长、来自西西里的安东尼奥·萨洛蒙（Antonio Salomon）和来自热那亚的学徒安东尼奥·瓦雷萨（Antonio Varesa）。麦哲伦下令处决萨洛蒙，瓦雷萨被扔进海里淹死。自中世纪以来，火刑一直是惩罚这些犯罪行为的手段。荷兰人惩治罪犯的方式则是把他们绑在一起，然后抛到海里淹死。[69]

舰队停靠巴西的里约热内卢（Rio de Janeiro）时，有一件事中断了麦哲伦的艰苦航行。萨缪尔·E. 莫里森（Samuel E.Morison）提到，麦哲伦和皮加费塔躲在暗处，目睹了一桩发人深省的事件。一名巴西土著女孩走进航海长的空船舱，她看到了一枚铁钉后，“她以高超的技巧和超凡的勇气，把铁钉强行塞进自己的两片阴唇中”。[70]这则逸事表明，当地居民会不惜一切代价去获取铁，而西班牙人在太平洋航行时遇到的岛民也会做类似的事情。

1520年11月左右，麦哲伦终于遇到了那条后来以他名字命名的海峡，并从海峡中通过。水手们给那片海域起名为“太平洋”，“因为在这段时间里，我们没有遇到任何暴风雨”。[71]尽管海面很平静，但这支小舰队行进时，船员的生活条件非常差。安东尼奥·皮加费塔这样描述他们穿越海洋那可怕的“3个月零20天”：

我们只能吃碎成粉末的过期饼干，上面满是蛆虫，又脏又臭，是老鼠偷吃饼干时在上面留下的东西；我们喝的水是黄色

> 的，而且散发着恶臭。我们还吃主桅杆下的牛皮，这样，桅杆就不会弄坏索具了。由于日晒、雨淋、风吹，牛皮变得很硬，我们把牛皮放在海水里泡四五天，再放在炭火上加热后就吞进了肚子。我们还吃锯末和老鼠，每只老鼠卖半克朗，船上从来不缺老鼠，但现在搜遍船舱也很难找到了。[72]

46 船员们患上了严重的坏血病。“我们大多数人的上下牙龈都肿得厉害，甚至无法进食。”[73]

船队遇到了一座小岛，麦哲伦希望从岛上获得补给，但当地人“登船后大肆抢劫，整支船队都无法幸免”。[74]除了登船劫掠外，他们还抢走了绑在旗舰“特立尼达号”（Trinidad）上的小艇。作为报复，麦哲伦“带领40名武装人员上岸，烧毁了四五十间房屋和几艘小船，杀死了岛上的7个人，并找回了他们的小艇”。[75]船员把当地人视为“江湖大盗，所以我们把这3座岛屿称为‘强盗群岛’（Ladrones Islands）”。[76]“强盗群岛”其实是玛丽亚娜群岛南部的部分岛屿。1668年，耶稣会会士迭戈·路易斯·桑维克托雷斯（Diego Luis Sanvictores）登上关岛（Guam），查理二世的母亲、摄政女王玛丽亚娜（Mariana）每年向探险队拨款3000比索，“强盗群岛”也随之改名为“玛丽亚娜群岛”。

在通过苏里亚戈海峡（Suriago Strait）进入菲律宾群岛后，麦哲伦的船队停靠在利马萨瓦岛（Limasawa），马来人恩里克与当地人进行了交流。莫里森称，“我们绕地球一圈后，西方终于和东方相遇了。恩里克可能是第一个连接东西方的人”。[77]麦哲伦选择在圣徒节登陆利马萨瓦岛，并将菲律宾圣群岛命名为“圣拉扎罗群岛”

（Islas de San Lazaro）。不久，一些来自萨马尔岛（Samar）南部的船只出现在米沙鄢群岛上，船上载着鱼、椰子和一种叫作“亚力”（arrack）的酒。[78]

西班牙人到达宿务岛后，岛上的拉惹要求西班牙人缴纳“贡品”，并援引了4天前的一个例子。那天，“一艘名为‘暹罗帆船’（Junk of Ciama）的船只满载着黄金和奴隶到达宿务岛，并向拉惹缴纳了贡品”。[79]为了证明自己说的确有其事，他向麦哲伦介绍了一位来自暹罗的商人，这名商人留在岛上售卖黄金和奴隶。暹罗商人误以为麦哲伦的船员是葡萄牙人，于是马上向拉惹阐述了与如此强大的国家结盟的好处。翻译官恩里克纠正了这一错误信息，声称西班牙国王比葡萄牙国王强大得多，他的发言还得到了商人们的高度评价。麦哲伦签署了让拉惹及其家人和臣民都皈依基督教的一项条约。拉惹的女王和随行仆人接受洗礼时，她要求“把一尊男婴木雕像放在圣像的位置上”。[80]那尊雕像就是后来的“宿务圣婴”（Nino Jesus de Cebu）。签订政治条约的工作与宗教皈依和商业交流同时进行。宿务人用黄金向麦哲伦船队购买铁制品：“他们用黄金购买我们的金属、铁制品和其他大宗商品……他们给了我们10块黄金，换取我们的14磅铁制品。每块黄金等于1.5枚杜卡特金币的重量。”[81]正如里约热内卢偷铁钉的女孩以及后来的玛丽亚娜群岛掠夺事件一样，宿务人对于铁的渴望恰恰反映出这些地区对于铁的缺乏，导致铁成了一种贵金属。

临行前，国王指示麦哲伦：“你要先去马鲁古群岛，别去其他 47
地方”[82]，但麦哲伦不仅没有听从指令，还卷入了当地的政治斗争中。为了展示武力，他参加了宿务人发起的一场远征，去攻击麦克坦岛（Mactan）的拉惹拉普拉普（Lapulapu）。守军用其所拥有的火枪和弩，打造了一道顽强的防线。麦哲伦舰队的火炮射程不足以打击敌人。撤退时，土著人杀死了麦哲伦，[83] 其余船员则继续前往文莱。在那里，他们看到了一个由穆斯林君主管理的繁荣社会：“他们崇拜穆罕默德（Mohamed），并遵守他制订的法律。”[84] 文莱君主慷慨地向新来的客人赠送礼物。他们庄严地坐在大象身上前行，旁边跟着“12 名随从，每名随从都捧着一只盖着丝绸的瓷瓶，用来运送和包装我们的礼物”。[85] 文莱君主住在一座配备火炮的堡垒里。在要塞中，他们遇到了文莱苏丹的海军统帅——菲律宾群岛吕宋国王的儿子。皮加费塔向他询问了瓷器的事情：“我了解到，这种瓷器用一种很白的泥土制成。据说，如果把毒药放进一只精美的瓷器中，它立刻就会爆裂。”[86]

菲律宾的萨兰加尼岛（Sarangani）强行带走两名领航员后，船员终于到达了蒂多雷岛。“我们非常高兴，因为还差两天就整整 27 个月了，我们一直在无数岛屿中苦苦寻找马鲁古群岛”。[87] 在蒂多雷岛上，他们受到了热情款待，国王允许当地人向他们出售香料。皮加费塔写道：“我们疯狂地购买丁香。”[88] 苏丹宣称自己是西班牙国王的属臣。西班牙人收集了大量的香料，以至于附近巴坎岛（Bachan）的酋长向查理一世赠送一名奴隶和 10 巴哈尔丁香时，只能带走 2 巴哈尔，因为“我们的船已经载满货物，再也装不下更多东西了”。[89] 离开蒂多雷岛后，他们途经班达群岛，到达了帝汶岛（Timor）。他们注意到，帝汶岛上有来自马六甲和爪哇的商人，还有来自吕宋岛的帆船，他们都来购买檀香木和蜡。

长期的海上漂泊让舰队发生不少伤亡。出发时的 5 艘船只剩下

2艘，其中一艘是“特立尼达号”，被葡萄牙人夺回。幸存下来的船员最终于1524年抵达里斯本。“维多利亚号”在胡安·塞巴斯蒂安·埃尔卡诺的指挥下横渡印度洋。

1522年9月6日，18名欧洲船员和3名东印度群岛船员抵达塞 48
维利亚。此次航行花了3年时间，人员损失惨重。在舰队原来的5艘帆船中，只有“维多利亚号”抵达塞维利亚；而出发时的237名船员中，只有37名水手幸存，大多数船员死在德那地岛，或成为葡萄牙人的俘虏。从财务角度看，这次航行不是特别成功。“维多利亚号”带回来的丁香共“381袋，净重524公担零21.5磅”，货物中还包含少量其他香料。[90] 尽管如此，“维多利亚号”的货物依旧能抵销远征队的全部费用。

船上的领航员胡安·塞巴斯蒂安·埃尔卡诺获得了一枚盾形徽章，徽章的标志由3颗坚果、2根肉桂、12粒丁香和一个地球组成，周边是一圈拉丁文“环球航行第一人”（Primus Circuldisti Me）；两边各站着一位马来国王，每位国王都拿着一根香料树的树枝。皮加费塔前往卡斯蒂利亚王国（Castille）的巴拉多利德（Valladolid），向国王赠送了“一本我亲手所写的书，里面讲述了我们航行中每天发生的所有事情”。[91] 此次探险证明了世界上所有的海洋都是相连的，西班牙人也收集到了关于海上航行路线和停靠港口的宝贵地理知识。用O.K.H.斯佩特（O.K.H.Spate）的话来说，“没有任何一次航行如此次那样拓宽了世界的范围”。[92]

在船员带回西班牙的信息中，查理一世得知葡萄牙人虽然会定期造访马鲁古群岛，但并没有实际占领这些岛屿，这更加强化了他占有香料群岛的想法。1519年，远征队的消息到达欧洲后不久，查尔斯一世当选并加冕为神圣罗马帝国的皇帝，而帮助他当选的主要资助者正是雅各布·富格尔。[93]葡萄牙人得知这一消息后十分震惊。

西班牙远征香料群岛

1479 年，葡萄牙和西班牙签署了《阿尔卡苏瓦什—托莱多条约》（*Treaty Alcacovas-Toledo*）。该条约允许葡萄牙人沿非洲海岸进行扩张，并承认西班牙人对加那利群岛（Canary Islands）的征服。西、葡是率先签署瓜分世界协议的欧洲强国，这份协议在不考虑当地居民的情况下分配了他们的领土。1481 年，作为西班牙博尔吉亚（Borgia）家族成员，教皇亚历山大六世（Pope Alexander VI）以教皇诏书（*Aeterni Regis*）的形式批准了这一协议。1494 年，西、葡两国在西班牙卡斯蒂利亚斯的小镇托尔德西利亚斯（Tordesillas）签署了《托德西利亚斯条约》（*Treaty of Tordesillas*）。该条约遵循了《阿尔卡苏瓦什—托莱多条约》的精神，用一条假想的经度线，从佛得角群岛（Cape Verde Islands）以西 370 英里处将世界一分为二，西班牙和葡萄牙各占一半。经度线以东的所有领土被划给了葡萄牙，包括巴西，而西班牙可以占领经度线以西的所有土地。

49 1524 年，根据此前的条约，葡萄牙和西班牙的代表开始进行谈判，以确定马鲁古群岛的位置，但谈判未取得令人满意的结果，于是查理一世决定继续探险。事实上，德·哈罗把“维多利亚号”运到欧洲的丁香送到安特卫普之后，就马上敦促西班牙国王再派出一支远征队。富格尔财团向第 2 支远征队资助了 1 万枚杜卡特金币，另外 4 名投资者则资助了 4450 枚杜卡特金币。

1525年夏，由加西亚·霍弗雷·德·洛埃萨（Garcia Jofre de Loaisa）指挥的舰队从西班牙西北部城市拉科鲁尼亚出发。舰队共7艘船只，洛埃萨的侄子埃尔卡诺担任领航员。根据计划，拉科鲁尼亚未来将成为香料贸易的中心，香料交易所也设在这座城市。船员中，有会计安德烈斯·德·乌尔达内塔（Andres de Urdaneta）和3名蒂多雷岛土著人。当初，蒂多雷岛的苏丹把4名土著人作为礼物送给西班牙国王，他们跟随埃尔卡诺的“维多利亚号”来到西班牙，其中3人再次随舰队远征，但不幸在旅途中遇难。第4个土著人仍然留在西班牙，因为他对欧洲和亚洲之间的产品价格差异非常好奇。皇家历史学家费尔南多·德·埃雷拉（Fernando de Herrera）说：“他非常机敏，来到西班牙后，他做的第一件事就是询问1枚杜卡特金币值多少八里亚尔，而1八里亚尔又值多少马勒威迪（maravedi）铜币，以及1枚马勒威迪铜币可以买多少胡椒；为了了解香料的价值，他跑了一家又一家商店。”[94]

到达麦哲伦海峡之前，船队的两艘船在一次海难中沉没，另一艘船则被船员遗弃。由于食物短缺，另一艘船在穿越麦哲伦海峡后返回了墨西哥。1526年7月30日，洛埃萨去世；5天后，埃尔卡诺也去世了。9月15日，探险队的第2任指挥官在关岛去世。到达棉兰老岛的只有“圣玛丽亚·德·拉·维多利亚号”（*Santa Maria de la Victoria*）以及在关岛加入舰队的11名土著人。在棉兰老岛，一个当地人告诉船员，每年都有中国的帆船到此地购买黄金和珍珠。探险队试图驶向宿务岛，但大风把他们吹回了马鲁古群岛，在那里，麦哲伦探险队的一些幸存者加入了船队。蒂多雷岛的拉惹和他宫廷里的所有人都穿着华丽的衣服，邀请船员们参加宴会：“他们装饰精美的华盖、用金布做成的华服、脖子上挂着的沉重金项链、用黄金饰物缠绕起来的光滑头发都说明了他们的生意有多么兴隆。”[95]第2天，参加完效忠国王的仪式之后，在当地人的帮助下，西班牙人开始建造可放置大炮的土木工事。这是西班牙和葡萄牙战争的开始，西班牙与蒂多雷岛、济罗罗岛结为同盟，而葡萄牙人与德那地岛结盟。自1512年以来，葡萄牙人就驻扎在德那地岛的一处要塞中。

50 西班牙帝国政府想继续进口香料，但随后，它决定从墨西哥而不是从伊比利亚半岛派遣远征队。为此，查理五世下令埃尔南·科尔特斯（Hernan Cortes）组织一支舰队。1524年，科尔特斯写信给国王，称葡萄牙是以工厂模式建立飞地和从事香料贸易的，他计划采取一种不同于葡萄牙的方式占领香料群岛，并在当地构筑防御工事。1526年，科尔特斯将指挥权交给他的表弟阿尔瓦罗·德·萨维德拉·塞隆（Alvaro de Saavedra Ceron），并指示他前往香料群岛，寻找麦哲伦探险队留在宿务岛的幸存者，询问洛埃萨探险队的情况，并尝试攻占位于德那地岛的葡萄牙要塞。他还要求萨维德拉在每个港口雇用一名“博学的犹太人”，把写给亚洲地区君主的拉丁介绍信翻译成阿拉伯语或当地语言，然后把丁香树带回墨西哥种植。[96]

麦哲伦远征队发现宿务岛是一个繁荣的停靠港，聚集着来自中国的帆船和东印度群岛的船只。在写给宿务岛国王的信中，科尔特斯解释了麦哲伦此行的目的：“您应该知道，我们强大的国王渴望了解那些地区的生活方式和贸易状况，所以派他的一位船长埃尔南多·德·麦哲伦和5艘帆船去往此处。”[97]他为麦哲伦的行为道歉，称，“最令国王难过的是，麦哲伦船长违背了王室的指令，与您和您的手下挑起战争或不和”。[98]1527年10月31日，舰队离开墨西哥。很快，两艘船在狂风巨浪中消失，第 3 艘船则遭遇了海难，只有萨维德拉指挥的“佛罗里达号”跨越重洋，到达了棉兰老岛。船员们在那里遇到了洛埃萨探险队的 3 名幸存者，后者称，宿务人从麦哲伦探险队抓了 8 名西班牙人，并卖给了中国商人。萨维德拉想前往宿务岛，但由于风太大，他不得不返航，最终未能抵达墨西哥。1529 年 10 月，萨维德拉在蒂多雷岛沿海去世。他死后，“佛罗里达号”试图穿越太平洋，但找不到有利的风向。船员们做了各种返航的尝试，均以失败告终。葡萄牙驻印度总督努诺·达·库尼亚（Nuno da Cunha）派一艘船把剩下的西班牙人带回家。1534 年，这艘船离开蒂多雷岛，而乌尔达内塔和其他人则留在济罗罗岛收集大量丁香。最终，乌尔达内塔于 1536 年 6 月抵达里斯本，当地的葡萄牙官员没收了他手里所有的地图和文件。乌尔达内塔和一位同伴辗转回到了西班牙的巴拉多利德，在那里，他凭记忆写下了自己在马鲁古群岛的经历，而此时距离洛埃萨舰队离开西班牙已经过去了 11 年半。这份备忘录对未来的前景充满期待。“如果陛下愿意与马鲁古群岛保持贸易关系，则我国每年可带回 6000 多公担丁香，某些年份的收成甚至可达 1.1 万公担”。[99]

乌尔达内塔还说，班达群岛有大量的肉豆蔻和肉豆蔻干皮；当 51
地产的生姜和桂皮也可用于贸易，而且某些岛屿上有黄金。乌尔达内塔总结道：“综上所述，陛下可以看到，马鲁古群岛周边还有许多富饶和重要的地方，有待我们去征服；还有很多地方可开展贸易，比如中国，我们可以通过马鲁古群岛与之进行交流。”[100]

与此同时，西班牙皇帝与土耳其苏莱曼大帝（Suleiman the Magnificent）、法国以及教皇之间的国际关系恶化了，这给西、葡的马鲁古群岛之争带来了变数。查理一世需要尽量团结一切盟友，以对抗如此强大的敌人，所以他开始拉拢葡萄牙。1526 年，查理迎娶若昂三世（Joao Ⅲ）的妹妹、葡萄牙的伊莎贝尔（Isabel de Portugal），而他自己的妹妹，奥地利的卡特琳娜（Catalina of Austria）则嫁给了葡萄牙国王。他还签署了《萨拉戈萨条约》（*Treaty of Zaragoza*），该条约暂时放弃了对香料群岛的主权要求，以换取葡萄牙提供的 35 万杜卡特金币，直到两个帝国之间划分出更精确的界线。

这份条约没有长时间地阻碍西班牙跨越太平洋的野心。1542 年，新西班牙总督安东尼奥·德·门多萨（Antonio de Mendoza）的妹夫鲁伊·洛佩兹·德·比利亚洛博斯（Ruy Lopez de Villalobos）指挥了另一场探险活动，目的是殖民菲律宾，并与中国大陆和琉球群岛建立贸易关系。比利亚洛博斯的船队在棉兰老岛东部逗留了一个月，顺道考察了莱特岛和萨马尔岛等地区。他们无法到达宿务岛，只能沿棉兰老岛东海岸活动。由于食物短缺，探险家们放弃了建立定居点的想法。岛上的土著居民从事自给自足的农业生产，无法为新来的殖民者提供足够的粮食，而这竟然造成他们食物供应不足，则完全出乎西班牙人的意料。1543 年，比利亚洛博斯手下船员前往萨兰加尼岛，并停留了 7 个月。该岛位于苏拉威西岛北部，在当地贸易网络中拥有战略性地位。“在那里，原本朝北的香料贸易路线突然向西，转往苏禄岛、婆罗洲和马六甲”。[101] 当地有一个相当大的定居点，西班牙人到达时，发现有 400 艘船只在岸边用棉花、丝绸、黄金、瓷器和芳香植物交换奴隶和林产品，尤其是蜡和大米。[102] 尽管港口物资充足，船员们却缺少食物，只能吃些“恶心的食物、不知名的植物和陆栖蟹，这些食物能让人精神错乱一整天；他们还吃一种会发出亮光的灰色蜥蜴，吃了这种蜥蜴的人很少能活下来”。[103]为了给船队寻找食物，贝尔纳多·德·拉·托雷船长到达了一座岛屿，即今天的莱特岛或萨马尔岛。当地酋长马坎达拉（Makandala）非常欢迎西班牙船员，并提供给他们水和丰富的食物。马坎达拉的住宅以中国的瓷器和丝绸作为装饰品。

比利亚洛博斯为了感谢酋长提供食物，将该岛屿命名为“菲利 52
皮纳岛”（Felipina），以向未来的国王菲利普二世（King Philip II）表示敬意。这个名字正是现今菲律宾国名的起源。由于找不到返回美洲的路线，比利亚洛博斯的船队一直航行到蒂多雷岛。1544 年，比利亚洛博斯在安波那（Amboyna）去世，著名的耶稣会会士殷弘绪为他做了临终祈祷。部分水手留在了马鲁古群岛，另一部分水手则从印度乘坐葡萄牙船只返回西班牙。一些曾陪同比利亚洛博斯探险的奥古斯丁修士回到了墨西哥，据说乌尔达内塔从其中一个叫赫罗尼莫·德·桑蒂斯特万（Geronimo de Santisteban）的修士那里获得了他们航行所需的信息。[104]

尽管此次航行在人员和经济方面损失惨重，但西班牙还是从当地人和葡萄牙商人那里收集到了许多重要信息，更加了解了亚洲的地理状况和商业环境。西班牙人发现，盛产肉桂、生姜和黄金的菲律宾群岛开始成为中国和日本经济的重要组成部分。这些信息对当时的西班牙人毫无用处，因为他们无法掌控太平洋的主要洋流和风向规律。近 20 年后，西班牙人才重新尝试在菲律宾建立殖民地。

米格尔·洛佩兹·德·莱加兹皮

1556年，菲利普二世登基，成为西班牙国王。他无视父亲对葡萄牙人所持的猜忌态度，开始制订进入亚洲商业市场的计划。当时的欧洲政坛风平浪静。菲利普二世于1559年与法国签署了《卡托—康布雷齐条约》(*Treaty of Cateau-Cambresis*)，而在1558年至1565年，丁香、肉桂和胡椒等香料价格大幅上涨。[105] 国王命令新西班牙总督路易斯·德·贝拉斯科组织一支舰队，"探索马鲁古群岛以西的岛屿"。[106] 奥古斯丁修会的修士安德烈斯·德·乌尔达内塔收到国王的一封来信，要求他把自己的知识和经验用于计划中由米格尔·洛佩兹·德·莱加兹皮指挥的远征行动。

墨西哥只有少量领航员和能力出众的海员，其中愿意穿越太平洋的海员更是少之又少。因此，舰队船员中有大量的外国人，包括佛兰德人、意大利人、威尼斯人、希腊人和法国人，还有10名到12名葡萄牙人。为了节省开支，当局只允许12名黑人奴仆随队出征。[107] 船队中还有一名菲律宾人，名叫赫罗尼莫·帕切科(Jeronimo Pacheco)，他是被比利亚洛博斯探险队成员佩德罗·帕切科(Pedro Pacheco)带到墨西哥的。这名菲律宾人是一名受过洗礼的基督徒，而且能说一口流利的西班牙语，对舰队的帮助非常大。[108]

53 墨西哥检审庭向莱加兹皮发出了详细的指令，告知他要遵守《托尔德西利亚斯条约》，不能前往马鲁古群岛："相反，你需要前往马鲁古群岛周边的其他岛屿，如菲律宾群岛，以及该条约范围之外并在国王陛下管辖范围之内的岛屿，据说这些岛屿也产香料。"[109] 到达菲律宾群岛后，船员要收集与这些岛屿相关的信息，包括它们的财富状况、与其他国家的贸易关系、香料价格等，还要与当地居民和平相处。菲律宾存在奴隶制，莱加兹皮此行还要购买一些奴隶，并将他们送到墨西哥，“这样，他们就可以担任翻译，我们也可以从他们那里学习当地的产品”。[110]在收集信息的过程中，舰队还要调查葡萄牙人在日本群岛的活动。据推测，日本的部分岛屿位于托尔德西亚斯分界线靠近西班牙的一侧。最重要的任务是，莱加兹皮要找到返航的路线。

莱加兹皮负责全权指挥整支舰队，乌尔达内塔担任首席领航员，而后者除了具备航海经验之外，还能讲马来语。舰队由“圣佩德罗号”（*San Pedro*）和“圣巴勃罗号”（*San Pablo*）这两艘帆船、3艘小艇以及一艘排水量为40吨的小型递送船“圣卢卡斯号”（*San Lucas*）组成。1564年11月21日，舰队带着350名士兵和水手离开了墨西哥沿海的纳维达德港（Navidad）。

航行途中，“圣卢卡斯号”与其他船只失去了联系，船长阿隆索·德·阿雷利亚诺（Alonso de Arellano）决定继续独自航行。为了等待舰队的其他船只，这艘船在棉兰老岛停留了5个星期，但由于食物短缺，阿雷利亚诺决定返回新西班牙。“圣卢卡斯号”向东北航行，寻找合适的风向。1565年8月9日，这艘小型递送船抵达了墨西哥沿海的纳维达德港，一名船员因饥饿和坏血病而身体虚弱。阿雷利亚诺以到达了菲律宾群岛并找到返航路线为理由，要求当局予以嘉奖。墨西哥检审庭审判阿雷利亚诺，认为他抛弃了舰队，应对此承担责任。但是，阿雷利亚诺最终未受到任何惩罚。[111]除了阿雷利亚诺这件事，舰队还发生了另一件怪事，其主角是一位名叫洛佩·马丁内斯·德·拉戈斯（Lope Martinez de Lagos）的领航员，他因欺诈罪而被判处死刑。但拉戈斯知道返航路线，他以领航员的身份被遣送回菲律宾，还奉命将一只封口的信封带给当地政府，而信的内容是判处他死刑。不知何故，拉戈斯看到了信件的内容。他不再绘制前往菲律宾群岛的航线图，而是领导了一场叛乱，杀死了船上的其他军官。此人似乎非同寻常，他虽是一名黑白混血儿，却当上了领航员。领航员是舰队中的权威人物，做过奴隶的人通常坐不上这个位子。[112]

54 莱加兹皮探险活动证明了“强盗群岛”的土著人并非浪得虚名。土著人表面上对食物的价格讨价还价，要求西班牙人用钉子和铁块交换粮食，然而，当西班牙人把篮子里的大米倒空时，却惊讶地发现篮子里装的全是沙子，只在上面铺了一层薄薄的大米。土著人和西班牙人还发生了暴力事件。[113]“圣佩德罗号”的一名年轻水手不小心留在了岸上，当搜寻队回来找他时，“发现这个男孩的身体里插着 30 支长矛，脸上的皮被撕了下来，舌头被扯掉，一根锋利的棍子从他的嘴巴刺进去，从脖子后面穿出来”。[114]西班牙人迅速实施了报复，绞死了 4 名土著人，并放火烧毁了岛上的房屋和船只。舰队的航海日记写道：“这样，他们就会更加尊重下一批到达的西班牙人，并学会更加忠实地履行他们的‘友善’承诺。”[115]

1 月 26 日，莱加兹皮正式占领了“强盗群岛”。在岛上，莱加兹皮与当地酋长签署了一份“血盟”协议。在给菲利普二世的一份文件中，皮加费塔描述了血盟仪式的整个过程：“结盟的双方从各自手臂或胸脯割 2 到 3 滴血，滴到同一个杯子里，将血与水或酒混合在一起。然后，把混合液体平均分配到两个杯子，双方都必须把杯子里的液体喝完才能离开。”[116]萨马尔岛和薄荷岛等其他岛屿也举行了类似的仪式。离开薄荷岛后，莱加兹皮想寻找一个永久的基地，并派遣船只前往棉兰老岛和宿务岛。在棉兰老岛的武端河上，西班牙人用白银与土著人交换黄金和香料，“摩洛人对西班牙的托斯顿银币非常满意”。[117] 尽管西班牙人在棉兰老岛取得了商业上的成功，但还是选择了宿务岛作为停泊地，因为宿务岛有停靠港和充足的食物供应。

1565 年 4 月 27 日，在薄荷岛酋长加拉（Gala）和卡图纳（Katuna）的引导下，舰队到达了宿务岛。宿务岛酋长图帕斯（Tupas）和他的战士们在海滩上列队，准备迎击西班牙人。乌尔达内塔试图与图帕斯谈判达成和平协议，但没有成功。随后，双方发生冲突，西班牙人击溃了土著人。此前，舰队的大炮已然摧毁了岛上的房屋。在一间残破的房屋里，一名西班牙士兵发现了一尊圣婴雕像，很可能就是麦哲伦访问宿务岛时向宿务岛女王展示的那尊雕像。几个世纪后，这座雕像保存在奥古斯丁教会的圣婴教堂（Church of the Holy Child）。宿务岛盛产大米、鱼、水果和野味，莱加兹皮决定在岛上建立“圣米格尔”（San Miguel）飞地。尽管土著人很不情愿，但还是决定乞和，来自文莱的穆斯林希德·哈马尔（Cid Hamal）会讲马来语，便担任了莱加兹皮和宿务岛酋长的翻译。宿务岛的民众抛弃此前的恩怨，接受了西班牙提出的条件，同意成为西班牙国王的臣民，向国王进贡以换取西班牙的保护，抵御敌人的攻击。

莱加兹皮召开了一场特殊会议去探讨如何将一艘船送回新西 55
班牙，此事至关重要。与会者都是莱加兹皮手下的官员和修士，他们决定把“圣巴勃罗号”送回去。莱加兹皮的孙子菲利佩·德·萨尔塞多（Felipe de Salcedo）担任该船指挥官，乌尔达内塔担任领航员。1565 年 6 月 1 日，“圣巴勃罗号”起航。西南季风把帆船带到了北半球，黑潮（Kuroshio）使它沿着日本沿海行进，然后进入西风带。在急流和狂风的作用下，“圣佩德罗号”沿着一条向东的路线行驶。9 月 18 日，船员在加利福尼亚的圣巴巴拉海峡（Santa Barbara Channel）入口处看到了圣米格尔岛（San Miguel Island）。1565 年 10 月 8 日，星期一，经过 4 个月零 8 天的海上航行之后，他们终于到达了阿卡普尔科。航行过程中，共有 16 人死亡，另有 5 人在抵达港口后死亡。幸存的 195 人中，能够协助操纵船只的不超过 18 人。水手们出现了皮肤损伤、牙龈萎缩、牙齿掉落等症状，证明他们经历过败血症的煎熬。登陆阿卡普尔科后，乌尔达内塔绘制了一张地图，详细描述了这条路线的风向和地理特征。“乌尔达内塔的海图将是人类制图史上最重要的海图之一，他所画的航线成为马尼拉和墨西哥的常规路线。”[118] 一封从西班牙塞维利亚寄往巴伦西亚的信件讲述了此次航行所发生的许多事情，里面评论道：“这是一项伟大而无比重要的成就。墨西哥人民对他们的发现感到非常自豪，他们认为，这一发现将使他们成为世界的中心。”[119]

与此同时，在菲律宾群岛苦苦等待的莱加兹皮的情况却非常糟糕。宿务岛的酋长拒绝向他们提供食物，而当地居民拒绝种植粮食，他们希望用这招来摆脱西班牙人的控制。莱加兹皮尝试到邻近岛屿寻找粮食，但没有成功。幸运的是，来自吕宋岛的摩洛商人带来了大米，粮食匮乏的殖民者得到了喘息的机会，但这不是长久之计。

在宿务岛期间，莱加兹皮听说日本和中国商人每年都到吕宋岛进行交易。他从葡萄牙人口中了解到，若能与这两个亚洲国家建立贸易关系，便可获得丰厚的利润。西班牙人恰巧非常熟悉棉兰老岛和马六甲、婆罗洲和马鲁古群岛之间的交通路线。不过有一个问题令莱加兹皮百思不得其解，即：中国商船为何存在于菲律宾群岛的各个港口？幸运的是，在与一艘来自婆罗洲的船只发生冲突后，他得到了答案。这艘婆罗洲船只归葡萄牙人所有，但船上装载的货物是文莱国王的财产。莱加兹皮解释称这是个误会，他们将船只和货物归还给船主，与对方的摩洛族领航员展开了卓有成效的对话。乌尔达内塔充当翻译，负责将摩洛人的马来语翻译成西班牙语。

莱加兹皮把新旧信息结合在一起，脑海中便涌现出菲律宾贸易 56
网络的清晰画面：中国的大型帆船前往马尼拉进行交易，而菲律宾各地的小型船只负责转运货物，在明都洛岛定居的摩洛人因而得以垄断岛屿间的货物分销渠道。印度的产品一条从马六甲运抵武端岛和宿务岛的中转港，另外一条通往马鲁古群岛的路线绕过苏禄群岛和萨兰加尼岛。这种状况决定了莱加兹皮未来的战略目标，即剥夺摩洛人在岛屿交易中的中间商地位。1567 年，莱加兹皮从宿务岛写信给国王称："这里有几个大的岛屿，叫作吕宋岛和明都洛岛，中国和日本的船只每年都来这里做买卖……这两个岛屿的居民都是摩洛人，他们买下中国人和日本人带来的货物，然后在整个群岛上转卖。"[120] 马尼拉是中国商船的停靠港，而要确保通往马尼拉的航线，就得征服明都洛岛；要切断马六甲的交通线路，就得消除婆罗洲的影响力。从战略角度来看，消灭棉兰老岛和霍洛岛苏丹国是拿下通往香料群岛的门户的必要之举。1570 年至 1582 年，西班牙人遵循了这一战略，并取得了不同程度的成功。[121]

为了制定西班牙的下一步战略，1570 年，莱加兹皮写信给墨西哥总督辖区寻求指导。如果西班牙要参与到香料群岛贸易中，宿务岛是最理想的切入点，这也就意味着西班牙人与葡萄牙人的冲突不可避免。与此同时，如果把与中国进行贸易活动作为目标，那么吕宋岛就应该是最佳切入点。米沙鄢岛居民缴纳的贡赋为西班牙的军事行动提供了资助，激励西班牙军队征服了更多岛屿，士兵期待未来能占领更多岛屿，从而获得土地封赐。土著居民的贡赋在很大程度上为西班牙殖民菲律宾提供了资金来源。[122]

吕宋岛的西班牙人

1570 年 5 月 8 日，由马丁·德·戈伊蒂和莱加兹皮的孙子萨尔塞多指挥的舰队启航前往吕宋岛。这支舰队由 120 名西班牙人和 600 名来自米沙鄢岛的土著人盟友组成，担任领航员的是一名来自马尼拉的摩洛人俘虏。这两位西班牙船长与马尼拉的统治者拉坎杜拉、索利曼结成了血盟。但不久之后，索利曼意识到该协议意味着他要成为西班牙的附庸，还要向西班牙人进贡。随后，双方发生了一场冲突，西班牙人和他们的米沙鄢盟友击败了索利曼的军队，杀死了大约 100 名马尼拉居民，其中包括一名葡萄牙炮兵。他们缴获了索利曼的大炮、黄金和囚犯，其中一些囚犯来自中国和日本。菲利普二世从墨西哥寄信过来，下令将这些岛屿变成西班牙殖民地，并授予莱加兹皮总督和总司令头衔。

57 班乃岛受蝗灾大米短缺，莱加兹皮得知吕宋岛盛产金矿和粮食后决定把殖民地迁往该处。他委托古伊多·德·拉维萨雷斯掌管宿务岛，在班乃岛和米沙鄢群岛的其他地方建立了军事飞地。在米沙鄢盟友的陪同下，200 多名西班牙火枪手小分队开往马尼拉。[123] 在成为西班牙附庸这个问题上，拉坎杜拉不像索利曼那样惴惴不安，他欢迎莱加兹皮的到来。莱加兹皮接见了拉坎杜拉，承诺会原谅索利曼的行为。1571 年 5 月 19 日，莱加兹皮总督正式占领了马尼拉市，后来，这天成为马尼拉守护神波滕西亚纳（Potenciana）的纪念日。6 月 3 日，马尼拉成为西班牙的一个自治市，并成立了由两名少校、12 名议员、一名高级警官和一名公证人组成的市议会。

索利曼率领手下士兵及夏银俔（Hagonoy）和马卡贝贝（Macabebe）的酋长，携邦板牙省的巴朗盖部落组成了一个反抗团体，决心抗击侵略者。1571 年 6 月 3 日，一支由二三十艘卡拉考帆船（土著人驾驶的小船）组成的小型火炮舰队发起了攻击。戈伊蒂命令西班牙船只慢慢接近敌人，当船只到达近距离时，西班牙步兵开始开火。土著人被枪林弹雨吓得跳入水中。就在此时，米沙鄢岛的盟友也跳上船来，“他们大肆屠杀敌人，因为对方也是吕宋岛居民的宿敌”。[124] 索利曼和近 300 名菲律宾人在战斗中丧生，西班牙人缴获了几门小型大炮，并抓获了大约 500 名土著人充当奴隶“献给国王陛下”。[125] 这场冲突就是后世所谓的“班库赛之战”（combat of Bankusay）。吃了败仗后，吕宋岛中部的酋长们接受了新现状。除了西班牙人先进的训练手段和技术，菲律宾群岛分散的社区之间持续存在的冲突也给西班牙人带来了至关重要的战略优势。耶稣会会士阿隆索·桑切斯向菲利普二世解释说，征服菲律宾人易如反掌，因为每个定居点都欢迎西班牙人，想利用西班牙人来对付他们的敌人。就这样，菲律宾人和他们的敌人都被征服了，“似乎上帝把他们当作了食物，让别国一口口地蚕食”。[126]

1574 年，菲利普二世认识到了定居点的重要性，给马尼拉授予了“卓越忠诚”的荣誉称号，并于1595年将马尼拉定为“菲律宾首都”。新首都获得了一枚盾形徽章，把象征着武装力量和海洋的标志恰如其分地糅合在一起。正如莫加所描述的，“这是一只花纹盾徽，图案分为上下两部分，上半部分是一片红色田野，田野中有一座城堡；下半部分是一只金色的狮子，头戴皇冠，以后腿站立，右手握着一把出鞘之剑；狮子的一半身体呈海豚跃出海面的形状，表示西班牙人从那里扬帆起航，用武力为卡斯蒂利亚王国征服了那片土地”。[127]

58 西班牙人开始占领马尼拉周边地区。在拉坎杜拉的帮助下，戈伊蒂指挥远征队控制了吕宋岛中部地区及其边境领土。他们在马尼拉附近发现，贝湖和邦板牙地区的居民会主动用大米和黄金换棉花和其他产品，而且在西班牙殖民之前，当地居民就积极参与东南亚贸易。“只要能体现出西班牙武器的优越性，作为既得利益者的邦板牙酋长就会产生向殖民当局屈服的想法”。[128]

探索吕宋岛

萨尔塞多船长将西班牙的权威强加给居住在贝湾周边的“2.4万至2.6万名居民”。他到达了以帕拉卡莱金矿闻名的南部比科尔地区，据说那里的金矿“品质高，蕴藏量丰富”。[129] 由于有传言称北方的金矿更多，于是另一支探险队继续向北，前往伊罗戈斯地区。事实上，伊洛卡诺人手里的贵金属便是与伊戈洛特人交易而来。伊罗戈斯地区因其庞大的人口以及盛产大米和棉花而受到西班牙王室的高度重视。大米和棉布从那里源源不断地运往马尼拉，棉布则用于制造帆船的风帆。伊罗戈斯的地理位置非常适合开展海外贸易，中国、印度和澳门的船只因天气原因而无法到达马尼拉时，都会转道伊罗戈斯沿岸。来自这些国家和地区的商人在伊罗戈斯做生意的同时，也等待着东北季风的到来，以便向马尼拉航行。[130]

在征服菲律宾的头几年里，西班牙人无情地、系统性地借助武力收集物资，镇压叛乱社区。一个鲜明的例子发生在西班牙人最初占领莱特岛的那段时间。1565 年，利马萨瓦岛的达图曾欢迎莱加兹皮来到菲律宾，但后来，他的儿子帕加利却说服了 6 个城镇起义。为了杀鸡儆猴、阻止叛乱继续蔓延，宿务岛的镇长胡安·德·阿尔卡拉佐率领一支由 40 艘船组成的舰队前去镇压叛乱分子。他们把叛乱分子追击到山上的一小片区域，将男女老幼屠戮殆尽。[131] 米格尔·贝纳维德斯主教称，过去常有成群结队的士兵在黎明时分前往当地村庄袭击当地居民，抢走食物、杀害土著人、掠夺财产，将他们的妻儿当作俘虏抓走，“我们就以这种方式统治了一段时间”。[132] 土著居民带着礼物找到总督向其示好，以避免这种暴力活动扩散，但西班牙人却把这些举动解读成土著人接受了他们的统治。

贝纳维德斯向土著人阐明了殖民者的观点，“我们必须明白一 59
点：若想与西班牙人保持友谊，那就要继续做西班牙人的奴仆，向他们缴纳贡赋”。[133]

西班牙在菲律宾群岛的探险活动前后历时 40 年，可谓艰苦卓绝。麦哲伦是先驱者，洛埃萨、萨维德拉和比利亚洛博斯等人继承了他的衣钵，而莱加兹皮的远征队把西班牙的探险事业推向了高潮。最初几年，西班牙人发现了返回新西班牙的路线，并建立了马尼拉市，这座城市后来成为菲律宾的首都。“鉴于马尼拉的地缘政治环境，要最终巩固西班牙人对菲律宾群岛的统治，就必须征服马尼拉。”[134] 莱加兹皮于1572年去世，在此之前，西班牙已经成功控制了米沙鄢群岛和吕宋岛中部地区。在其他岛屿上，西班牙人建造了小型军事要塞以确保税收工作顺利进行，并为传教活动提供支持。而棉兰老岛和苏禄群岛的大部分地区以及山区仍在西班牙的管辖范围之外，这种局面一直持续到19世纪末。

第三章　菲律宾群岛的西班牙人定居点

西班牙及其亚洲殖民策略 61

西班牙人于1565年抵达菲律宾，一段最有利于殖民的时期。自15世纪70年代左右，菲律宾的气候有所改善，季风带来的暴雨提升了农业产量，推动农民选择边缘土地耕种。[1]殖民者虽然遇到了菲律宾群岛南部苏丹国的激烈抵抗，但伊斯兰教尚未在整个菲律宾群岛传播，荷兰人还没有到来，这给了西班牙人40年的时间来巩固他们的地位。此外，殖民者在美洲积累了丰富的管理土著居民和传教方面的经验，他们把这些经验也应用于亚洲的殖民地。最后，但也是最重要的一点：墨西哥和秘鲁的金银产量正在增加，这使得西班牙殖民者能够进入已建立的贸易网络，并将其扩大到整个太平洋。1567年，明朝皇帝废除了私人贸易禁令，西班牙人的地位得到进一步提高。

在菲律宾的头几十年里，西班牙人的处境岌岌可危。但纵观西班牙帝国整体，却发生了一些对未来产生重大影响的事件。1578年，葡萄牙国王塞巴斯蒂安一世在摩洛哥的战斗中阵亡，其叔父、红衣主教唐·亨里克成为继任者。亨里克年事已高、身体欠佳，很快就撒手人寰，葡萄牙王位之争就此开启。西班牙成为葡萄牙王位之争最大的赢家。1580年1月，阿尔瓦公爵率领军队抵达里斯本，1年后，葡萄牙议会承认了菲利普二世的君主地位。

起初，西班牙帝国制订亚洲殖民战略时，打算用征服美洲的模式扩张伊比利亚领土。为了收集与中国相关的第一手资料，西班牙人进行了多次航海旅行，比如奥古斯丁修士马丁·德·拉达和耶稣会教区牧师阿隆索·桑切斯分别于16世纪70年代和80年代游历了 62

大明帝国。[2] 西班牙国王的宇宙学家吉奥瓦尼·巴蒂斯塔·吉西奥（Giovanni Battista Gesio）再三向政府保证：菲律宾群岛位于《托尔德西利亚斯条约》赋予西班牙的划界范围之内，他赞扬了吕宋岛的重要战略地位，将其比作西班牙王室在意大利或低地国家所拥有的财产，强调马尼拉是入侵日本和中国的战略据点。[3]

其间，阿隆索·桑切斯接受了一项棘手的任务：向在澳门的葡萄牙人传递关于西葡合并的消息。起初，澳门的葡萄牙人不愿意接受这一令人震惊的事态变化，直至印度总督发来的一份函件证实了此事。1583 年 9 月 18 日，澳门的葡萄牙人宣誓效忠新国王，但并没有按照惯例举行公共庆祝活动。葡萄牙人必须保持谨慎，当时中国人已禁止西班牙人进入大明帝国，并对西、葡两个王国的合并感到不安。无论如何，葡萄牙人向桑切斯明确表示，他们能否维持下去，完全取决于明朝官员对他们是否有好感；因此，来自菲律宾的西班牙人今后应绕开澳门。

一回到马尼拉，桑切斯便与总督龙基略和主教萨拉扎讨论了他在国外的经历。他们谈话中出现了“中国企业”（la empresa de China）一词。[4] 他们认为，鉴于中国拒绝传教活动，西班牙应该派一支军队保护来自菲律宾的牧师。如果中国人拒绝牧师入境，远征军将诉诸暴力，建立西班牙的民事和宗教管理机构。这不是菲利普二世第一次听到这种建议。1567 年，墨西哥市议会建议瓜分菲律宾和中国的土地送给殖民者；拉达也在 1569 年的一封信中建议征服中国。1571 年，马尼拉市成立后不久，在奥古斯丁修士的鼓励下，莱加兹皮考虑对该地区进行首次探险。同年，在勒班陀海战（Lepanto）中，西班牙战胜了土耳其人。也许是受到这场战争胜利的鼓舞，菲利普二世下令墨西哥总督马丁·恩里克兹（Martin Enrique）将胡安·德·拉·伊斯拉船长派往菲律宾。伊斯拉的任务是考察菲律宾沿海地区，收集有关大明帝国的情报，侵占中国的土地。这些帝国主义者的冲动想法并不局限于中国和菲律宾。

1585年，马尼拉的一位官员鼓动西班牙国王“驱逐穆斯林，迫 63
使他们离开菲律宾的所有岛屿，或至少使他们臣服于西班牙，并向西班牙纳贡，征伐爪哇岛、苏门答腊岛、亚齐、婆罗洲、棉兰老岛、苏禄群岛、马鲁古群岛、马六甲、暹罗、帕塔尼岛（Patani）、勃固（Pegu）和其他王国崇拜穆罕默德的穆斯林”。[5]

为了处理一些紧急事务，桑切斯再次来到澳门。1584年，总督迭戈·龙基略向西班牙国王发送了一份关于征伐明朝的文件。龙基略用热情洋溢的措辞写道：这个国家土地肥沃、物产丰富、人民温顺，他们向皇帝缴纳的朝贡和税收比西班牙帝国所有领土征收到的全部税收都要多。此外，明朝没有与任何强大的国家接壤，而且在北方边境上，强大的防御工事保护了中国免受鞑靼人的攻击。

然而，麻烦事就在眼前。“圣马丁号”（*San Martin*）发生了一起严重的欺诈事件，船员与船长串通，打算到澳门装载其他货物运往秘鲁，此举欺骗了马尼拉的投资者。当他们到达中国沿海时，“圣马丁号”爆发兵变，船长失去了指挥权。令葡萄牙商人感到满意的是，叛乱分子决定继续满载商品前往秘鲁。这两件事传到了马尼拉，船员们的计划尚未得逞，桑切斯和王室特使胡安·鲍蒂斯塔·罗曼就来了。叛乱分子被镇压，领导叛乱的人被处决。换了一批新船员的“圣马丁号”终于启航前往阿卡普尔科。不过事情并未就此结束。通过这件事，西班牙当局意识到，中国人允许意大利耶稣会会士罗明坚（Michele Ruggieri）和利玛窦在肇庆建造住宅。对西班牙人来说，这似乎是一个振奋人心的信号，他们可以与明朝谈判，在广东或福建沿海建立一个类似于澳门的西班牙贸易站，并在葡萄牙人不知情的情况下向明朝派遣使节。澳门商界担心，如果马尼拉商人进入广东的贸易圈，葡萄牙人便无法直接获得墨西哥和秘鲁的白银，产品价格会因此上涨。桑切斯和罗曼未能实现这些目标，于是再次动起了征服中国的念头。很快，他们就向西班牙发送公文，要求对此冒险之举给予支持。有此执念的人不止桑切斯和罗曼，澳门耶稣会的葡萄牙教区长弗朗西斯科·卡布拉尔（Francisco Cabral）写信给西班牙国王，称他会无条件支持这些军事计划，愿意为其收集战略情报。卡布拉尔的上级不支持他的行为。为了确保肇庆耶稣会教区不被当局取缔，负责维持亚洲耶稣会秩序的范礼安禁止教区人员与来自菲律宾的西班牙人接触。知道桑切斯的军事计划后，以著名历史学家何塞·德·阿科斯塔（Jose de Acosta）为代表的美洲耶稣会会士表示强烈反对。这场争论传到了罗马耶稣会总长克劳迪奥·阿夸维瓦（Claudio Acquaviva）那里，他写信给墨西哥谴责了桑切斯的好战行为，还建议将其驱逐出菲律宾。[6]

64 正当桑切斯和罗曼策划这些阴谋时，西班牙殖民地已经到了生死存亡的关头。1580 年至 1585 年，由于马尼拉的水稻产地邦板牙省农业产量下降，加上蝗灾和米沙鄢群岛的劳动力缺乏，该省的生活成本大幅上涨。为了对吕宋岛北部的桑巴尔人采取军事行动，西班牙殖民政府向马鲁古群岛和婆罗洲的土著人征税。与此同时，“每年超过 3000 名”来到菲律宾的中国商人以及西班牙殖民者的需求推高了粮食价格。[7] 通货膨胀不是唯一的难题，西班牙人还遭受了一系列令人尴尬的军事挫折。1578 年至 1580 年，西班牙对婆罗洲进行了军事干预，而事实证明这是徒劳无功之举；1582 年至 1585 年，西班牙派遣远征队前往马鲁古群岛，却无法征服德那地岛；在吕宋岛，整个卡加延山谷（Cagayan Valley）都处于叛乱状态。英国此时趁火打劫，骚扰西班牙的船只，又给西班牙人增加了一层深深的不安感。

军事行动失败使西班牙人深感沮丧，而与此形成鲜明对比的是，西班牙与明朝的贸易正在蓬勃发展。1587 年，菲律宾检审庭庭长圣地亚哥·德·维拉写信给西班牙国王，称有大量明朝帆船来到了菲律宾，其中 30 艘帆船停靠在马尼拉，带来了牛、马及大量商品和 3000 多名明朝商人。来自明朝的货物能以极低价格满足几乎所有西班牙人的需求。但令明朝商人感到窝火的是，两艘葡萄牙船只也抵达了马尼拉，并以丰厚的利润出售了货物。为了消除竞争，明朝商人向德·维拉提议说，他们可以在福建省建立一个西班牙飞地，还说福建巡抚想增加税收，未来的税费由西班牙船只支付。他踌躇满志地补充道，除了官员之外，所有中国人都欢迎西班牙人到来。贸易正在增长，明朝向墨西哥运送大量纺织品的唯一障碍就是可用船只数量太少。在一份 1579 年至 1586 年殖民地经济状况的备忘录中，作者指出菲律宾比西班牙的美洲殖民地更贫穷。士兵和政府赠予土地的定居者缺乏生活必需品，而从中国运来的粮食和服装价格低廉，在某种程度上使当地民众的物资匮乏状况得到缓解。作者还列举了运往阿卡普尔科的各种纺织品，并估计“在新西班牙，他们的利润达 200%，某些商品的利润甚至更高”。[8] 显然，明朝帆船贸易和马尼拉帆船是一门利润丰厚的生意。

殖民者注意到，印度群岛理事会正就西班牙对菲律宾进行殖民 65

统治的价值进行讨论；此外，他们还注意到塞维利亚的商人抱怨中国丝绸与他们抢夺美洲市场。葡萄牙人在给菲利普二世的信函中也表达了他们的意见：由于中国商品种类丰富，若美洲和亚洲之间建立了直接的经济联系，这意味着新世界的总督辖区在经济上不再依赖于西班牙，塞维利亚也会失去税收的来源。葡萄牙当局对西班牙的活动持高度怀疑态度，希望保护自身经济利益不受干涉。印度群岛理事会做出了有利于西班牙的回应，指出：两个帝国的企业已经相互独立，帆船贸易是为菲律宾殖民地提供支持的唯一手段。

马尼拉与墨西哥的关系也到了紧要关头，因为总督龙基略想建立通往秘鲁的航线，这意味着阿卡普尔科将失去其特殊地位。为了缓解殖民地令人痛苦的困境，1586 年 4 月 19 日，德・维拉召集马尼拉殖民地的主要利益相关者开会。自 1581 年以来，萨拉扎大主教组织了一系列所谓的“马尼拉宗教大会”（Synod of Manila）。德・维拉召集的这次会议标志着宗教大会达到了高潮。商人、公民、军人，由大主教主持的教堂的所有神职人员、修道会会长都参加了大会。他们推选耶稣会会士阿隆索・桑切斯担任管区代表，向菲利普二世提出了他们的建议和调查结果。这一特别的委员会认识到了殖民者的不同利益诉求，起草了《通用备忘录》（*Memorial General*）评估菲律宾岌岌可危的局势，同时提出了补救办法。备忘录中给出了许多建议，包括不与马尼拉的贸易中的墨西哥商人交易，与在亚洲的所有葡萄牙殖民地进行自由贸易。马尼拉的商人反对墨西哥商人参与贸易，后者在帆船上投入的大量资本帮助他们垄断市场，从而提高价格。他们认为若墨西哥人想参与到帆船贸易，就要迁居菲律宾，在当地住满 10 年，并完全用自己的资本进行投资，而不能充当其他商人的代理人。后来发生的事情证明，马尼拉商人的想法完全且一厢情愿。在世界分界线失效前，代理人制度和其他法律上的小伎俩就实质上地规避了法律。关于与葡萄牙殖民地的贸易问题，西班牙国王拥护西葡两国于 1581 年在托马尔议会（Cortes of Tomar）达成的协议，即维持两个伊比利亚帝国经济分离的状态。

还有人建议推行“潘卡达”（*pancada*）制度，即中国帆船抵达 66
马尼拉后，由本地的公民委员会统一批发商船的所有货物，随后把这些商品分销给利益相关方。不久，西班牙和中国的商品实行自由买卖，潘卡达制度被废弃。[9]

此外，主教、总检察长、皇室成员和阿隆索·桑切斯每天晚上会面，起草征服中国的计划。这份冗长的计划反映出了这些当权者的臆断和心态。按他们的估计，征服中国需要约 1 万至 1.2 万名士兵，要从西班牙帝国所统治的欧洲地区［最好是来自巴斯克国家的比斯开地区（Vizcaya）］招募，再加上相同数量的日本士兵和 5000 名米沙鄢群岛的战士。计划制订者们详细说明了远征所需的补给和其他劳动力，包括 500 名印度奴隶，“因为印度的奴隶又多又便宜”。考虑到葡萄牙人对中国的翔实认知及占据的战略位置，他们要求国王与葡萄牙人合作。也就是说，入侵将从两方面发起：葡萄牙军队从广东进入中国，西班牙军队将从福建登陆。西班牙征服美洲后给当地造成了不小的破坏，导致当地人口减少，因此，计划制订者坚称军队必须具备强有力的领导层，令行禁止，避免中国遭受类似的破坏。他们预计此次远征的回报将会很丰厚。明王朝国库里的贵金属堆积如山；西班牙还将获得丰富的贡赋和税收收入。这份文件指出，明朝国库白银储备充足，因为白银“从其他国家流入中国后，便只进不出，成为唯一流通的贵金属”。建立西班牙殖民地需要大量官员和军人，将会有许多西班牙人在这一新殖民地定居，并与当地妇女结婚。中国妇女举止优雅、美丽、品行善良，是西班牙征服者的理想伴侣，两者的结合将创造出具有中国血统的西班牙混血后裔，他们将在教会、军队和政府中担任职务。美洲殖民地唯一的财富来源是矿产，但在中国，农业、制造业和丰富的自然资源将足以支撑起一个由中国和西班牙公民构成的稳定社会。从政治层面考虑，征服中国还将带来相当大的战略优势。与鞑靼人和其他中亚人签订条约后，西班牙就可以收集关于奥斯曼帝国的情报，并从东方向奥斯曼帝国的苏丹施加压力。征服中国后，西班牙国王就成为中国的君主，对邻国和各个群岛宣示主权势在必行，葡属印度殖民地将多一重安全保障。不久之后，成为西班牙臣民的中国商人将到达墨西哥和秘鲁沿海做生意。[10]

67 除了在宗教大会期间编写的文件之外，桑切斯还向国王写了一份个人备忘录，名为《菲律宾群岛的总体特点和情况》（*Sobre la calidad y estado de estas islas en general*），其中描述了菲律宾的情况，并提出了一系列建议。他认为，由于土著社区之间存在地方性冲突，西班牙完全有可能征服这些岛屿；他还将征服菲律宾群岛与葡萄牙人在印度、中国和日本所面临的截然不同的局面进行了对比，称印度、中国、日本都是中央集权国家，由强大的统治者管理。桑切斯提醒国王留意政府官员和殖民者，比如：总督和其他政府官员过着特权阶级的生活；主教和教堂的神职人员因为没有领到薪水而牢骚满腹；修士的唯一愿望是去中国和日本，而不是向岛民传教。“无论商人说什么，都是为了掩盖他们所获取的利润，因为这是世界上能得到的最大利润。”桑切斯坚称，菲律宾拥有充足的资源，占据有利的战略地位，可捍卫所有基督教飞地，还能通过“布道或上帝希望我们采取的其他手段”在亚洲进一步推广基督教。

考虑到葡萄牙已并入西班牙王国，桑切斯认为，菲律宾对于保护葡属果阿、澳门和日本之间的通信系统至关重要，因为这三者之间最简便的通信路线就是通过马六甲海峡和巽他海峡。此外，菲律宾葡属马鲁古群岛和马六甲是其遭受攻击时提供支援的最近点，也是西班牙将来可以向中国或东南亚发起宗教或军事远征的唯一地点。他提出了征服日本这一大胆建议，“日本王室信仰基督教，他们正寻求与我们合作的机会”。顺便提一下，在桑切斯向国王阐述其计划 1 年后，一些来自平户市的日本商人抵达了马尼拉。他们宣称，平户的松浦氏和信仰基督教的大名小西行长愿意提供 6000 名以上士兵，协助西班牙入侵中国、婆罗洲、马鲁古群岛或中南半岛，而且不要求任何回报。桑切斯意识到，菲律宾群岛与西班牙之间远隔重洋，距离加剧了这些岛屿所面临的难题，而殖民者和官员总想着一夜暴富，这样的态度更是于事无补。他提醒国王，军队已经处于岌岌可危的状态，而且由于缺乏公共基金，政府无法支付殖民者薪水和支持殖民地的发展。为了改善这种状况，他建议利用菲律宾群岛和美洲之间的黄金差价，“赚取双倍利润”。

为了实施必要的改革，桑切斯建议国王任命一位有才干且诚实 68
的总督，同时派遣一支数量庞大的军队前往菲律宾，军事指挥权则交给那些能力出众的军官。他坚称，为了加快菲律宾这块新殖民地的经济发展，必须禁止美洲和马尼拉之间的私人贸易；所有商品和人员都要用西班牙王室的帆船运输，王室负责补贴远期运费和客运收入，鼓励人们到菲律宾进行投资，或移民到菲律宾群岛。[11]

菲利普二世和桑切斯在马德里附近的埃斯科里亚尔修道院举行的第一次会议，持续了两个小时。随后，1588 年 3 月，从王室委员会主体成员中遴选出来的人被国王任命去审议桑切斯带来的文件。王室审议员和委员会的提名与无敌舰队入侵英国的安排相吻合，不难看出西班牙帝国当局非常重视这些问题。初审会议刚结束，坏消息就传到了西班牙：入侵英国的远征军大败而归。因此，桑切斯和菲利普二世之间的第 2 次会议在阴郁的氛围下进行。桑切斯决定把他在 1586 年所写的入侵中国的计划提交给国王，但没有催促国王入侵。

西班牙王室批准了桑切斯的主要请求，即确保墨西哥和马尼拉之间的贸易延续下去。王室还颁布了一系列法律和财务法令，以加强菲律宾的行政管理。在桑切斯的要求下，戈麦斯·佩雷斯·达斯马里尼亚斯被任命为菲律宾总督和总司令，工资高于他的前任；他还被授予了圣地亚哥骑士勋章（Order of Santiago），以提高他在殖民者当中的地位。

定居菲律宾

达斯马里尼亚斯以新任总督的身份抵达马尼拉。刚一到任，他就下令建造一堵围墙，把整座城市围了起来；他还着手制订规则管理帆船贸易，主动发起了一系列军事行动。达斯马里尼亚斯命令西班牙和邦板牙人军队向桑巴尔人发动进攻，要摧毁“他们前进道路上的一切东西，包括村庄、粮仓，甚至山地田里尚未收割的庄稼。所有抵抗者一律消灭；所有投降者将一律被带到低地的军营。他们曾经的家园将完全摧毁”。士兵们俘虏或杀害的桑巴尔人有 2000 多名，数百名男性俘虏成为甲米地港帆船上的奴隶。西班牙当局将幸存者重新安置到其他地方，他们不得不在殖民者的监管下重建自己的村庄。[12]

达斯马里尼亚斯计划按照同样的思路远征马鲁古群岛。组成远征舰队的帆船需要大量桨手，但在马尼拉很难招募到。为了解决这个问题，达斯马里尼亚斯决定以月薪两比索的价格雇用华人桨手。他们不会像奴隶一样被铁链拴在桨上，还可以携带刀剑，而且只需要在紧急情况下划桨。这些条件没有让华人桨手心动，他们拒绝了这个提议。达斯马里尼亚斯还威胁应征者说，马尼拉的华人桨手能胜任该职位的只有十分之一。为表抗议，华人关闭商铺，造成了殖民地基本生活用品短缺。远征舰队最终征募到 250 名桨手，明朝商人则捐献了 2 万比索，以补贴工资微薄的桨手。紧张的国际局势带来了更多复杂问题。殖民地谣言四起，称柬埔寨国王要求西班牙协助其抵抗暹罗的入侵。达斯马里尼亚斯回复说，远征马鲁古群岛已经加剧了中国人对西班牙人的厌恶感，他们担心西班牙会在非自愿的情况下卷入暹罗人和柬埔寨人的冲突；尽管如此，他还是会考虑援助柬埔寨。在这种不祥的情况中，达斯马里尼亚斯的旗舰“卡皮塔纳号”（*La Capitana*）起航。但船上的某些桨手仍存在着抵触情绪。出海后，华人桨手被迫替非华人桨手划船。西班牙人肆意鞭打他们认为没有认真工作的桨手，一些桨手因此丧命。由于海上风大浪急，舰队行进缓慢，华人桨手没日没夜地划桨。1593 年 10 月 25 日晚，华人桨手杀死了船上所有的西班牙人，包括达斯马里尼亚斯。这个消息一传到马尼拉，已故总督的儿子、临时总督路易斯·达斯 69

马里尼亚斯（Luis Dasmarinas）（1593—1596年在任）便下令拆除华人房屋，并将他们驱逐出马尼拉，但那些提供基础服务的华人除外；未皈依基督教的华人只能在指定的地方做生意。后来，当倭寇作乱的消息传到马尼拉时，政府担心剩余的华人会加入倭寇，便下令驱逐所有华人。西班牙人对华人的猜忌和不信任不断加剧，最终在1603年酿成惨剧。[13]

西班牙人还制订了其他计划，打算占领菲律宾群岛以外的领土。1593年，一支探险队试图占领中国台湾，以监视从福建和长崎到马尼拉的中国帆船路线，但没有成功。1626年，在与荷兰人的战争中，费尔南多·德·席尔瓦（Fernando de Silva）总督领导建造了位于基隆和淡水的两座堡垒，以防止荷兰人破坏西班牙与中国的贸易。然而，西班牙只在台湾岛上短暂存在了一段时间。1642年，荷兰迫使西班牙人撤离了堡垒。

70 建立亚洲殖民帝国的梦想让西班牙人久久无法忘怀，很快，一些西班牙人就计划进一步占领亚洲大陆。1597年，埃尔南多·德·洛斯·里奥斯·科罗内尔写信给菲利普二世，提议征服柬埔寨王国、暹罗王国（即泰国）和越南。[14] 葡萄牙人也有类似的梦想；1581年至1601年，马六甲主教若昂·里贝罗·盖奥（Joan Ribeiro Gaio）提出了类似的计划，要求葡萄牙与西班牙合作。1584年，他提出占领亚齐（位于苏门答腊岛）的计划（当时的亚齐是香料贸易的一个重要转口港），然后占领暹罗、柬埔寨、越南和中国。从1570年到1610年，西班牙和葡萄牙的档案馆积累了大量关于领土扩张的文件。[15]

1593年，柬埔寨国王向达斯马里尼亚斯提出援助请求，希望西班牙帮助柬埔寨抵御暹罗的侵略。1595 年，这项请求重新引起了西班牙的注意。暹罗向西班牙人发出了建立友好关系和开展贸易的邀请，并向总督赠送了两头大象。近代数百年里，亚洲国家之间进行外交谈判时，往往以大象作为礼物。总督回赠了礼物，但由于当时正处于交战状态，他并没有立即作出答复。1596 年，暹罗和柬埔寨之间的战事给西班牙提供了一个向柬埔寨派兵的机会，特遣队由西班牙人、日本人和菲律宾人组成。多明我会修士弗雷·迭戈·阿杜阿尔特（Fray Diego Aduarte）是这项计划的拥护者之一，他随军队一起前往柬埔寨。不过这场入侵没有成功，西班牙人到达柬埔寨首都金边（Phnom Penh）后，便沿着湄公河向南撤退到沿海地区，并杀死了柬埔寨国王和大量中国人。[16] 1599 年，西班牙军队再次尝试入侵柬埔寨，由于天气恶劣、船员生病以及菲律宾总督拒绝提供增援和补给，这次行动同样以失败告终。[17] 随着战事的进行，暹罗与荷兰结成了同盟。1626 年，为了惩罚暹罗，总督费尔南多·德·席尔瓦（1624—1626 年在任）率领军队发动了一次远征，结果被暹罗人击败。西班牙在该地区的军事行动就此暂告一段落。直到 200 多年后的 1858 年，西法联合远征军占领了西贡，在中南半岛开创了法兰西帝国。在攻打西贡的过程中，来自马尼拉的西班牙军队发挥了重要作用。

时间回到 1797 年，菲律宾总督拉斐尔·玛丽亚·德·阿吉拉尔（Rafael Maria de Aguilar）（1793—1806 年在任）写信给马德里称，“中国军队数量之庞大，不亚于亚历山大（Alexander）当年所征服过的人数，但只要我军纪律严明，只需一个营的兵力，便可战胜中国军队”。如此妄自尊大的想法历久不衰。

71 “麦哲伦大交换”和菲律宾群岛

“麦哲伦大交换”可与跨越大西洋的“哥伦布大交换”（Columbian Exchange）相媲美，而作为此次物种交换的一个组成部分，美洲的动植物随马尼拉帆船到达菲律宾群岛。帆船把玉米、靛蓝、龙舌兰、可可豆、木瓜、菠萝、花生、茄子、木薯、西红柿、甘薯和许多未知品种带到了菲律宾群岛。反过来，殖民者又把当地植物送回美洲。[18] 古伊多·德·拉维萨雷斯告诉西班牙国王：“我把肉桂和胡椒树的幼苗也运到新西班牙，让当地人种植这些植物，使陛下获利。之前，我还运送了一棵罗望子树到新西班牙，据说已经结出了果实。”[19] 摩尔加观察到，有些美洲的植物无法在菲律宾群岛存活，比如橄榄树和温柏树；但他还说，石榴和葡萄树已在新土壤中结出了累累硕果。[20]

塞德尼奥神父（Father Sedeno）是首批定居菲律宾的耶稣会会士之一，他去世后，另一位耶稣会会士在他的讣告中写道：“他对种植树林和布置花园很感兴趣，而且非常希望菲律宾群岛能生产丝绸……为此，他种植了桑树。”在“麦哲伦大交换”过程中，宗教团体成员，尤其耶稣会成员是最活跃的群体，他们为菲律宾群岛带来了新的植物，并研究了当地的植物群。[21] 1611 年，方济各会的布拉斯·德·拉·马德雷·德·迪奥斯（Blas de la Madre de Dios）撰写了《丹方丛书》（*Books of Home Remedies*）；17 世纪下半叶，奥古斯丁修会修士伊格纳西奥·德·梅尔卡多（Ignacio de Mercado）发表了关于菲律宾群岛植物和树木及其药用价值的论文。[22] 于 1688 年来到菲律宾的乔治·约瑟夫·卡梅尔修士（Brother Georg Josef

Kamel）则是另一个更著名的例子。成为耶稣会修士之前，卡梅尔学过药剂学。到达马尼拉之后，卡梅尔开设了当地的第一家药房和一个小型植物园，还为英国动物学家约翰·雷（John Ray）的《植物史》（*Historia Plantarum*）撰写了关于菲律宾植物的补编。为了对卡梅尔的作品表达敬意，卡尔·林耐（Carl Linnaeus）把产自亚洲的茶花（Thea japonica）命名为“卡梅利亚”（camellia）。[23] 贝尼托·莱加达（Benito Legarda）精准地评价了“麦哲伦大交换”的意义：“尽管从墨西哥和中美洲运往菲律宾的植物和苗木产品价值微不足道，但它们的发展前景远大。有些产品丰富了菲律宾人的日常饮食，有些产品则在贸易和公共财政方面发挥了重要作用。”[24]

除了植物，征服者还带来了致命的疾病，土著居民人口因此大幅减少。截至 1500 年，天花已经导致了印度尼西亚和菲律宾的人口锐减。1591 年，天花疫情肆虐，马尼拉和邻近村庄受到影响，土著居民大量死亡，而西班牙人未受影响。正如奇里诺所描述，“当地天花盛行［菲律宾人称天花为“博洛通”（Bolotong）］，大批儿童和老人死亡。相对于青少年，这种病对成年人更为致命”。[25]

1574 年、1591 年和 1595 年，不明类型的大规模流行病导致菲 72
律宾人口大量减少。[26] 当耶稣会会士到达伊巴堡岛（Ibabao）的蒂纳贡（Tinagon）地区时，他们发现“来自其他地区的瘟疫正在当地肆虐，导致很多人死亡”。[27] 1652 年，奥古斯丁修会修士卡西米罗·迪亚兹（Casimiro Diaz）提到了宿务岛暴发天花疫情，致使无数人死亡。他说，“这些岛屿频繁发生流行病和瘟疫，但每隔 20 年，必定会暴发一次天花，造成全面性的破坏”。[28] 葡萄牙水手把雅司病从非洲带到了亚洲，这种病会导致皮肤、骨骼和关节感染；梅毒也跟随葡萄牙人、西班牙人和非洲奴隶一起来到了亚洲。[29]

尽管地理屏障提供了阻挡外来细菌扩散的部分保护，但土著居民与外来殖民者的互动仍面临重重危险。18 世纪，殖民者的传教活动以及他们与吕宋岛中部伊戈洛特人的交流愈加频繁，很快，天花、麻疹和梅毒等疾病就在土著人中传播。1739 年，通往卡加延省的道路竣工；1 年后，山地人大规模感染天花，疫情一直持续到 1741 年。[30] 以往流行病暴发时，伊戈洛特人会采取激进的隔离措施来保护自己，这种做法在东南亚地区居民中很常见，山地人早就意识到了与沿海访客接触所带来的危险。[31] 一位奥古斯丁修士说："一旦得知瘟疫正在蔓延的消息或线索，他们就用树木和灌木丛把山口封闭起来，使任何人都无法穿越，然后放出口风，称如果有人胆敢进山，格杀勿论。"[32] 1740 年的瘟疫表明，伊戈洛特人的极端预防措施不一定有效。

幸运的是，菲律宾人避免了与美洲土著居民曾因瘟疫而人口锐减的类似灾难。到 17 世纪中叶，美洲的土著居民人口已经下降到以前的 4% 至 5%，但高地定居点和安第斯山脉的土著居民除外，他们的人口只下降到 20% 至 25%。相比之下，在殖民统治的头 150 年中，菲律宾人口没有下降那么多。1565 年至 1655 年，吕宋岛和米沙鄢群岛的菲律宾人口减少到 33% 左右。较低的人口密度、分散的定居模式和缓慢的运输减少了流行病所造成的影响。[33]

一种新的农业制度

73 1604 年，罗马耶稣会总长克劳迪奥·阿夸维瓦收到了一份菲律宾耶稣会成员佩德罗·奇里诺的长篇报告。奇里诺对菲律宾岛屿的经济潜力大加赞赏："这些岛屿为西班牙人以及教会和宗教人士建立定居点提供了良好的条件。"当地人口众多，民众生活水平较高；他们穿着棉质和丝绸服装，"还佩戴金块（不仅仅是薄薄的金片）"。此外，菲律宾土地肥沃，"这里不仅盛产大米（菲律宾人的日常主食），还种植棉花作物。人们穿棉质服装，并用棉花制作大量布料"。他提到了一位土著村落领主的案例，此人从棉织品中赚取利润，仅仅数年就给后人留下了 15 万比索的遗产。[34]

要支持殖民政权，就必须改变土著社会，使其适应新的形势。随着西班牙人和大量中国商人、工匠的到来，菲律宾需要提高农业生产力，为新来者提供食物并维持他们的经济活动。自从菲律宾引进中国的犁和亚洲的水牛作为耕畜之后，农业转型便开始了。到了 1589 年，菲利普二世指示菲律宾的新任总督鼓励本地人驯养水牛用于耕种。菲利普二世在一封信中详细说明了当地缺少马、牛和其他家畜的现状，并告诉菲律宾总督，他已经指示新西班牙总督送来了两匹种马、12 匹母马、24 头母牛和两头公牛；如有必要的话，还可以从日本和中国运来更多牲口。[35]

菲利普二世下令废除了菲律宾的奴隶制，开启了旷日持久的社会转型进程，最终于 1692 年颁布了结束强迫奴役的法令，逐渐转变为当劳役偿债制度。[36] 值得一提的是，并非所有人都接受这项措施。在 1790 年的一份文件中，奥古斯汀·玛丽亚·德·卡斯特罗（Agustin Maria de Castro）修士强烈批评了该法令，认为这是基于"充满顾虑和荒谬狂热"的报道做出的决定。解放土著奴隶使殖民者的生活变得更加艰难，而西班牙人不仅放弃了他们的菲律宾奴隶，还失去了“我们自掏腰包买来并带到马拉巴尔的仆人和中国人，这些仆人后来被卖到阿卡普尔科，利润高达 100%”。[37]

传教士向土著居民传授新式整地法，并坚持要求土著居民保留最好的种子，以供种植。这种方法在吕宋岛和帕奈岛等土地最肥沃的地区取得了成功；而在其他地方，人们仍采用刀耕火种的耕作方式，一直持续到 18 世纪下半叶。[38]

74 农业生产力的提高使菲律宾人能够在马尼拉大量生产大米，到了 17 世纪，帆船将出口的大米运往墨西哥。[39] 和其他东南亚国家一样，大米货源的流通都是在主要城市市场附近发展起来的。马尼拉靠近里奥格兰德河（Rio Grande）三角洲的邦板牙省有“吕宋岛粮仓”之美誉，可种植双季稻。伊罗戈斯地区也为马尼拉供应了大量稻米。在米沙鄢群岛的帕奈岛，收获的庄稼为马鲁古群岛和棉兰老岛南部的守备部队提供粮食。[40]

殖民者需要考虑的不仅仅是大米。帕奈岛和明都洛岛还生产马尼拉麻，这是一种植物纤维制成的麻绳，可用于装配船只的风帆或索具；伊罗戈斯盛产棉花；其他地区则专门生产各种纺织品。塔亚巴斯省产焦油；菲律宾各个岛屿都产蜡，但主要产地是卡拉棉群岛。所有这些商品都为殖民地的发展和帆船贸易做出了贡献，还作为商品被销往阿卡普尔科。[41]

重新规划领地

殖民者认为，要改变菲律宾社会，就必须改变土著居民的定居模式。对此，多明我会修士迭戈·德·阿杜阿尔特称：“印度群岛居民尚处于未开化的状态，他们住在农舍和没有教堂的小村庄里，难以教化……因此，要使他们成为合格的基督徒，就必须把他们聚集在较大的村庄。”[42] 16世纪下半叶，殖民者制订了社区合并计划，但进展缓慢。到17世纪末，整个菲律宾群岛只剩下不到20个村庄，村民总数为2000人。大部分菲律宾人都是自给自足的农民，居住在他们耕种的土地附近，捕鱼和狩猎是他们饮食的重要来源。若将这些土著居民转移到大型村庄，可能会破坏他们的生态平衡。在米沙鄢群岛，摩洛人袭击了其中一些新型沿海或沿河飞地，对人口的大规模聚集起到了明显的抑制作用。在吕宋岛中部平原，新定居点的建设也不是很成功。尽管如此，在17世纪，菲律宾还是涌现出了大量小型人口聚居地，称为“锡蒂奥”（sitios）。其家庭数量不超过10户，与教区所在地的一座大村庄相连。每个教区都有数个小教堂，住在大村庄的牧师定期去这些小教堂做礼拜。这种“大村庄 + 小教堂”的复合模式以墨西哥早期的传教区为原型。虽然西班牙殖民者没有完全实现他们的目标，但仍然有足够数量的菲律宾人接触到了西班牙文化。[43] 土著居民被教堂仪式、复活节前一周（Holy Week）的盛大场面、圣体节（Corpus Christi）游行、圣诞节的庆祝活动和村庄守护神日的庆祝活动等所吸引。

有些土著居民为了参加宗教节日，在教区教堂附近建了房子， 75
但庆祝活动结束后，这些住宅便人去楼空，他们又回到自己的社区。殖民地当局没有采用暴力手段来实施他们的定居点政策，少数极端情况除外。例如，1680年，一些桑巴尔人袭击了邦板牙省，为了惩罚他们的行为，西班牙的一支军事特遣队把这群桑巴尔人赶出了他们居住的山区。桑巴尔人被分散安置在3座村庄，并在多明我会修士的监督下接受定居农业的指导。然而，这种做法成本高昂，为了建立这些新社区，修士们花了 1 万比索。[44] 当地人被赶出自己家园后要开垦新土地，森林遭到砍伐，生态环境和人口遭受了严重破坏，而这一切导致了蝗灾频发。[45]

殖民地的财政状况

路易斯·阿隆索·阿尔瓦雷斯详细研究了菲律宾财政，区分了殖民地为获取利润而产生的两种开销。[46] 首先是与帆船相关的费用，王室要支付船舶的建造和保养费用，并给商人提供资金购买亚洲商品。此外，为了维持西班牙在菲律宾的地位，还需要付出包括保护费在内的额外费用，这部分费用包括给王室官员支付的薪金、军队费用以及对传教活动的财政资助。殖民地政府有充分的理由支持教会。政府官员只是临时分配到菲律宾群岛就任，修士却一直在群岛活动，因此，菲律宾教会可行使的权力极大。除了宗教教育以外，修士还提供了一系列正式和非正式的行政服务。西班牙王室意识到，殖民政府在菲律宾各省的霸权很大程度上取决于教会在土著居民心目中的权威和威望。[47]

人们普遍认为，在 16 世纪和 17 世纪，菲律宾群岛成了西班牙帝国财政部的负担。据称，马尼拉的支出超过了帝国在此所获得的利润，西班牙继续殖民菲律宾，仅仅是为了实现宗教和政治目的。历史学家约翰·L. 费伦认为，放弃菲律宾群岛就意味着菲律宾人回归异教，或者意味着荷兰新教徒（Protestant Dutch）占领菲律宾群岛。费伦称："从经济角度来看，西班牙王国在菲律宾根本无利可图，若非宗教原因和出于传教目的，西班牙没有任何理由继续留在菲律宾群岛。”[48]然而，事实并非如此。

传教士从西班牙前往马尼拉要经历长途航行，且耗资不菲，如 76
果西班牙王室不承担此间的大部分费用，教会根本不可能派遣传教士前往菲律宾。然而，王室的资助款无法完全支付传教士旅行的费用，也就是说，菲律宾各省份的教会承担了多出的费用。此外，热带疾病造成很多神职人员死亡，需要新的神职人员源源不断地到达菲律宾群岛；如果没有这种频繁的人员补充，教堂就会消失。托马斯·盖奇（Thomas Gage）是一名英国裔多明我会修士，晚年成为专门研究神学的清教徒，被派往菲律宾做牧师。他说：“菲律宾罗马教会的主体是来自西班牙的传教士，他们往往被派遣到菲律宾，而不是西班牙在美洲的殖民地。”[49]尽管如此，菲律宾的西班牙传教士人数依然不足。1655 年，菲律宾群岛共有 254 名普通牧师和 60 名俗司铎；1722 年，神职人员人数达到了 1500 名。教会基本上没有任命菲律宾人担任牧师，也不允许他们进入教会，这种局面一直持续到 18 世纪中叶。1601 年，耶稣会成员中共有 8 名菲律宾人，但他们可能只是教徒，而不是牧师。在马尼拉，多明我会修士培养来自中国、日本和越南的年轻人成为神学院的修士，菲律宾本地人却不在培养对象之列。[50]尽管极不情愿，但各教派还是开始任命菲律宾人为俗司铎；到了 1750 年，564 个教区中，只有 142 个教区由当地神职人员照管。[51]在西班牙殖民的很长一段时期内，由于菲律宾人口分散且缺少牧师，基督徒可能每 3 年才受到一次圣礼。马尼拉也明显缺少牧师。在耶稣会教堂，菲律宾人有时候要等候两个星期才能向牧师忏悔。

从西班牙派遣传教士是个令殖民者伤脑筋的难题，因此，各教派的神职人员总是供不应求。那时候，坐船穿越大西洋和太平洋通常要花 8 个月左右的时间，但如果船只在塞维利亚和阿卡普尔科有所延误的话，航行往往会持续至少两年。海上航行意味着旅行者要在肮脏的环境中生活几十个星期，还可能患上严重的疾病。为了恢复体力，传教士会在墨西哥停留几个月再前往阿卡普尔科。盖奇在 1625 年前往马尼拉的途中写道，菲律宾群岛有些信教的省份在墨西哥购买了房产，供这些修士们休闲和放松："西班牙政府制定了政策，允许马尼拉和菲律宾群岛的修士和耶稣会会士在墨西哥附近购买一些房屋和花园，以便于每年传教的牧师从西班牙前往菲律宾时，可以在墨西哥短暂停留。"[52] 在阿卡普尔科，各教派都租借了房屋，供修士们等待帆船启航时居住。盖奇前往马尼拉 10 年后，多明我会修士多明戈·德·纳瓦雷特（Domingo de Navarrete）花 400 比索租了一栋由土墙和茅草屋顶建成的单层房，在里面住了几个星期。[53]

77 盖奇和他的朋友遇到了一位来自马尼拉的修士，后者告诉他们要避开菲律宾群岛，"因为在那里每天都会遇到大量的罪恶和诱惑，其数量之多，力量之大，实在难以摆脱"。除了对诱惑的恐惧之外，他和同伴们还怀有一种不那么高尚的想法，"若返回基督教世界已成奢望，那他们在菲律宾的日子将会过得多么卑屈且不自在啊"。盖奇选择了位于危地马拉的一个教区。[54] 他们并非特例。带着出发前的不祥预感，许多牧师也就真的没有到达菲律宾。阿杜阿尔特描述了这些受惊的修士，"受气候的影响，有些牧师死了，有些牧师百病缠身。在西班牙时，旁人告诉他们菲律宾不是一个好地方，而实际情况更糟糕。他们从亲身到过菲律宾的普通信徒和修士那里验证了这种说法，便没有勇气继续前行了”。[55]

传教士登陆马尼拉之后，挽留他们就变成了最大的问题。炎热潮湿的气候导致一些初来乍到的传教士丧命或患病，直到17世纪30年代，许多修士都认为菲律宾是前往日本或中国的跳板。然而，中国和日本政府对于外国传教士在本国传播基督教的企图心存敌意，修士们最终还是无法前往这两个国家。[56]

负责各个教区的修士可领取薪俸。除了这笔薪酬外，土著居民还无偿为修士搬运物品和划船，为建造教堂和其他建筑物出力，神职人员往往还要求本教区居民为他们提供鱼类、大米和免费家务劳动。1603年，耶稣会会士桑切斯写信给罗马的阿夸维瓦，称他们不断地要求菲律宾人“给土著村落领主和传教士当搬运工和桨手，因为这里没有驮畜，所以他们必须给我们做牛做马”。1643年，迭戈·德·波巴迪利亚（Diego de Bobadilla）留下了一份接待耶稣会会士的记录，验证了桑切斯的说法。这群耶稣会会士在吕宋岛东部沿海的兰庞（Lampon）登陆，经陆路前往马尼拉。100名搬运工抬着他们的行李，沿着湿滑的小路爬上马德雷山脉（Sierra Madre）隘口，再沿山路下到贝湾，然后乘船前往位于帕西格河下游的马尼拉。有些修士生病了，土著居民便用轿子抬着他们走。[57]

除了多明我会和耶稣会会士之外，各教派也向土著居民收取高额的圣礼管理费。许多神职人员要求本教区居民以低于市场价的价格把产品卖给他们。结果，修士们却将大量的大米、蜡和布料运往马尼拉和国外市场，赚取了可观的利润。马尼拉的村庄必须向女修道院提供免费的家务劳动，作为回报，这些仆人可免除公共劳动，即所谓的“义务劳动”。[58]

78 1621年菲律宾土著人叛乱事件发生后，总督阿隆索·法哈多（1618—1624年在任）告诉国王，菲律宾人对西班牙的重新安置政策、修士体罚和强行向他们索要财物感到不满。法哈多哀叹道，叛乱分子既没有考虑到传教士给他们提供了保护，使其免受其他西班牙人的虐待，也没有从传教士那里得到精神上的慰藉："当修士强迫他们放弃旧居，鞭打他们或他们的女人，或剪掉他们头发的时候，他们便将教会的种种好处抛诸脑后。"[59] 1685年，修士阿隆索·桑丁（Alonso Sandin）在一篇文章中用心理和道德理论论证体罚是一种合理的手段："无论任何人，只要对土著人的性格有所了解，都会认为这些惩罚绝对有必要。不这样做的话，土著居民根本成不了基督徒。事实上，体罚能使他们避免犯错。"[60] 受惩罚的并不仅仅是菲律宾人。1615年，米沙鄢群岛的1名耶稣会会士因犯了猥亵罪被教会开除。"他被当地上司关在仓库里，在镇政府官员的监督下接受鞭笞。教会以这种公开惩罚的方式弥补他犯下的丑行。"[61] 这种体罚甚至延续到了18世纪下半叶，1766年，勒·让蒂尔在马尼拉附近的一座村子里目睹了"一位当天未参加弥撒的妇女……被带到教堂去挨鞭子"。[62]

尽管受到虐待，但菲律宾群岛的大部分低地居民还是皈依了基督教。宗教思想通过教堂建筑、绘画、雕像、音乐和戏剧渗透；此外，隆重的游行、宗教仪式和庆祝活动也是宣扬宗教的方式。传教士还对儿童进行系统性教育，组织联谊会和宗教团体。以当地语言出版的教义问答手册和宗教小册子也在传道过程中发挥了重要作用，因为大多数菲律宾人没学过西班牙语，所以修士必须在传教工作中使用土著语言。在邻近马尼拉的部分地方，基督教化得很彻底。与米沙鄢群岛的土著居民相比，邦板牙人和卡加延省的土著居民在文化和宗教上的同化程度较高。米沙鄢群岛共有 5 万至 7 万人，而负责该地区布道工作的耶稣会会士只有 30 人。[63] 一种融合性的基督教出现了，尽管修士们付出了很多努力，但菲律宾的大部分地方仍存在西班牙殖民前的信仰和习俗。[64] 菲律宾人可能很难接受天主教中的婚姻和忏悔制度，但圣礼和其他宗教习俗很容易被接受，比如洗礼和父母共同养育孩子等。念珠和十字架成为菲律宾人新的护身符。与此同时，基督教带给人们的是一种极舒适和具有可预见性的道德世界，在这个世界中，个人的行为决定了信徒来世将得到奖励还是惩罚。

修士的存在还带来了其他好处。由于没有亲属在身边，所以 79
在当地发生冲突时，他们能以较为公正的态度进行裁决。用维克多·利伯曼（Victor Lieberman）的话说，“由此产生的不仅仅是西属菲律宾国，还是一个受基督教文化影响的西班牙势力范围。从此，西班牙便将东南亚信仰小乘佛教（Theravada）、宋明理学（Neo-Confucian）、伊斯兰教和基督教的文化区域联结起来，而菲律宾是最后也是规模最小的文化区”。[65]

土著居民对殖民地经济的贡献

阿隆索·阿尔瓦雷斯在详细查验了殖民时期的税收账目后，认定土著居民的财政贡赋“构成了西班牙在菲律宾群岛可获取的最大收入来源，比用帆船运往墨西哥，以支持殖民统治的资金或任何其他税收都多得多”。[66] 土著人缴纳的税收、再加上殖民者强行索要劳动力和货物，构成了殖民经济的基础。

起初，每户户主每年要支付 8 八里亚尔的税款；20 多岁的单身男女只需支付一半，即 4 八里亚尔。1595 年，马尼拉检审庭颁布了一项税款缴纳条例。此后，贡赋包括金钱和与税款等值的产品，每个省通常都有大量此类产品。1604 年，根据规定，各省的土著村落领主[①]要每户征收价值 4 八里亚尔的农产品、1 只家禽以及 6 八里亚尔硬币。17 世纪，贡赋部分以货币形式支付，部分以产品形式支付。土著居民还要缴纳什一税（相当于 1 八里亚尔），另向社区基金缴纳 1 八里亚尔、向教会缴纳 3 八里亚尔。1655 年到 1850 年，为了抵御苏丹国家的进攻，土著村民还要缴纳 0.5 八里亚尔的等价物充当税款。

贡赋源自赐封制（*encomienda*）[②]。为了给士兵发放薪水，西班牙王室授予他们“领主”（*encomendero*）的称号，负责管理某一块领地。领主在某段时期拥有向土著居民收取贡赋的特权，而王室官员同样也在他们的辖区内收取贡赋。地方治安官由土著人担任，即所谓的“巴朗盖头目”（*cabezas de barangay*），他们采用一种叫作“结清账户”（*cuenta cerrada*）的流程收税。他们与西班牙官员谈判，商定每单位领地需缴纳的贡赋数量，然后把这些贡赋换算成等值的产品和资金，再向当地人收取这些产品和资金，交付给西班牙殖民当局。1571 年 1 月，莱加兹皮在马尼拉授予首批士兵“领主”称号。西班牙王室借助赐封制奖励那些为国效力的士兵。起初，由于领主们明目张胆地滥用该制度，使得赐封制变成了一门格外厚利的生意，但在西班牙殖民的头几十年，神职人员积极揭发了领主们

① 另有一些资料将“领主”称为“委托监护主”。——译者注

② 另有一些资料将“赐封制”称为“监护征赋制”。——译者注

的违法行为。

随着帆船贸易的发展壮大和稻米产量的逐步增加，菲律宾人的 80
负担也有所减轻。在美洲，殖民者曾提出要将赐封的领地世袭化，但西班牙王室拒绝了他们的要求；而在菲律宾，西班牙政府也如法炮制。渐渐地，政府收回了这些领地。1621 年，菲律宾共有 97422 块私人领地，到了 1766 年，私人领地数量减少为 18196 块。1721 年，一纸法令正式终结了赐封制。该法令规定，西班牙王室将重新拥有闲置领地的所有权，不会分配给任何人。此后，由王室统一收取的贡赋持续至殖民地独立。1874 年，贡赋金额为 14 八里亚尔，仅比 1589 年确定的金额多了 4 八里亚尔。

王室用贡赋给传教士发放津贴，支付把商品运到省会的运费，向殖民地当局发工资，以及用作地方防卫的军费。政府官员和领主们把各自领地的农产品卖到政府仓库和马尼拉市场，参与到这门利润丰厚的生意当中。贡赋制度一直延续到 18 世纪下半叶，当时，所有贡赋都存入了位于马尼拉的国库。[67]

“班达拉”（*bandala*）是殖民地另一个重要的收入来源。在他加禄语中，“班达拉”意为“购买”，实际上就是向政府强制销售产品。每一年，殖民地政府都要给各个省份分配物资配额，而每个省的省长（*alcaldes mayores*）再把配额分配到各个村庄。收集上来的物资供王室仓库、甲米地港的军火库和马尼拉市使用。总督为每一项生活必需品制定官方价格，包括大米、木材和蜡等。然而，在各个省份，主管官员可以根据本省情况选择以市场价或以官方价格购买货物；此外，土著当权者负责按配额收集物资，这给了他们自费购买额外产品的机会。菲律宾人将货物免费运往马尼拉，然后售出。事实上，“班达拉”成了一种超出法律规定范围且负担沉重的税收形式。承受着巨大压力的国库没有能力支付这笔钱，土著人收到欠票后，当局只是时不时象征性地付一点钱。

土著居民对殖民地经济的第三个贡献是义务劳动（*polo*），即每年以极低的报酬为市政工程工作 40 天，而这些小额酬劳往往还无法拿到。为了养活这些工人，社区会给他们发放粮食津贴。有些工人负责砍伐树木，然后把原木运到甲米地港，用于建造帆船；有些工人在造船厂工作，负责制造炮弹和其他弹药；还有些工人当划船工、搬运工、在女修道院里做帮佣、在帆船上当水手或者从军。通过贡赋、义务劳动和“班达拉”等制度，土著经济与殖民地市场和帆船贸易融为一体。

81 西荷战争给菲律宾人带来了额外的负担。在菲律宾的所有省份中，邦板牙省在“班达拉”和义务劳动方面承受的压力最大。由于邦板牙省土地肥沃，又靠近马尼拉，所以殖民政府对其大米和木材有着源源不断的需求。1636 年，多明戈·纳瓦雷特对邦板牙省的沉船和其他不幸事件进行了评论，称“损失了这么多船只，令人感到非常痛苦，但受打击最大的还是印度群岛的土著居民”。西班牙人聚集了 6000 至 8000 名土著居民砍伐树木，并将原木运到造船厂。此外，“殖民者故意虚报木材数量，即使已砍伐的木材可造两艘船，也谎称只能造 1 艘船，以此剥削土著居民的劳动力”。[68] 许多菲律宾人逃离了家乡，正如纳瓦雷特所说，“从中国到苏拉特（Surat），不管我去到哪里，总能遇到来自马尼拉及其较小岛屿的土著居民”。[69]

专项资金

在菲利普二世、菲利普三世和菲利普四世统治期间，印度群岛理事会进行了 3 次辩论，讨论是否放弃菲律宾。塞维利亚大主教担心，在帆船贸易的刺激下，新西班牙会谋求独立。1621 年，有人建议将巴拿马变成美洲的帆船贸易港，由检审庭密切监督港口运营。西葡合并后，又有人提出了用菲律宾群岛换取巴西的想法。到了 18 世纪，菲利普五世的宰相、红衣主教阿尔贝罗尼（Cardinal Alberoni）（1717—1721 年在任）提议将菲律宾和帆船贸易路线割让给法国。西班牙人之所以反对政府占领菲律宾群岛，主要是因为帆船贸易与以塞维利亚为中心的贸易形成了竞争关系，墨西哥谋求政治自治。当然，也有国库支出过高的因素。

菲律宾群岛的财政管辖权属于新西班牙（墨西哥），它给菲律宾拨出专项资金以支付菲律宾群岛的行政管理费用。起初，专项资金纯粹来自出口商品关税和在阿卡普尔科征收的其他税收，但后来"变成了半补贴、半商业收入的形式；墨西哥财政部用自己的财政资源弥补了帆船贸易无法产生的利润"。[70] 由于腐败，这些钱落入了私人口袋。例如，1636 年，阿卡普尔科的商人用粗树枝和棕榈树叶建了一间庇护所，以保护商品和商人。"就这样一点儿工作，几年来他们从财政部给菲律宾群岛的补给中扣除了 8000 枚银币。"类似的情况并不少见。有一艘用于运送货物和人员的帆船需要维修，维修费用居然达到惊人的 800 比索或 1000 比索，这笔钱同样上报给了财政部。[71]

墨西哥的专项资金大部分来自西荷战争中的军事支出，尤其 82

是为争夺马鲁古群岛控制权而支出的军费。按菲律宾群岛前检察长埃尔南多·德·洛斯·里奥斯·科罗内尔的说法，1621 年，马尼拉征收到的税款共计 255541 比索，而马鲁古战役的支出就达到了 218372 比索。1637 年的一份报告指出，德那地驻军的费用造成了 290000 比索的财政赤字，后由马尼拉财政部按年冲销。[72] 1640 年，殖民地检察长格劳·蒙法尔孔（Grau y Monfalcon）报告称，菲律宾殖民地的税务总收入为 256000 比索，而马鲁古的军费支出为 230000 比索。1621 年和 1640 年这两年，菲律宾的税务收入总和为 511541 比索，而在马鲁古群岛上的花费高达 448372 比索。也就是说，这两年可用于菲律宾当地支出的金额只占平均单年税务收入的 12.35%，即 31585 比索。[73]

除了军事开支外，普遍存在的财政欺诈行为也造成了赤字，这种情况一直持续到殖民时代晚期。事实证明，菲律宾总督福斯托·克鲁扎特·贡戈拉（1690—1701 年在任）并没有同流合污。克鲁扎特实施了很长一段时期的严格税收措施，为墨西哥财政部节省了 50 万比索。他用这些资金启动了一个市政工程项目，由他的继任者多明戈·德·扎巴布鲁·埃切维里（Domingo de Zabalburuy Echeverri）（1701—1709 年在任）继续实施。[74] 克鲁扎特卸任几年后，总督费尔南多·曼努埃尔·德·巴斯蒂略·布斯塔曼特（Fernando Manuel de Bustillo Bustamante）（1717—1719 年在任）因决定收回大笔政府应收款项而激怒了市民、修士和大主教。1719 年 10 月 11 日，在修士的带领下，一群暴徒袭击了总督府，杀死了总督和他的儿子。

在财政吃紧的情况下，历任总督会要求慈善基金团体（Obras

pias）提供无息贷款。17 世纪 30 年代，贷款金额最多为 1630 年的 20 万比索，最少为 1635 年的 1.1 万比索。1636 年，总督要求这些基金团体提供 10 万比索贷款，以填补前一年的缺口。[75] 在西班牙帝国内部，给菲律宾拨专款和从民间借贷是常见现象。秘鲁总督负责南美洲西海岸从智利到巴拿马的安全，保护墨西哥的太平洋沿海地区则是墨西哥财政部的职责；至于菲律宾群岛，西班牙帝国把它纳入全球霸权的斗争中，与美洲、亚洲和欧洲的敌人展开争夺。就像在菲律宾一样，位于美洲的西班牙要塞和军队也收到了专项资金。

安东尼奥·德·摩尔加的传记生动地展现了西班牙帝国的一名 83
官僚在西荷八十年战争中的生活细节。1603 年，摩尔加离开菲律宾群岛，指挥舰队前往新西班牙，并成为墨西哥城皇家检审庭（Royal Audiencia of Mexico City）的一员，同时还担任墨西哥总督的军事顾问和宗教裁判所的律师。在菲律宾群岛、墨西哥和秘鲁的经历使摩尔加对整个太平洋地区形成了自己的独有看法。他认为，美洲西海岸的港口与菲律宾和马鲁古群岛相互依存，其中马尼拉是西班牙帝国的一块重要飞地，确保了西班牙在太平洋地区的地位。1615 年，摩尔加博士预测荷兰人会尽全力夺取菲律宾群岛。[76] 他们非常清楚，阿卡普尔科和马尼拉的天然良港是西班牙通往中国市场的唯一途径，这也解释了 1624 年荷兰试图夺取阿卡普尔科，并且数次远征马尼拉的原因。毫无疑问，西班牙在低地国家进行的 80 年战争消耗了其绝大部分财政收入，与敌对国家在美洲和亚洲的斗争也给帝国财政部带来了沉重负担。1630 年，一位荷兰观察家写道，西班牙国王每年花费 500 万荷兰盾（约 250 万比索）保卫印度群岛，换言之，西班牙就失去了用这笔钱资助其在欧洲针对荷兰的军事行动的机会。[77]荷兰的船只和军队也花销巨大，用于支持荷兰东印度公司驻军和舰队的军费大部分来自贸易的利润以及从荷兰寄来的大量汇款。

菲律宾的真实财政预算与表面上的截然不同。和美洲的其他战略要地一样，马尼拉也得到了一笔补贴，这笔专款部分来自帆船贸易的收益，专门用于支付军费。以前，菲律宾殖民政府向美洲矿山运来的白银征税，为西班牙王室赚取了纯利润。在菲律宾群岛，教区居民用他们的劳动、产品和现金资助教会。马尼拉大帆船是利用当地资源和数千菲律宾人的劳动建造的，而贡赋和“班达拉”则被用于维持殖民地的管理。事实上，对西班牙来说，菲律宾群岛是一块成本效益极高的殖民地。[78]

马尼拉在新领土布局中的作用

和在东方的其他欧洲人一样，西班牙人死于热带疾病的比率很高。1634 年，果阿的一名出纳员称，1629 年至 1634 年，从里斯本出发前往亚洲的 5228 名士兵只有 2495 人幸存。[79]詹·德·弗里斯（Jan de Vries）对 1500 年至 1795 年经过好望角的船只航线进行了研究，计算出了欧洲平均每年从亚洲进口 5 万吨货物（“1 负载吨”约为 1 公吨或 2240.6 磅），且有 200 万人从欧洲启航前往亚洲，但由于很多人在海上或目的地丧生，可能只有不到一半的人从亚洲返回了欧洲。这些数字表明，在 300 年的时间跨度里，每 4.7 吨货物从亚洲运往欧洲，就会有一名葡萄牙人或其他欧洲人失去生命。[80]鉴于死亡率如此之高，从 1600 年至 1740 年的任何一年里，亚洲都不可能居住着 5 万多名欧洲人。截至 1800 年，常住亚洲的欧洲人总数可能达到了 7.5 万人。[81]

菲律宾群岛的西班牙人口数量也有类似趋势。1650 年，马尼拉 84
共有 7350 名西班牙人；1702 年，西班牙人只剩下 1600 人，而到了 1750 年，该城的常住西班牙人数量回升至 7000 人。[82] 马尼拉是一块国际化飞地，连接着一系列市场，也是唯一连接着西属美洲、中国和印度莫卧儿帝国的港口。[83] 1611 年，一位耶稣会会士在给上司阿夸维瓦的一封信中写道，80 个不同民族的群体参加了伊纳爵·罗耀拉（Ignatius Loyola）的宣福礼；每一个民族群体“语言、肤色、出生地区和生活习俗各不相同，但他们都是基督徒”。[84] 1662 年，巴托洛梅·德·莱托纳（Bartolome de Letona）列举了马尼拉的众多贸易伙伴，比如中国、东南亚的群岛和半岛、日本、印度、斯里兰卡和波斯，并提到了其多样化的人口：“因此，马尼拉及其周边地区的人口多样性堪称世界之最；因为这里的居民来自各个王国和国家，包括西班牙、法国、意大利、德国、丹麦、瑞典、波兰和俄国”。莱托纳补充道，“还有来自东印度群岛和西印度群岛的土著人、土耳其人、希腊人、摩尔人、波斯人、鞑靼人、中国人、日本人，非洲人和亚洲人。这里几乎有世界上任何一个王国、国家或地区的代表”。[85] 与其对口国巴塔维亚或英国在印度的飞地一样，马尼拉被围墙和堡垒包围着，这些防御工事不仅起到了保护城市的作用，也成为各个殖民体系的著名象征。罗伯特·R. 里德（Robert R. Reed）将马尼拉和巴塔维亚描述为变革中心，它们使土著居民的习俗得以转变，促进了社会的融合。在这些城市里，“男人和女人都关心贸易市场，合理安排商品的生产活动，买卖双方、统治者和被统治者以及土著居民和外国人建立了有利于自身利益的关系……经济增长和势力扩张才是人们优先考虑的事情”。[86]

间接统治：贵族阶级

与美洲土著居民一样，菲律宾土著居民被视为受西班牙王室和教会保护的合法少数民族。他们有自己的法律、行政当局和语言，俨然一个“印度群岛共和国”（*republica de los indios*）。尽管大多数土著居民都不会讲西班牙语。除了属于修士的土地外，菲律宾没有类似于墨西哥殖民地的那种大庄园（hacienda）。相反，西班牙人实施了一种间接剥削土著人口的制度，通过与原来的菲律宾贵族阶层达图合作，为殖民政府提供当地资源和土著劳动力，以巴朗盖社会的土著亲属关系为基础组建地方政府。

85 菲律宾群岛被划分为 12 个行省，行省管理着众多城镇（*pueblo de Indios*），每个城镇由一个主城区（cabecera）和一些小的定居点（*barrios* 或 *visitas*）以及被称为“锡蒂奥”的较小分区组成。城镇由当地每年选一次的小首领（*gobernadorcillo*）领导。在城镇内部，以 40 至 50 人组成群居单位，称为“巴朗盖”，由“巴朗盖头目”（*cabezas de barangay*）管理。行省下面还有二级行政单位，其中最重要的职位是“副省长”（*teniente mayor*）和 3 位“大法官”，分别负责维持治安（*policia*）、农业（*sementeras*）和畜牧业（*ganado*）。小首领也需履行一些司法职责，比如起诉和监禁罪犯，主持审理金额不超过 44 比索的诉讼案件。政府的一些官员和法官会协助他们履行各种各样的职责。

起初，巴朗盖头目是世袭职位，由老头目的长子继承，但没过多久，巴朗盖头目便由选举产生。世袭制一直持续到1786年，政府通过立法结束了巴朗盖头目的世袭制，以有限的选举制取而代之。头目的任期为3年，头目父子都不用纳贡或从事劳动服务；头目夫妇被尊称为“先生”（*Don*）和“夫人”（*Dona*），还能使用象征权威的物品，包括手杖、帽子和其他特别服饰。他们是教会的座上宾，共同出席城镇里所有盛大的社交活动。卸任后，巴朗盖头目和小首领组建成一个受人尊敬和有影响力的团体。[87] 小首领的候选人必须是或曾经当过巴朗盖头目；小首领任职3年后，便有资格担任无实权的副总督。小首领和头目的家族，副镇长和3名大法官都被赐予“贵族”（*principalia* 或 *comun de principales*）头衔。贵族阶级在殖民体系中发挥着关键作用，他们负责收集各城镇的贡赋和分配劳务。实际上，传教士才是整个城镇最有实权的人，他们监督整个贡赋收集过程，而牧师是唯一得到法律允许、可以在土著村庄居住的西班牙人。包括镇长在内的其他官员只能居住在主城区。[88]

贵族给予教区牧师宝贵的协助。他们提供的搬运工或桨手方便 86
了牧师出行，他们还指派镇上的年轻人轮流做教区的家务，组织节庆活动，为整个教区定下基调。他们还负责管理社区福利基金，为慈善事业和教区公共设施的改善提供资金。[89] 此外，这些贵族还担任教堂的圣器守司、巡查员（*fiscales*）和监督员，负责监督教群参加弥撒、教堂仪式、灌输基督教教义，以及把信奉本土宗教的人员情况汇报给教会。传教士往往会成立一些宗教团体和联谊会，让贵族来领导这些组织。传教士不仅经常免除贵族阶级的贡赋和义务劳动，还从城镇的基金中拿出一部分给他们发工资。[90]

殖民政府的顺利运转离不开贵族所扮演的两个重要角色。作为地方政坛的大人物，贵族很好地协调了西班牙政权的物质需求与菲律宾民众生产能力之间的矛盾；作为中间人，贵族必须在个人的致富欲望、西班牙人的要求和菲律宾同胞的抱怨之间周旋。只有在极端条件下，他们才会放弃西班牙当局，指挥土著人发动武装叛乱，以缓解当地人的不满情绪。[91]

殖民地行政架构

土著地方官的上级是省长，12 个行省的省长均由西班牙人担任。省长还负责管理一个省级法院，手下有一名律师和一名公证员。如果某个省的领土非常广阔，则省长会任命另一名西班牙人担任行政区长（*Corregidor*），管理省内部分领土。省长和行政区长薪水微薄，为了增加收入，他们会敲诈土著居民。领主制度取消之前，他们主要通过领主收集贡赋。教区牧师把自身的影响力加入这种权力架构，而事实证明，他们的存在不容忽视。

菲律宾总督兼任总司令一职，也是菲律宾的主要当权者，其权力只受到检审庭的约束。菲律宾群岛的所有官员均由总督任命，总督还担任检审庭庭长，但没有表决权。总督任期结束时，必须要接受严格审查（*residencia*），以确认他没有滥用权力。在菲律宾，总督的审查期会持续 6 个月，实施审查的是他的继任者，而所有审查文件都要提交给位于西班牙的印度群岛理事会。

87 检审庭由 4 名法官（*oidores*）和其他官员组成，这 4 名法官由检察官、检察总长、被告辩护律师和土著居民辩护律师担任。检审庭法院是刑事和民事案件的最高上诉法院。1715 年，原总督去世，继任者尚未到任，过渡期的民政管理事务由检审庭负责，军事指挥权则由高级法官代理。市议会负责马尼拉的行政管理工作，该议会由两名市长、八名议员、行政区长、一名户籍管理员和一名警察组成。市长从法官当中遴选，每年西班牙人居民都会向市政厅提名法官人选。财力雄厚者可竞聘行政区长、公证员和警察等职位。市政厅的职位是终身制的，而且可以买卖，马尼拉人可以购买、出售或继承这些职位，这是西班牙帝国殖民地的惯例。马尼拉大主教在教会中担任最高职务；教会的其他职务分别由3位主教担任，其中一位主教在宿务岛，一位在卡加延岛的塞戈维亚市，一位在甘马粦省的卡塞雷斯市。此外，多明我会、奥古斯丁会、方济各会和耶稣会等教派还向菲律宾各省派遣修士。主教法庭由大主教、教区代理主教和一名公证员组成，负责审理教会法规管辖范围内的案件。宗教裁判所向主教法庭派出一名专员，但仅充当代表的角色，权力有限，案件审判流程取决于新西班牙法庭。若被告的行为有可能触犯宗教法规，这位专员应先向墨西哥的法庭汇报，如果有必要进行审判，则被告要乘帆船前往新西班牙受审。定罪后，罪犯再返回菲律宾接受惩罚。印度人和中国人的管辖权归主教法庭，而非宗教裁判所。

第四章　17世纪

“小冰期” 89

17 世纪初，秘鲁南部的乌安亚普蒂纳火山（Huanyaputina volcano）喷发。“在中国，人们观察到太阳呈暗红色，太阳黑子的面积很大。”那是北半球有史以来最冷的夏天之一。1641 年至 1643 年，类似的火山活动再度出现，严寒期随之而来。[1] 从 1645 年到 1715 年的“蒙德极小期”（Maunder Minimum），火山爆发产生浓密的排放物，太阳黑子减少，地球接收到的太阳能量减少。厄尔尼诺—南方涛动（*El Nino*-Southern Oscillation，简称 ENSO）也对气候造成了破坏。当南美洲太平洋沿岸的洋流方向变化导致海洋温度上升时，就会出现厄尔尼诺现象（El Nino），这个洋流系统与东南亚密切相关。[2] 从 1620 年到 1640 年，地球出现了自公元 1000 年以来的最低温度。除了气温变冷，全球各地还出现了干旱、暴雨和多变的天气模式。在 200 多年时间里，阿尔卑斯山、冰岛和斯堪的纳维亚半岛、阿拉斯加、中国、安第斯山脉和新西兰等地的高山冰川不断发展。[3] 由于周期性的饥荒、蝗灾和流行病，人们长期忍饥挨饿，死亡率飙升。亚洲大部分地区的社会遭受了广泛和严重的破坏。

除了恶劣的天气，明王朝的财政收支状况也不断恶化。与当时的其他国家一样，中国也感受到了物价革命带来的影响，明朝财政基础的弊端显露无遗。在当时的中国，所有商品都以白银计价，但白银早就失去了价值，税赋收入的购买力也随之下降。

几乎所有人的生计都受到这种通货膨胀趋势的影响。[4] 除了这 90
些困难，自 1584 年开始，明朝时期，中国的北方和南方都遭受了干旱、饥荒和洪水。至 1594 年，“中国某些地区的饥民开始吃树皮、草籽，甚至大雁粪便中的种子”。

1637年至1641年，干旱特别严重，粮食价格暴涨。据传民间出现人吃人的现象，还有人把尸体挖出来充饥。农民起义遍布整个帝国。1644年，李自成指挥一支起义军占领了京师。满族人打败了起义军和剩余的明朝军队，建立了一个新的王朝：清朝。满族人继续占领整个中国，屠杀那些效忠明王朝的人。自17世纪30年代，东北地区的极端气候条件促使满族人对明朝发起进攻。“正因为如此，在征服中原后，几乎所有满洲人都离开了自己的家园，向南迁徙。”[5]

为了剿灭明朝忠臣郑成功（西方史料将郑成功称为“国姓爷”），新成立的清王朝颁布了一项法令，要求沿海人口迁移到内陆地区，此举导致白银进口完全停止，白银价格螺旋式紧缩。户部官员慕天颜向皇帝解释说，停止进口白银的做法类似于“希望从其水流中受益的同时截断水源”。[6]1681年，清政府解除了禁令，但上述林林总总的事件极大地扰乱了马尼拉市场。

在东南亚，科研人员对爪哇柚木森林的树木年轮进行了研究。结果发现，1600年到1679年，当地降雨量低于历史平均水平。当地人生存依赖于干湿季风之间的平衡状态，干旱季节对印度尼西亚东部和菲律宾的人口产生了不利影响。降水减少导致收成不佳，从而造成人们营养不良，免疫力下降；由于气候干旱，水井和河流缺乏清洁的水源，加剧了本已十分严峻的局面。[7]各地暴发的瘟疫影响到了菲律宾群岛和其他国家。卡西米罗·迪亚兹的报告中写道，“1685年是艰难的一年，因为天花不仅在这些岛屿上肆虐，还在中国和东印度的所有王国大规模传播，尤其是在科罗曼德尔海岸，数百万名马拉巴人死亡”。在整个菲律宾群岛，儿童天花死亡人数占很大一部分，但损失最惨重的当属马尼拉山区的阿埃塔人，“天花致死率如此之高，导致这些山区几乎荒无人烟”。野猪和鹿也大量死亡。此外，“中国数百万人死亡，田地无人耕种；天花过后，随之而来的是大饥荒，饿殍遍野”。[8]

白银时代的终结 91

到了 1640 年，世界各地的金银比率趋于一致。贵金属从低价值地区（美洲和日本）向高价值地区迁移，使其在所有市场的价值变得均衡。1635 年，在中国购买 1 盎司黄金需要花 13 盎司白银，50 年前则只需要 6 盎司。[9] 按亚当·斯密的说法，“美洲发现银矿后，白银价值受此影响开始下降。1630 年至 1640 年，或大约至 1636 年，这种影响达到顶峰，白银的价值甚至比同一时期的玉米还要低。白银价值似乎从未跌到如此低点”。[10] 在 16 世纪和 17 世纪，西班牙帝国、明王朝，以及奥斯曼苏丹国等政治实体的财政收入不断贬值，对社会造成了毁灭性的后果。

白银购买力急剧下降之时，全球还爆发了政治危机和战争，各国财政部资金消耗殆尽，经济秩序混乱。对亚洲贸易的主要参与者来说，做生意的难度越来越大。荷兰东印度公司斥巨资组建了舰队和军队，以实施严格的贸易垄断。西班牙、葡萄牙和英国的飞地以及亚洲自由贸易港不断遭受袭击。印度洋当地商人的财富状况日益恶化，因此，在 17 世纪的头 20 年里，土耳其人、波斯人和阿拉伯人不再往来于“风下之地”。荷兰人有组织地袭击其竞争对手，成为东南亚贸易的唯一赢家。[11]

西荷八十年战争

17 世纪，实行西班牙与葡萄牙双君主制的西班牙帝国面临着极其困难的经济和政治局势。从 1566 年到 1648 年，版图已扩大的西班牙帝国与荷兰进行了一场旷日持久的战争。西班牙制订了欧洲大陆扩张战略，包括干涉德国内政、与英国对峙、在意大利北部制造冲突，以及与法国开战。[12] 然而，热带地区才是荷兰和伊比利亚双雄之间战争的关键舞台。在西班牙帝国与荷兰的全球角力中，香料、糖、奴隶和对华贸易都是双方争夺的市场。这是人类历史上第一次涉及欧洲人和第三方的全球性战争，在不同时间和地域，刚果人、波斯人、印度尼西亚人、柬埔寨人、菲律宾穆斯林和日本人都参与到了这场战争中。[13]

92 低地国家的经济转型促使荷兰在欧洲以外发挥自身的影响力。从 15 世纪开始，荷兰一直主导着欧洲的谷物、木材、盐和鱼类的大宗贸易；16 世纪至 17 世纪的前 20 年，其地位明显加强。到了 17 世纪 20 年代，这种大宗贸易严重下降，促使荷兰的海洋经济从大宗货物运输转向东印度群岛、西班牙和黎凡特的“富裕贸易”。这是“一种高价值的新型商业，不仅能带来财富，还能提供稀有的原材料和技能，使黄金时代的多样性和复杂性成为可能”。[14]

1609 年到 1621 年，荷兰人在欧洲战场与菲利普三世休战，却从葡萄牙手里夺取了亚洲的殖民地，不断巩固和扩大荷兰在亚洲的地盘，威胁到了太平洋和大西洋地区的西班牙殖民地。1615 年，荷兰人突袭秘鲁海岸，然后乘船前往阿卡普尔科，用俘虏交换补给，错过马尼拉帆船之后，他们离开了墨西哥海岸。1628 年，舰队司令皮特·彼得松·海因（Piet Pieterszoon Hein）在加勒比海俘获了一支运送白银的舰队。17 世纪 20 年代，西班牙人在欧洲战场上压制住了荷兰人：安布罗西奥·斯平诺拉（Ambrosio Spinola）将军在直布罗陀附近击败了一支荷兰舰队，赢得了布雷达战役（Battle of Breda）的胜利，委拉斯开兹（Velazquez）的画作描绘了当时的投降仪式。然而，为了维护海外殖民地的要塞和舰队，低地国家不得不调用军事资源，导致所有帝国领土的财政压力增加。西班牙农作物歉收则导致大规模通货膨胀，随后，西班牙王室向其资助者热那亚银行家宣布破产。菲利普四世的首相奥利瓦雷斯伯爵（Count-Duke of Olivares）组织了一个财团，其成员都是具有犹太血统、被称为“新基督徒”的葡萄牙人，他们愿意跟西班牙王室做生意。宗教裁判所率先表示反对，但主要阻力其实来自塞维利亚和其他地方的商人，他们担心大量葡萄牙人会渗透到美洲市场和帆船贸易当中。1627 年，在奥利瓦雷斯的安排下，新基督徒收到了宗教裁判所的“恩典赦令”（edict of grace）；1629 年，新基督徒被允许自由行动。[15] 1621 年至 1640 年，这些葡萄牙商人和银行家开创了属于自己的“黄金时代”。

1626 年，奥利瓦雷斯提议建立“阿尔马斯联盟”（*Union de Armas*）。根据该计划，帝国的每个殖民地都要按其规模和人口比例提高士兵的固定配额。尽管这是一个纯粹的军事计划，但却反映出了奥利瓦雷斯希望消除个别地区的特权和财政自主权。

然而，奥利瓦雷斯误判了当时的形势，事情很快就朝着坏的方 93
向发展。随着财政压力的不断增加，西班牙、葡萄牙本土及帝国的众多殖民地都爆发了民众起义。

17世纪30年代，流入西班牙王室金库的美洲白银数量锐减。时任秘鲁总督的钦琼伯爵（Count of Chinchon）向西班牙运送了大量白银，但在墨西哥，银矿产量不如几十年前那么高。美洲的经济已经发生了根本性的变化。流向西班牙的白银之所以减少，除了银矿产量降低的影响以外，还受到其他因素的影响，比如大量白银从墨西哥和秘鲁流向太平洋彼岸的中国，以及西班牙将白银用作军费，对抗早已在巴西和加勒比地区扎稳根基的荷兰人。[16] 1639年，西班牙舰队在英吉利海峡的唐斯海战（Battle of the Downs）中战败，这标志着西班牙失去了北大西洋海上强国的地位。1640年5月，由于担心被西班牙帝国军队占领，加泰罗尼亚人①拒绝与西班牙中央政府合作，同时发动了一场叛乱，叛乱分子宣布效忠法国国王路易十三。1652年，西班牙军队占领了加泰罗尼亚首府巴塞罗那。1659年，法国和西班牙签署了一项和平条约。1641年，梅迪纳-西多尼亚公爵（Duke of Medina Sidonia）和阿亚蒙特侯爵（Marquis of Ayamonte）策划了一场阴谋，试图将安达卢西亚（Andalusia）独立出来，这使得本就处境艰难的西班牙政府更加四面楚歌。

荷兰在17世纪30年代和40年代的敌对行动给葡萄牙造成了巨大的领土损失，很明显，西班牙没有任何资源可以帮助葡萄牙。在大西洋，拿骚（Nassau）的约翰·莫里茨（Johan Mauritius）于1637年占领了伯南布哥（Pernambuco），并在第二年进攻了巴西的主要糖产地巴伊亚（Bahia）。侵袭巴西之后，荷兰占领了安哥拉的圣保罗德罗安达（Sao Paulo de Loanda）（此地源源不断地为巴

① 加泰罗尼亚位于地中海附近，原是阿拉贡王国的一个公园，受西班牙统治。——编者注

西种植园输出奴隶)、几内亚湾(Gulf of Guinea)、圣多美岛(Sao Thome)和安诺本岛(Annobom)。葡萄牙人在亚洲的霍尔木兹、孟加拉、缅甸和锡兰等地也节节败退，幕府的将军将他们驱逐出了日本。他们还把马六甲拱手让给了荷兰人，后者占领了中国台湾的部分地区。葡萄牙称霸亚洲，甚至称霸世界的时代就此落幕。

在巨大的财政压力之下，丢失了大片领土的葡萄牙选择脱离西班牙，恢复独立。加泰罗尼亚起义为布拉干萨公爵(Duke of Braganza)自立为王创造了有利条件。1640 年 12 月，布拉干萨公爵宣布自己为葡萄牙的若昂四世国王(King Joao IV of Portugal)。与此同时，巴西、蒙巴萨、莫桑比克、果阿和锡兰的葡萄牙人以祖国为榜样，开始反抗西班牙当局。法国人支持了他们的行动，若昂四世随即与英国达成了一份条约，于 1641 年与荷兰签署了停战协议，该协议允许葡萄牙帝国继续统治巴西和非洲。1668 年，马德里签署了《里斯本条约》(*Treaty of Lisbon*)，正式批准葡萄牙独立。

《威斯特伐利亚和约》(*Peace of Westphalia*)是三十年战争 94
(1618—1648 年)后签署的一系列协议，该协议承认西班牙已经丧失欧洲强国的地位。1648 年，菲利普四世签署了《芒斯特条约》(*Treaty of Munster*)，正式承认荷兰独立。这些协议标志着以维也纳和马德里为中心的哈布斯堡王朝(Habsburgs)日暮西山。尽管实力有所下降，但西班牙仍在短期内保住了意大利、低地国家和欧洲其他地区的领土。由于卡洛斯二世去世时没有指定继承人，西班牙爆发了王位继承战争(War of the Spanish Succession)(1702—1713 年)。这是另一场全球战争，战争的目标远远超出了争夺一个王位。维也纳的哈布斯堡王室希望获得西班牙人拥有的意大利和低地国家领地；英格兰希望扩大自身在地中海的影响力，分享美洲的资源；对法兰西国王来说，“目前战争的主要目标是印度群岛及其创造的财富”。[17] 1713 年，参战各方签订《乌得勒支条约》(*Treaty of Utrecht*)，结束了这场战争，并承认波旁王朝（Bourbon）的菲利普五世是西班牙和美洲帝国的国王。哈布斯堡王朝拥有欧洲其他地区的领土（包括荷兰南部、那不勒斯、撒丁岛和米兰）；意大利萨沃伊王国获得了西西里岛；英国则接管了直布罗陀和巴利阿里群岛（Balearic）的米诺卡岛（Minorca），签订了一份向美洲殖民地提供奴隶的合同，还获得了每年派遣一艘船与总督辖区进行合法贸易的权利。

菲律宾群岛与西荷战争

为了垄断菲律宾的商业，荷兰制订了两个主要目标：控制马鲁古群岛和班达群岛，中止马尼拉和中国的丝绸贸易。17 世纪 30 年代，荷兰东印度公司估计中国丝绸贸易的利润为 150%，波斯丝绸产品的利润则为 100%，这促使他们迫切地想垄断中国丝绸市场。[18] 东印度群岛总督简·皮特斯佐恩·科恩（Jan Pieterszoon Coen）(1627—1629 年在任）实施了一项公开敌对政策，以控制对华贸易。荷兰人对澳门的进攻以失败告终，但还是占领了中国的澎湖列岛作为荷兰的飞地，并在台湾建立了热兰遮堡（Fort Zeelandia），封锁了马尼拉，以破坏其与中国之间的帆船贸易。

战争期间，荷兰在菲律宾海域常年部署着 40 艘至 50 艘武装船只。从 1600 年开始，西荷经常展开海战。1615 年，两名耶稣会会士乘船前往果阿，其中一人为马尼拉学院（College of Manila）院长，另一人则是德那地布道团团长。他们此行的目的是说服葡属印度总督与西班牙组成联合舰队，对据守马鲁古群岛的荷兰人发起进攻。

葡萄牙总督将派4艘帆船前往马六甲，与西班牙舰队会合。胡 95
安·德·席尔瓦负责率领一支由10艘帆船组成的大型舰队，其中包括1700吨重的旗舰“圣马科斯号”，以及4艘桨帆船和一些小船，共拥有300门大炮。这些船只载有5000名士兵，其中包括一支由500名日本步兵组成的特遣队。舰队的攻击目标是驻守爪哇岛和马鲁古群岛的荷兰人，但这些计划最终未能实现。在德·席尔瓦到达之前，荷兰人摧毁了葡萄牙的船只，舰队于1616年6月1日返回马尼拉。船员纷纷发烧，包括总督在内的多人病亡。这场灾难奠定了荷兰在东南亚的统治地位，西班牙此战的失败堪比1588年无敌舰队（the Invincible Armada）的惨败。1618年和1620年，荷兰舰队试图占领菲律宾首都；1624年，荷兰的一支分遣舰队与5艘西班牙船只发生了一场海战。1644年至1647年，西班牙和荷兰的海军交战不断，但主动发起攻击的一方都以失败告终。除了不断骚扰西班牙人以外，荷兰人还蓄意扣押中国帆船。驻中国台湾的荷兰官员彼得·纳伊茨（Peter Nuyts）写信给荷兰东印度公司委员会，称“我们必须尽最大努力破坏中国和马尼拉之间的贸易，只要做到这点，我们坚信诸位将会看到西班牙人自行撤离马鲁古群岛，甚至离开马尼拉”。[19] 中国平底帆船通常重350吨，但由于荷兰攻击中国船只，中国人决定改用配备船桨和风帆的小型船只。根据耶稣会一位会士的说法，1616年，只有7艘中国帆船到达马尼拉，而往年来马尼拉的中国商船达五六十艘。1617 年，荷兰海军将领拉姆（Lam）俘获了 10 艘中国商船，其中 3 艘载有丝绸，另外 7 艘运送食品，即所谓的“农产品帆船”，这是因为马尼拉要从国外进口粮食。1621 年，英荷联合舰队封锁了马尼拉，这种情形一直持续到 1622 年 5 月。同年，一支荷兰舰队摧毁了中国沿海的 80 艘商船。盘踞中国台湾的荷兰人不断攻击中国商船，扰乱厦门帆船的航线，丝绸贸易开始衰落。科恩针对中国商船的政策没有产生预期效果，但对中国商人造成的损失非常严重。

《威斯特伐利亚和约》结束了这场战争，此时西班牙人仍然占领着菲律宾，帆船继续航行，对华贸易仍然是菲律宾殖民地的经济支柱。然而，战争造成了巨大的损失。中国和日本的商船被俘获，跨太平洋贸易遭受了严重损害，不计其数的人失去生命。荷兰的竞争对手使马尼拉和中国澳门在中国市场上丧失了特殊地位。科恩担任总督期间，一个曾与马尼拉做生意的福建商人代表团访问了巴塔维亚，这表明一种新的商业格局已经出现。[20]

96 尽管菲律宾人成功抵御了荷兰的进攻，但伤亡惨重。西班牙人从当地村庄招募了大量土著居民，把他们派到森林伐木，然后将木材和人一起运到造船厂，迫使他们长时间从事造船工作。来自比科尔地区、莱特岛和萨马尔岛的土著人都参与了这些工作，最繁重的造船任务落在建有甲米地造船厂的吕宋岛中部各省。1618 年，塞巴斯蒂安·德·皮内达船长写信告诉西班牙国王，甲米地船厂可建造帆船。土著人提供的劳动力根据专业技能的高低领取不同工资。伐木工每人每月工资为 7 到 8 八里亚尔，每天配给半份“塞勒敏”口粮（celemin），相当于 2.3 升大米。一名较合格木匠的月薪为 10 或 12

八里亚尔。造船师的工资则要高得多，每月可得3到4枚八里亚尔银币，并配给两倍口粮，即8.6升大米。造船师不仅要设计船只，负责前期准备工作，制作圆木，还要亲自制作主桅杆、横杆和中桅杆。

这些工资本应由政府支付，但由于国库长期赤字，拖欠工资成为常态。即使在最理想的情况下，工人也要到了造船厂才能收到工资，完成服务之后，他们就没有工资了，返乡的路程没有任何补助。众所周知，一名普通工人每月至少需要40八里亚尔才能生存下来。为了弥补差额，土著人所在的村庄提供资金，将政府工资提高到能维持村民最低生存要求的水平。有时候，当局将这些资金视为村庄向国家提供的贷款。[21] 1610年至1616年，西班牙国库欠邦板牙人约7万比索；到了1660年，这一数字上升到20万比索。同年，西班牙政府因义务劳动和“班达拉”欠菲律宾人的累计债务达到30万比索。[22]

皮内达指出，在甲米地造船厂建造一支舰队需要1400名木匠。他还提到，1617年，摩洛人袭击棉兰老岛，对当地造成了巨大损失。摩洛人烧毁了一艘帆船和两艘小型递送船，俘虏了400多名工人，杀死了200人。与此同时，潘陶岛上繁重的造船工作导致许多工人死亡。摩洛人和荷兰人是盟友，西班牙是他们共同的敌人。皮内达再次强调，由于工人被拖欠了5年工资，牢骚满腹，所以“很多人已经逃离了这片土地，留下来的人很少。去年，也就是1618年，当最后一批船从马尼拉市的港口启航时，甲米地的土著造船工不超过200人”。[23] 西班牙国库缺乏资金，欠薪的现象很常见，再加上巴朗盖头目克扣工资，情况变得更加糟糕。义务劳动也损害了当地经济。

> 97 菲律宾人要为西班牙人提供劳务，他们无法耕种自己的田地；如果他们不种地的话，家人就会挨饿、生病，甚至死亡，他们将没有产品或金钱缴纳贡品或贡赋；而如果他们不纳贡，就会遭受更多痛苦。[24]

曾担任马尼拉市驻马德里代表的埃尔南多·德·洛斯·里奥斯·科罗内尔写道，6000 名工人用了足足 3 个月的时间，才把德·席尔瓦总督的一艘帆船的桅杆从山上运到贝湾，然后经由水路运往甲米地船厂。他们每月从自己的村庄获得 40 八里亚尔工资，只能用这笔钱购买口粮。工资杯水车薪，根本不足以维持生计，有些人选择逃跑，还有些人则选择自杀，很多劳工因此丧生。在《菲律宾需要改革》（*Reforms Needed in the Philippines*）一文中，科罗内尔请求国王从印度引进帆船，代表劳工恳求道，“过去的造船业导致印度群岛的土著人口锐减，且陛下仍欠着他们的薪水。他们为王室和胡安·德·席尔瓦先生提供了服务，却没有拿到应得的 100 多万比索的报酬”。[25] 造船工作的繁重加上其他诸事导致当地人的不满不断累积，各省接连发生起义。1621 年，薄荷岛发生叛乱。殖民政府派出 50 名西班牙人和 1000 多名宿务人，轻而易举地镇压了此次叛乱。紧接着，卡加延岛又发生了一次因贡赋和土著人搬迁政策引发的起义；到了 1628 年，该岛大部分地区仍处在叛乱当中，一支由西班牙士兵和 2000 名菲律宾人组成的远征队与叛乱分子对峙，烧毁了 8 座村庄。[26]

菲利普三世建议总督寻找在菲律宾境外建造帆船的机会。1629 年，总督胡安·尼诺·德·塔博拉委托柬埔寨造了一艘帆船，耗资

10万比索，但在前往马尼拉的途中，一场风暴致使其沉没。这项计划没能继续进行，邦板牙人和他加禄人不得不继续建造帆船。1706年，耶稣会的年度公开信描述了甲米地造船厂令人震惊的现状：

> 工作的强度远超出身体强壮的土著人所能承受的程度，但微薄的口粮几乎不足以维持他们的生计。他们凌晨3点就得外出工作，直到上午11点才休息，然后下午1点重新开工，直到晚上10点才停止工作。这些可怜的人完全没有节假日，住在破烂的工棚，四面透风，无法遮风挡雨，他们经常滑倒在坚硬的地面上。[27]

尽管西班牙与荷兰的军事冲突已经结束，但造船工作仍有条不紊地进行着。西班牙人需要船只与阿卡普尔科进行贸易，保护那些航行到马尼拉的中国帆船，建立小型海军抗击前来劫掠的摩洛人。土著劳工通常拿不到工资，只能暂时放弃他们应得的钱。至1657年，西班牙政府拖欠土著劳工的食品和日用品债务达到了20多万比索，殖民地国库的累积负债高达1000125比索。[28] 98

1649年，殖民政府决定从米沙鄢群岛招募当地人，以缓解他加禄省和邦板牙省的困境。此前，这两个省已经贡献了大部分劳动力。萨马尔岛的帕拉帕格人（Palapag）不愿意前往遥远的甲米地工作，于是发动了叛乱。这场叛乱从萨马尔岛开始，蔓延到莱特岛、阿尔拜省和甘马粦省；叛乱分子最终将战火带到了卡拉加地区（Caraga）、卡加延岛，甚至位于棉兰老岛的三宝颜半岛（Zamboanga）。总督命令三宝颜半岛的一支基督徒部队镇压了帕拉帕格叛乱分子，其他地方的叛乱分子也遭到无情镇压。征募劳工一事就此不了了之。米沙鄢群岛的民众很少起义：1565 年至 1762 年英国入侵期间，米沙鄢群岛只发生过 3 次大起义。当地起义次数之所以相对较少，可能在于西班牙军队是他们唯一的靠山。棉兰老岛和霍洛岛的摩洛人每年都要到米沙鄢群岛大肆抢掠，而有了西班牙人的保护，米沙鄢人便无后顾之忧。

在如此关键的几十年里，吕宋岛中部的劳动力和资源确保了殖民地的延续性。1636 年和 1642 年，为了表彰他加禄、邦板牙和比科尔 3 个省居民的贡献，菲利普四世指示当地政府代表王室对他们的忠诚表示感谢。不过，令人担忧的事件发生了：1660 年，因政府征收民众的水稻后拖欠货款，还要求工人在巴丹半岛（Bataan）的森林中伐木 4 个月，邦板牙、班诗兰和伊罗戈斯等地发生叛乱。起义持续了 2 个月。菲律宾总督萨比尼亚诺·曼利克·德·拉腊（Sabiniano Manrique de Lara）宣布分期偿还大约 20 万比索债务并支付了首期还款，还承诺减少伐木服务，从而结束了这场冲突。殖民政府和邦板牙人之间存在一种共生关系，马尼拉保护邦板牙省不受残忍的桑巴尔人侵扰，邦板牙省则为马尼拉提供大米、木材、劳动力和士兵。[29] 班诗兰岛和伊罗戈斯的起义很快就得到了控制。

西荷战争严重影响了西班牙帝国控制下的臣民总人数。科尔普兹（O.D.Corpuz）通过翻查菲律宾殖民地的人口记录，为我们提供了以下数据：1591 年，菲律宾约有 667612 名土著人；1608 年，该数字为 500782 人；1635 年，456868 人；1655 年，资料显示殖民政府统治下的居民只有 433098 人。到了 1662 年，信仰基督教的菲律宾人口总数已增加到 60 万人。[30] 土著人的大量死亡造成菲律宾人口锐减，同时还有土著人为了逃税而离开菲律宾，这两个因素共同造成了菲律宾纳税人数量下降。

摩洛战争 99

西班牙人把伊斯兰教从吕宋岛和米沙鄢群岛连根拔起，但苏禄岛和棉兰老岛仍然是穆斯林统治下的独立实体。1635 年，在耶稣会会士梅尔乔·德·维拉（Melchor de Vera）的监督下，西班牙人在棉兰老岛北部的三宝颜半岛建造了一座堡垒，以保护米沙鄢群岛免遭摩洛人侵袭。摩尔加留下的文字提到了“加西泽人（*gacizes*）和其他摩拉比托人（*morabitos*）的教义。他们取道马六甲海峡和红海，来到这些岛屿向当地人传道和说教”。[31] 从 16 世纪的最后几十年到菲律宾殖民地的消亡，西班牙人一直与南方的穆斯林交战，史称“摩洛战争”。摩洛人居住在棉兰老岛的霍洛岛和拉瑙湖畔，他们从此处向米沙鄢群岛发起攻击，把抓获的土著人卖到印度尼西亚和荷兰东印度公司的总部巴塔维亚的奴隶市场。在菲律宾群岛，掠夺奴隶的做法古已有之，但根据伊斯兰教义，穆斯林不得奴役信仰同一宗教的人。随着伊斯兰教的传播，非穆斯林菲律宾人成为摩洛人的主要俘虏来源。

尽管西班牙与南方苏丹国家历史上处于敌对状态，但斯科特称，“在菲律宾群岛的头 50 年里，西班牙人所取得的成就都是通过与摩洛人保持友好关系而获得的”。事实上，摩洛人是西班牙人的口译员和顾问，马尼拉的穆斯林给宿务岛饥肠辘辘的西班牙人带来了食物。[32] 西班牙人刚到菲律宾时，看上去和其他商人团体没什么两样，所以摩洛人以正常的商业礼数对待他们。然而，西班牙人后来表现出要将摩洛人赶出商业网络的意图，暴力事件就发生了。这场旷日持久的冲突始于西班牙人占领与婆罗洲相邻的马尼拉以及破坏明都洛岛的穆斯林飞地。1578 年，菲律宾总督弗朗西斯科·德·桑德在婆罗洲北部沿海乘船前往文莱，统率着一支能够占领首都的远征队。洗劫主要定居点后，他烧毁当地房屋，抢走所有火炮，将清真寺的门和物品带回马尼拉。桑德宣布文莱成为西班牙的附庸国，但“船员生病了，又无法为岛上的西班牙人提供生活物资，他放弃了这个地方，回到马尼拉”。[33] 1589 年，土著人试图组织一场起义，以报复西班牙人侵略文莱的行为。一些菲律宾酋长与日本商船的船长进行谈判，并派遣特使前往文莱。

100 起义者还试图与英国人卡文迪什建立联系，后者试图夺取“圣安娜号”帆船的行动没有成功。由于日本人没有如约而至，酋长们决定依靠婆罗洲的一支舰队参与当地起义。一位领主的菲律宾仆人——安东尼奥·苏拉宝（Antonio Surabao）泄露了这项秘密计划。总督圣地亚哥·德·维拉监禁了合谋者，下令将领头的酋长家族的 7 名成员和日文翻译迪奥尼西奥·费尔南德斯（Dionisio Fernandez）斩首示众。其他协同起义的酋长均受到不同程度的惩罚，其中 11 人被判处流放。但那一年没有帆船可以运送囚犯，处罚没有生效。[34] 没有任何一个他加禄村庄试图解救曾经的领主，邦板牙省的居民同样拒绝参加起义活动。合谋起义者属于贵族阶层，他们已经失去了民众的支持。

西班牙人初到菲律宾群岛时，棉兰老岛存在一个叫“马京达瑙”（Magindanau）的社会，其社会等级与他加禄人和米沙鄢人的社会等级相似。然而，在传统的菲律宾社会结构中，他们还增加了一位君主，即“卡其尔”（*kachil*）。卡其尔制度源自马鲁古群岛，这些君主拥有的权力赋予了马京达瑙社会凝聚力，这是菲律宾群岛上其他土著社会所不具备的。稻米和西谷椰树是马京达瑙社会的主要食物来源。当地并不生产用于贸易的商品，这在一定程度上解释了他们为何要抢掠奴隶，因为奴隶是他们能够参与贸易活动的唯一商品。一位西班牙船长致信马尼拉总督，谈论征服棉兰老岛的事情：“这件事不会给国王陛下带来太多好处，反而要花一大笔钱。岛上实际居民数量远少于传闻中的人数，而且都非常贫穷。”棉兰老岛以沼泽地居多，“没有任何一个酋长能筹集到 20 块黄金。大米非常稀少，仓库保存了少量大米，仅供酋长食用”。[35] 棉兰老岛南部沿海和苏禄群岛也存在着类似的社会和经济状况。[36] 当地居民使用火绳枪和小型火炮，但真正给他们带来优势的是他们的船只。这种叫“卡拉考”的帆船有两排桨手，他们划动船桨，推动船只前进。卡拉考帆船非常适合在布满珊瑚礁、岩石和危险洋流的群岛海域航行。1667 年，耶稣会会士弗朗西斯科・康布斯把卡拉考帆船与西班牙的帆船进行了比较：“他们用高超的技术和一丝不苟的态度建造帆船，所以他们的船迅疾如风；相比之下，我们的船就像灌了铅一样迟缓。”[37]

1578 年，西班牙人未能征服苏禄岛和马京达瑙的酋长；随后，为了征服马鲁古群岛，他们又试图在棉兰老岛建立永久定居点，同样以失败告终。

1591 年，马尼拉政府最终决定殖民棉兰老岛。为此，“西班牙 101
政府发出命令，批准了埃斯特万・罗德里格斯・德・菲格罗阿船长与戈麦斯・佩雷斯・达斯马里尼亚斯总督达成的协议。根据该协议，菲格罗阿将自负费用，对棉兰老岛实现和平和进行殖民”。然而，棉兰老河（Mindanao River）两岸的民众却与入侵者展开了激烈的战斗，菲格罗阿在战斗中丧生，这场战役就此结束。

对西班牙人怀有敌意的不仅仅是棉兰老岛民众，德那地岛的穆斯林也同样痛恨西班牙人，并为抗击西班牙侵略者作出了重大贡献。例如，一位西班牙船长在棉兰老岛遇到了一名来自特纳特的穆斯林教师，“向他们宣扬伊斯兰教”。为了完成菲格罗阿未竟的事业，总督达斯马里尼亚斯派出了另一支探险队，指挥官是胡安·德·龙基略船长。在给总督的一封信中，龙基略阐述了征服棉兰老岛的难度以及他手里没有足够资金，但他知道，在征服马鲁古群岛的过程中，棉兰老岛具有战略价值。与当地酋长谈话时，他要求马京达瑙人“打破与德那地人建立的和平和联盟关系，决不允许德那地人进入他们的国家”。[38] 龙基略未能实现他的远征目的，离开这些岛屿前，他按照特略总督的指示惩罚了摩尔人。“尽其所能地摧毁了该地区的一个主要食物产地，他要求巡逻队只要看到椰子树和西谷椰树，一律砍倒或放火焚烧。结果，西班牙人共砍伐了 5 万棵树。”[39]

1606 年，西班牙人占领了德那地苏丹国后，在马鲁古群岛取得了重大胜利。很快，棉兰老岛的摩尔人就致信马尼拉，表达了求和的意愿。西班牙人中止了针对该地区 20 多年的侵袭行动后，双方似乎达成了和平协议。如果说棉兰老岛已经选择求和，那么，还有其他对手准备着取而代之。1616 年，苏禄人在马尼拉附近发现了一支荷兰分遣队后，决定袭击位于甘马粦省潘陶岛上的造船厂。他们进入马尼拉湾，烧毁了甲米地港的海军船厂，带走了一些西班牙囚虏。这个策略很有效，于是，他们于 1627 年再次对甘马粦发起攻击。穆斯林与西班牙的敌人展开合作，增加了摩洛战争的新维度。1628年，荷兰向穆斯林领地派遣了一名使节。该使节此行有两个目的，一是讨论如何共同抗击西班牙，二是收集商业信息。荷兰人劝说马京达瑙人和霍洛岛的土著人突袭米沙鄢群岛，摧毁西班牙人的造船厂，烧毁正在建造的船只。

为了保护殖民地的臣民、抵御穆斯林和荷兰人的联合进攻，西班牙人建立了沿海前哨站。此举颇有成效。例如，1609年，西班牙人在棉兰老岛东北部的卡拉加地区建立驻军，从那之后的20年里，殖民地再未遇到过大规模的侵袭，这表明驻防区可能正好位于马京达瑙人的传统逃生路线上。

棉兰老河两岸的社区也经历了一段整顿期，海盗活动因此减 102
少。1634年，当马京达瑙人重新发起袭击时，原来的酋长联盟变成了统一的苏丹国。[40] 1635年，殖民政府建造了三宝颜堡，以抗衡苏禄岛的苏丹国。苏丹随即写信给荷兰人，要求对方在苏禄岛驻军，并提供枪支和军事援助。

1637年和1638年，菲律宾总督古斯塔沃·德·科尔古埃拉对棉兰老岛发起了两次成功的远征，占领了苏禄群岛的霍洛市。回到马尼拉时，他受到了热烈的欢迎，但是由于资源匮乏，即使占领了这些领土，西班牙人和穆斯林之间的战略平衡依旧没有改变。远征苏丹国产生了令西班牙人意想不到的后果——由于西班牙军队无暇顾及它在中国台湾的堡垒，1642年，当地西班牙驻军全部被荷兰人俘虏。

日本与天主教修士

从 15 世纪开始，菲律宾群岛和日本之间就展开了贸易往来。菲律宾的出口产品包括林产品、黄金、珍珠、鹿皮和用于茶道的陶罐。摩尔加对这些罐子并不感兴趣，他说：“在吕宋岛，尤其是在马尼拉、邦板牙、班诗兰和伊罗戈斯等地区，土著人有一些褐色的古代陶罐，看起来不太吸引人。”然而，在“日本，人们很看重这些罐子，把它们当作最贵重的珠宝，珍藏于内室或寝室中”。摩尔加称，其中一些罐子的价格高达 2750 枚八里亚尔银币。[41] 1595 年，赫罗尼莫·德·赫苏斯（Jeronimo de Jesus）修士在写给马尼拉的一封信中提到，丰臣秀吉将军筹集与朝鲜开战的资金，没收了所有来自马尼拉的茶罐。按赫苏斯的说法，这些珍贵物品价值 8 万两银子或 11 万比索。当时，1 两银子相当于 11 个西班牙八里亚尔。信中还说，卖掉这些茶罐后，丰臣秀吉将额外获得 5.5 万比索的收入。赫苏斯说，如此高额的利润正是“日本人渴望去马尼拉的原因”。[42]

菲律宾修士的传教活动极大地改变了两国之间的关系。来到日本后，耶稣会士遭到了激烈抵制。在这种情况下，耶稣会请求教皇颁发授权文件，但没有得到教皇的明确答复。耶稣会会士在中国澳门和日本长崎的丝绸贸易中发挥着积极作用，但也卷入了菲律宾、中国澳门和日本的宗教、经济和政治纷争中。

103 在合并成联合王国之前，西班牙和葡萄牙一致同意两国政府将保持独立的行政体系，葡萄牙人得以保留他们在亚洲的宗教保护权。宗教保护权把中国和日本划到葡萄牙管辖范围之下，成为耶稣会士专属的传道区域。西班牙征服吕宋岛并巩固统治之后不久，西班牙的方济各会、多明我会等托钵修会试图进入中国大陆和日本，但由于遭到地方民众的激烈反对而没有成功。耶稣会派往亚洲的视察员范礼安意识到，日本封建领主大名对于西葡联盟感到恐惧，“如果他们允许封地内的民众皈依基督教，我们就可以利用这些基督教徒代表支持我们的‘西班牙’国王发动叛乱”。[43] 显然，菲律宾修士的到来使日本人提高了警觉。

为了证明自己不辱使命，日本的耶稣会会士在努诺·罗德里格斯（Nuno Rodrigues）的照护下，组织了一个由 4 名年轻特使组成的使团前往罗马。1584 年 8 月，也就是离开长崎两年半后，该使团抵达里斯本。在西班牙，菲利普二世于埃斯科里亚尔修道院正式接见了他们。随后，使团继续访问比萨、佛罗伦萨和西耶纳，于 1585 年 3 月抵达罗马，教皇以庄严的仪式接待了来自日本的会士。在威尼斯，使团返回西班牙前举办了盛大的招待会。前往葡萄牙之前，使团再次觐见菲利普二世。1586 年 4 月 18 日，日本使团终于从里斯本起航。[44] 这些激动人心的事件发生时，总督戈麦斯·佩雷斯·达斯马里尼亚斯正在马尼拉接见一位来访的日本特使。根据西班牙的史料，该特使名为法兰达·奎伊蒙（Faranda Quiemon），他带来了丰臣秀吉的一封信函。该信函要求菲律宾成为日本的附庸，威胁说，如果西班牙人拒绝合作，日本就入侵菲律宾。为了争取时间，达斯马里尼亚斯任命多明我会修士胡安·科博为大使，派往日本谈判。丰臣秀吉接见了这位修士，在探讨外交事务的过程中，科博向丰臣秀吉展示了一个地球仪，上面标注了西班牙帝国的位置和范围，展示西班牙国王的强大。丰臣秀吉给马尼拉总督回了信，但不幸的是，科博在回程时遭遇海难并失踪。法兰达再次访问吕宋岛。

他到达吕宋岛时，恰好听说了日本即将入侵菲律宾的可怕谣言，当地人还担心中国人和他加禄人也来分一杯羹。总督又派了一个使团去觐见丰臣秀吉，使团成员包括方济各会修士佩德罗·鲍蒂斯塔（Pedro Bautista）和 3 名同伴，所有人都受到了丰臣秀吉的亲切接待。

104 丰臣秀吉之所以如此热情，是因为他打算把西班牙人变成葡萄牙人的竞争对手，以对抗葡萄牙人。丰臣秀吉想打破葡萄牙对“澳门—长崎”这一贸易路线的垄断，使日本能以更便宜的价格收购中国的丝绸和黄金。4 名方济各会修士留在京都，寄希望于他们的存在能鼓励马尼拉商人到日本做生意。方济各会修士开始公开举行天主教仪式。但基督教在日本不合法，耶稣会和日本官员建议他们不要过于狂热。耶稣会会士一直把封建领主作为皈依目标，同时谨慎地与当局互动。他们认为，只要不事声张地做好本职工作，他们就能留在日本。事实上，为了打破葡萄牙的贸易垄断，丰臣秀吉早就打算好让传教士留在日本，但前提是他们要表面上尊重他的禁令。耶稣会会士路易斯·弗罗伊斯（Luis Frois）说：“尽管他很清楚我们都留在了日本，却假装不知情。”[45] 与耶稣会会士相反，刚到日本的方济各会修士公开向平民传教，在京都、大阪和长崎建造教堂，公然违反幕府的明确禁令进行传教活动。

种种不稳的情况下，围绕“圣费利佩号”帆船发生的一系列事件导致局势紧张进一步加剧。1596 年 10 月 19 日，“圣费利佩号”因台风而被迫停靠日本沿海，当地武士没收了船上价值 150 万比索的货物。西班牙人派遣代表团前往京都，希望丰臣秀吉能介入此事。与此同时，西班牙领航员弗朗西斯科·德·奥兰迪亚为了给日本官员一个下马威，让他们知道西班牙国王的威严印象，他告诉日本官员，传教士为西班牙征服日本提供了极大便利，他们的传教工作就是为军事入侵做准备的。日本人极为重视这番言论，丰臣秀吉召见了会讲日语的耶稣会会士若昂·罗德里格斯（Joao Rodrigues），讨论奥兰迪亚所言是否真实。丰臣秀吉“用他的扇子勾勒出了西班牙和墨西哥的相对位置，称西班牙国王正是通过派遣传教士打前站，才建立了一个庞大的帝国，菲律宾也是这样变成西班牙殖民地的”。[46]

由于攻打朝鲜急需资金，丰臣秀吉决定没收帆船的货物，并下令处决一些基督徒以示惩戒。1597 年 2 月 5 日，6 名方济各会修士、17 名皈依基督教的日本人和 3 名日本耶稣会会士在长崎殉难。在这 26 名殉道者中，有 4 名西班牙人、1 名墨西哥人、1 名印裔葡萄牙人，其余都是日本人。鉴于这些令人不安的事件，总督弗朗西斯科·特略派遣特使路易斯·纳瓦雷特（Luis Navarrete）去觐见丰臣秀吉。纳瓦雷特带去了一份丰厚的礼物，包括特略的肖像画、3000 比索和一头名为“佩德罗先生”（Don Pedro）的大象。丰臣秀吉对这头大象的肤色表现出了一丝失望。在给特略的回信中，他写道：“感谢您送来的黑象。去年，中国人曾答应送我一头白象。”[47]

纳瓦雷特此行目的是取回被日本人没收的“圣费利佩号”货 105
物，顺便询问殉道者的情况。丰臣秀吉告诉纳瓦雷特，长崎处决修道士的做法是合理的，“那里是他的都城，法律禁止传教士劝说人们皈依基督教或传播教义，但他们根本不理会该法令”。丰臣秀吉的猜忌并非毫无依据。其中一名殉道者弗雷·马丁·德·拉·阿森松（Fray Martin de la Ascension）曾写信给西班牙法院，批评耶稣会会士对菲利普二世国王缺乏忠诚，指出西班牙有机会征服日本。他说，耶稣会会士“仅在长崎……就可以武装3万名值得信任的火枪手，他们都是来自长崎周边村庄的基督徒，受当地神父支配”。有了这些基督徒，西班牙人“可以征服整个日本，实现和平”，使信仰基督教的大名小西行长成为整个国家的统治者。[48] 丰臣秀吉意识到与西班牙进行贸易会带来丰厚利润，西班牙人则担心入侵日本会造成意想不到的后果，所以双方都想保持这种既定的关系。为了表达自己的感激之情，丰臣秀吉曾3次邀请纳瓦雷特在官邸吃饭，赠送给他大量昂贵的礼物。

1598年，丰臣秀吉去世，其继任者德川家康在很长一段时间内都对基督教保持了仁慈和宽容的态度。在这段和平时期，日本与菲律宾的贸易继续为双方带来利润。1600年至1603年的政府账目显示，日本用帆船向菲律宾运送小麦面粉、大麻、铁、火药、梨子和金枪鱼等食物，以及装饰用的屏风、小桌子、盒子和其他商品。[49] 当时，日本人向东南亚派遣一种名为“御朱印船”的船只，这种船有幕府的官方许可，凭借一份印有朱印的文件从事贸易活动。菲律宾是这些船只的共同目的地，受欢迎程度远超柬埔寨、东京①和暹罗。1604年至1606年，约有30艘御朱印船获得了许可证，可从事对菲律宾的贸易。[50] 与此同时，马尼拉的日本商人得到了特殊待遇：他们只需支付3%的货物税（almojarifazgo），中国商人则需支付6%。除了税率有优惠以外，日本商人还通过谈判拿到了更优惠的条件：如果货物最终运往王室仓库，则免除全部税款。[51] 据一位西班牙官员说，两国交易的商品包括来自中国的胡椒和生丝，用来

---

① Tongking，越南古地名。——译者注

交换硝石、大麻、面粉、铁制品、铜和“成色为每马克 65 八里亚尔（rials per mark）的精制白银”。[52]

对于日本与马尼拉之间的贸易，德川家康所持态度似乎与丰臣秀吉截然不同。前往墨西哥的西班牙“圣埃斯皮里图号”（*Santo Espiritu*）帆船因天气原因被迫偏离航线，于 1602 年进入日本土佐国的平户港，那里正是 6 年前“圣费利佩号”不幸事件的发生地，船员们从港口奋力驶出。德川家康宣称土佐人都是海盗，已经受到了应有的惩罚，还给了西班牙人一份文件，授权他们与日本进行贸易。马尼拉当局不信任日本人，可尽管如此，他们每年都应德川家康的要求，从菲律宾派一艘船到关东，带来中国丝绸和其他商品，换取日本的产品。按西班牙人的说法，这趟航行的目的是讨德川家康的欢心，这样他就能容忍修士出现在日本。根据官方的税收账目，交易所得的利润很高。1605 年，丝绸货值为 6.35 万比索，第 2 年达到 11.13 万比索。然而，日本商人逐渐被赶出马尼拉，造成了可怕的后果。胡安·希尔说：“可以理解，经济矛盾使日本商人群情激愤，最终酿成 1608 年的冲突。”[53] 此次暴动中，日本人在靠近华人聚居区涧内（Parian）的一座大楼里构筑防御工事，拒绝任何和谈请求。西班牙步兵控制住这场暴乱后，检审庭下令拆除日本人的居住区并驱逐其居民。 106

菲律宾与日本的交流有所增加，反映了生活在马尼拉迪劳区（Dilao）的日本人数量不断增加。1593 年，迪劳区共有 300 到 400 名日本居民。1606 年，该地区人口超过 3000 人。暴乱发生后，一些日本人被驱逐出境，菲律宾和日本仍继续开展适度的贸易，直到 1614 年德川家康取缔基督教。1614 年底，高山右近和大约 300 名日本基督徒抵达马尼拉，成为重新充盈迪劳区人口的核心。短短几年时间，迪劳区可能已经成为日本人最大的海外定居点。1619 年，埃尔南多·德·洛斯·里奥斯·科罗内尔称，迪劳区的日本人口已达 2000 人。[54]

罗德里戈·德·比韦罗（Rodrigo de Vivero）是新西班牙总督路易斯·德·贝拉斯科的侄子，当时暂代菲律宾群岛总督一职（1608—1609 年在任）。他写信给德川家康表达了自己的想法。贝拉斯科信中说，尽管马尼拉发生了动乱，但希望菲律宾与日本的贸易可以继续。当新任总督胡安·德·席尔瓦（1609—1616 年在任）到达菲律宾时，德·比韦罗已经为自己的离任做好了准备。1609 年，荷兰人和西班牙人都觐见了德川家康，主动提出了要为对日贸易提供配套服务，发展对西班牙不利起来。

107 日本人有能力制造成千上万支火枪，可是按照欧洲标准建造船只却是另外一码事了。德川家康想聘请西班牙造船工程师和矿工，一起沉船事件则提供了讨论此事的机会。1609 年 7 月 25 日，“圣弗朗西斯科号”（*San Francisco*）和“圣安东尼奥号”（*San Antonio*）帆船与一艘小船“圣安娜号”离开马尼拉，前往新西班牙。“圣安娜号”抵达了墨西哥，但“圣弗朗西斯科号”在关东沿海沉没，前临时总督德·比韦罗也在船上。在一封来自墨西哥的信函中，总督路易斯·德·贝拉斯科坚称“圣弗朗西斯科号”足足有“1000 吨重”，超出了法定装载重量。贝拉斯科悲叹马尼拉商人遭受了经济损失，然后说“所有损失都是由于船只没有及时离开菲律宾造成的”。尽管船上有 7 名领航员，且另一艘船“圣安娜号”安全抵达日本港口，但这个理由乍看起来是成立的。“圣弗朗西斯科号”船长胡安·德·塞维科斯（Juan de Cevicos）却给出了此次事件的不同说法。根据他的证词，事故发生不是因为领航员犯错，而是因为帆船偷偷摸摸地航行到日本港口出售丝绸时离海岸太近，导致触礁沉没。胡安·德·席尔瓦赞同这个说法，即沉船的原因是船只过于靠近日本海岸，“因为掌管这艘船的人是故意这样做的”。[55] 德川家康仍渴望促进与马尼拉之间的贸易关系，他亲切地接待了幸存者。罗德里戈·德·比韦罗与日本高官会面，并提出了两个请求：第一，对方给予修士传道的自由；第二，禁止荷兰人来日本。德川家康给了回复，主动提出用一艘由英国造船师威廉·亚当斯（William Adams）建造的欧式帆船将幸存者送到新西班牙，同时也提出了自己的请求，即坚持要求从墨西哥引进矿工，以改良日本的白银精炼技术。比韦罗又以一系列书面文件向幕府提出请求，重申了他此前所要求的宗教自由权力，并补充说，如果日本想引进墨西哥银矿工人，那么日本出产的白银 25% 归西班牙国王所有。此外，他还要求日本为西班牙帆船提供一个港口，以便在紧急情况下避难，或在不受地方当局干涉的情况下与日本进行贸易。德川家康没有给出明确答复，引进矿工一事就没有定论。比韦罗满怀伤感和遗憾地写道，如果德川家康同意他的要求，银矿的开采将给西班牙国王带来 100 万比索的收入，同时表示德川家康拒绝驱逐荷兰人。[56]

德川家康任命修士阿隆索·穆尼奥斯（Alonso Munoz）为使节， 108
向西班牙当局转达他的回复。他借给比韦罗一艘船和 4000 枚杜卡特金币，用作前往新西班牙的费用。比韦罗乐观地向德川家康保证说，来自马尼拉的帆船可以取代葡萄牙的大帆船，还能常年向日本运送同等数量的丝绸。西班牙帝国内部对比韦罗的外交方针没有好感。

耶稣会会士反对可能达成的条约，葡萄牙人则对西班牙干涉其特权市场感到愤怒，马尼拉商人担心自己可能会在日本和新西班牙之间的贸易中扮演次要角色，菲律宾总督反对向日本人传授西方海军技术。在给印度群岛理事会的一份备忘录中，胡安·德·塞维科斯坚持认为，日本人“在海上毫无用处，他们既不懂航海技术，也不懂得如何建造坚固的船只”。[57] 他同意摩尔加的观点：“为了防止日本人侵菲律宾群岛，最稳妥的办法就是让日本人无法拥有任何船只，而且让他们对航海一无所知。”对于向日本派遣工人和造船大师制造西班牙式帆船的想法，塞维科斯表示反对，“教日本人自己制造帆船，无异于把毁灭菲律宾所需的武器交到他们手里”。[58] 令墨西哥民众感到意外的是，罗德里戈·德·比韦罗带着一个日本代表团抵达圣布埃纳文图拉（*San Buenaventura*），其中一些日本来访者在欢乐的庆祝活动中接受了洗礼。墨西哥总督雇用了 3 名日本人，当他于 1611 年离开墨西哥返回西班牙时，这 3 人也跟随他前往西班牙。[59]

与丰臣秀吉一样，德川家康真正担心的并非西班牙是否可能占领日本，而是西班牙人是否会向一位信仰基督教的大名提供军事援助，从而威胁到德川幕府的统治。就这点而言，塞巴斯蒂安·比斯卡伊诺（Sebastian Vizcaino）在 1611 年和 1612 年的活动令人担忧。比斯卡伊诺是一位航海家，以勘察加利福尼亚海岸而闻名。他得到了德川家康的许可，绘制出了日本东海岸地图，为马尼拉帆船在恶劣天气或其他紧急情况下使用关东的港口提供了便利。德川家康曾与墨西哥总督通信，他既说明了比斯卡伊诺在日本所做的工作，也清楚表明了德川家康的立场。“你们最好停止在我们的国土上宣扬你们的教义。但可以增加商船航次，促进彼此的利益和关系。你们的船只一律可进入日本港口，对此，我已经下了严格的命令。”[60] 1613 年 10 月，比斯卡伊诺终于启航返回墨西哥。出人意料的是，他带回了一名使节——方济各会修士路易斯·索特罗（Luis Sotelo），还有仙台大名伊达政宗派来的一群日本特使，他们共同觐见西班牙国王和教皇。具有企业家精神的路易斯·索特罗希望通过谈判为日本人争取到贸易特权，作为交换条件，方济各会可以继续在日本传教。

他们从阿卡普尔科出发，穿越墨西哥，到达塞维利亚。西 109
班牙国王看了伊达政宗的来信后非常高兴。伊达政宗承诺他的臣民将成为基督徒，建议在日本和塞维利亚之间建立一条直达的商业航线。这一计划与葡萄牙商人佩德罗·德·贝萨在印度群岛理事会备忘录中提出的想法相吻合。贝萨在备忘录中建议，与亚洲的贸易应走好望角航线。[61] 这并非一个不着边际的想法。1613 年，鲁伊·冈萨雷斯·塞奎拉（Rui Gonzalez Sequeira）指挥的一支舰队从加的斯出发，取道好望角，为马尼拉带来了支援。由于伊达政宗既非日本天皇，也不是幕府将军，所以西班牙王室梳理了一些外交礼仪方面的事项，在马德里以接待意大利公爵和类似当权者的规格会见了日本使团。随后，使团从马德里出发，前往罗马。罗马教廷举行了正式的欢迎仪式，教皇接见了使团。意大利之旅结束后，使团返回西班牙。1617 年 7 月，索特罗神父和日本特使们启程前往新西班牙。受当时发生的一系列政治事件所拖累，该使团没有取得任何成就。1613 年至 1623 年，理查德·考克斯（Richard Cocks）担任英国东印度公司（British East India Company）驻日负责人。他在 1613 年 9 月写道：“据说天皇要把所有居住在日本的西班牙人和葡萄牙人驱逐出境，除了往来的船只，他不允许任何西班牙人和葡萄牙人逗留，以防止有人款待传教士。”德川家康命令传教士在长崎集合，等待船只将他们带离日本。[62] 1614 年，据耶稣会《年度公开信》（*Annual Letter*）的作者估计，当时日本基督教徒的人数超过了 25 万。[63]

德川家光（1623—1651 年在位）研究了欧洲人制作的许多地球仪和地图，了解到其他王国的相对大小和重要性。早在 1615 年，德川秀忠就派揖斐政吉出国留学。经过 7 年漂泊，揖斐政吉于 1622 年回到日本，德川秀忠把他召到府上，连续 3 天 3 夜听他讲述海外的见闻。在德川秀忠之前，德川家康和摩萨藩的大名也曾派遣使者到国外学习。[64] 在伊比利亚半岛，揖斐政吉看到了教会和国家之间的密切联系，他必定向德川秀忠表达了自己的担忧，从而引起幕府对教会的猜忌。1624 年，日本当局驱逐了西班牙人，几年后又驱逐了葡萄牙居民。日本虽然制定了有关反对传教士的法律，可这并不意味着日本要中断贸易。日本商人继续到马尼拉做生意，但从 1620 年开始，他们取道中国澳门抵达菲律宾。一群日本人继续生活在受方济各会牧师照护的菲律宾群岛上。当菲律宾总督费尔南多·德·席尔瓦斥巨资派遣使团前往觐见德川家光却毫无结果时，菲律宾与日本的外交关系就结束了。在 1627 年的马尼拉税务登记表中，没有日本船只到访的记录。[65]

110 荷兰人除了利用一切机会把西班牙人和葡萄牙人的邪恶目的告知日本当局，还怂恿德川家光袭击澳门和马尼拉。1637 年，德川幕府终于决定在东北季风期间采取行动，并组织了一支远征军，规模约 1 万人，这支部队足以击溃西班牙驻军。日本人还向荷兰人提出请求，要求后者提供一些武装船只，以保护运输船免受西班牙帆船的攻击。[66]然而，岛原之乱扰乱了幕府的入侵计划，日本并未入侵澳门和马尼拉。1637年至1638年，岛原半岛和天草群岛的农民在承受着沉重赋税的同时，还遭遇了严重的饥荒。政府对当地基督徒的宗教迫害更加剧了他们的不满，种种事件迫使农民奋起反抗他们的领主。叛乱发生后，日本政府开始严格执行迫害基督徒的政策。有了新的理由实施“闭关锁国”（*sakoku*）政策后，日本政府对基督教徒的迫害达到了新高度。御朱印许可证停止签发，日本只有少数港口开放贸易。日本与葡萄牙中止外交关系，和之前与马尼拉断绝关系如出一辙。与外界断开往来闭关锁国的日本也有例外。中国商人和荷兰东印度公司获准在长崎进行商业活动，活动范围仅限于长崎的出岛，这是一座人工岛屿。日本还继续与中国、朝鲜、千岛群岛和库页岛以及北海道群岛的阿伊努人（Ainu）进行贸易往来。英国商人无法在日本做生意，就像当初西班牙人被驱逐出爪哇岛的万丹国一样，英国人也被赶出了日本，于是他们决定与中国直接建立贸易关系。1685年，“中国商人号”（*China Merchant*）抵达厦门，预示着未来将发生的一系列事件。[67]出于清朝大量使用铜币的实际，1685年，清政府决定向长崎派遣一支帆船队，用丝绸和糖交换日本产的铜。中日贸易的发展与荷日的铜贸易形成了竞争关系，减少了中国对菲律宾的丝绸出口。

马尼拉的葡萄牙人

在马尼拉，葡萄牙和西班牙两国的合并未给当地商人带来任何好处。总督迭戈·龙基略欢迎一艘载着葡萄酒、食用油和中国商品的葡萄牙帆船到来，鼓励葡萄牙人每年都来菲律宾。马尼拉与美洲的贸易则困难重重。1590 年，当一艘葡萄牙船只从澳门驶往阿卡普尔科时，墨西哥当局不仅没收货物、逮捕商人，还指控他违反了禁止外国人与西班牙美洲殖民地交易的规定。

111 摩尔加指出，每一年，来自马鲁古、马六甲和印度的船只都随着西南风航行，带来印度的香料、棉织品和钻石、红宝石、蓝宝石、黄宝石等各类宝石，还有波斯和土耳其的挂毯、果阿的葡萄牙腌制食物，以及“黑人和‘卡菲尔人’（Kaffirs）”，也就是奴隶。[68] 1619 年后，载着中国商品的船只定期从澳门抵达马尼拉。在马尼拉，澳门商人可获得 60% 以上的利润，在广州的中国商人所赚利润则仅有 25% 到 30%。“中国人对这样的安排很满意，他们不用走出国门就能得到上述利润，而且毫不费力，不必再像以前那样，千里迢迢地来到马尼拉做生意。”为了确保垄断权，葡萄牙人充当了中国商人的代理人，每次交易收取 5% 的费用。他们带来的货物“在广东商人的账户上价值超过 15 万比索”。更令人难以接受的是，一些葡萄牙人留在马尼拉，并“以马尼拉商人的名义”把丝绸运往阿卡普尔科。马尼拉的商人还发现，由于墨西哥商人的代理人对购买的货物收取 10% 的中介费用，他们的利润减少了。[69] 由于这些中间商得到了货物的佣金，所以根本不关心货物的实际销售价格，这种无所顾忌的行为导致马尼拉的商业变得萧条。1606 年至 1618 年，这 13 年里，中国商人共缴纳了 574627 比索税款。自葡萄牙人进入这一行业，从 1619 年到 1631 年，新来的中国商人只支付了 90641 比索税款。显然，葡萄牙人控制了绝大部分市场。西班牙当局对这种状况不太满意。1633 年，西班牙国王宣称来自中国澳门的各国商人每年拿走的利润是中国内地商人的 3 倍，因而禁止澳门和马尼拉之间开展贸易。[70] 王室的禁令没有产生任何效果。1634 年，40 艘中国帆船把大量丝绸运往马尼拉，完全超出了马尼拉帆船的运载量。[71] 17 世纪 30 年代，马尼拉每年从澳门进口的丝绸价值达 150 万比索。[72] 鉴于丝绸生意的兴隆，若葡萄牙独立出去，丝绸进口商将受到严重打击。因此，时任菲律宾总督科尔古埃拉提议建立马尼拉和中国澳门的联盟，且该联盟的主权属于西班牙。另一位菲律宾总督曼努埃尔·德·莱昂（1669—1677 年在任）重新与中国澳门建立了联系，葡萄牙船只定期来到马尼拉，但它们再也无法获得以前对华贸易时的地位。

欧洲公司

葡萄牙人和西班牙人并非唯一被亚洲市场所吸引的欧洲人。17 112
和 18 世纪，许多欧洲国家都成立了商业公司，包括丹麦、瑞典和法国的东印度公司，以及奥地利—佛兰德奥斯坦德公司（Austrian-Flemish Ostend Company）。其中，影响力最大的当属成立于 1600 年的英国东印度公司和成立于 1602 年的荷兰东印度公司。这些公司的组织章程赋予它们对亚洲贸易的垄断权以及军事和政治方面的权力。

商业贸易离不开信息，而荷兰人可以通过林霄腾（Jan Huyghen van Linschoten）1595 年出版的《葡属东印度游记》（*Itinerary*）获得商业信息。他在书中总结了自己作为富格尔家族代理人在果阿的 6 年生活经历（1583—1589 年），收集了大量关于葡萄牙人在亚洲活动的信息，这些信息成为公有领域知识财产的一部分。“他的著作是一本名副其实的经商手册，里面包含了东印度群岛航行路线、商品和当地环境等信息。”[73] 传播知识的另一个重要人物是科内利斯·德·霍特曼（Cornelis de Houtman），他还收集了很多商业情报。1592 年，阿姆斯特丹商人派霍特曼到里斯本讲述香料群岛的情况。他回到阿姆斯特丹的时候，林霄腾恰好从印度返回荷兰。

印度洋新航线的开辟与荷兰东印度公司的运营休戚相关。驶过好望角，荷兰东印度公司的海员顺西风（即所谓的“咆哮西风带”）航行，直至接近澳大利亚，然后帆船被大澳大利亚洋流（Great Australian current）推动，驶向北方的巽他海峡。这条航线可从欧洲直达亚洲，不仅更加迅捷，还提高了荷兰东印度公司在香料贸易中的地位。因为荷兰到爪哇路途遥远，荷兰人于 1652 年在好望角建立了一个飞地。用费利佩·费尔南德斯 – 阿尔梅斯托的话来说，“在荷兰的黄金时代，商品变得更便宜。全球大部分香料经荷兰人之手流入欧洲，葡萄牙人一直无法摆脱其传统进货渠道”。[74] 荷兰人之所以成为 17 世纪香料贸易的主导者，原因之一就是荷兰拥有一个充满活力的商业阶层，它吸收了银行家、商人和来自安特卫普的资本。西荷战争期间，该阶层迁往了阿姆斯特丹。此外，荷兰还有一批 16 世纪 90 年代末抵达荷兰的葡萄牙裔犹太人，专门从里斯本进口东印度群岛商品。[75] 在这样一个由商行和覆盖着世界大部分地区的商业交通线组成的网络中，阿姆斯特丹成为商业中心。

113 1619 年，科恩建立巴塔维亚，把荷属东印度群岛的首都设在巽他海峡的战略要地爪哇岛。此举是为了垄断丁香和肉豆蔻的生产和贸易，科恩要利用手中的制海权进一步实现自己的目标。通过野蛮的权力和商业政策，荷兰试图控制香料的供求关系，以确保其高昂的价格。荷兰东印度公司的军队烧毁了丁香农庄，拔除了数万棵丁香树。荷兰人把丁香的生产集中在安汶岛（Ambon）和塞兰岛（Ceram），禁止其他岛屿种植丁香。他们采用类似流程来控制肉豆蔻的种植，即摧毁村庄，把土著人民变成爪哇岛上的奴隶。到17世纪末，荷兰公司业已控制了爪哇和香料群岛的主要港口。

西班牙人没有忘记香料群岛。1582年至1603年，西班牙又发起了4次旨在控制马鲁古群岛的远征，但都没有成功。他们的坚持不难理解。商人们"在岛上发现了被称为'褐色黄金'的丁香"，他们觊觎这些岛屿。[76]1606年，菲律宾总督佩德罗·布拉沃·德·阿库纳（Pedro Bravo de Acuna）在德那地岛建立了一个有200人驻守的基地；在蒂多雷岛，西班牙人也建了一个有150人的前哨站。

荷兰人不仅垄断了马鲁古群岛的丁香种植业，他们似乎还与加的斯的商人达成了一项协议，打算阻止马尼拉从事香料贸易，"巴塔维亚的西班牙人购买丁香的价格必须与加的斯商人的价钱一样"。美洲殖民地从航行到维拉克鲁斯的船队那里获取香料，此外，还有走私者带来的大量香料。[77]1615年，西班牙人在印度尼西亚苏拉威西岛南部港口望加锡找了一家代理商，继续买卖这种独特的商品。来自望加锡的船只停靠在马尼拉，直到1667年，除了荷兰人以外的所有欧洲商人都被逐出望加锡。[78]1662年以前，明朝忠臣郑成功以中国台湾为大本营，这一行为对菲律宾群岛构成了威胁。西班牙只能把三宝颜岛、棉兰老岛、德那地岛和蒂多雷的部队重新部署回马尼拉。从历史上看，香料贸易并未给西班牙人带来太多利润。

如今人们认为，荷兰之所以在香料贸易中处于支配地位而葡萄牙日渐衰落，主要原因在于荷兰东印度公司具有资本主义企业的性质，葡属印度省却不具备这样的资格。事实并非如此。荷兰东印度公司的成功靠的不是较为合理的组织架构、对于市场力量的更好把控，或者“资本主义”运作方式。相反，它的兴盛基于德川幕府统治下的日本出口白银和铜，这两种产品在整个亚洲拥有广阔市场，直至幕府于1715年限制银矿和铜矿出口。荷兰东印度公司的第二个收入来源是通过暴力手段确保其垄断印度尼西亚香料的进货渠道。在17世纪，荷兰东印度公司在亚洲的利润绝大部分来自金属和香料贸易。苏布拉马尼亚姆（Subrahmanyam）评论：“因此，荷兰取得成功的关键因素是武力和外交，而非供求规律。”[79]

114 英国人决定把主要精力放在印度。与荷兰相比，英国拥有的各种资源更差，在东南亚还处于边缘地位。1612年，詹姆斯一世（James I）派遣一名使节觐见莫卧儿帝国皇帝，签署了一项商业条约，该条约将赋予英国东印度公司在印度设定居点和建造工厂的专属权利。作为交换，英国要向印度提供欧洲的商品。英国人分别于1615年、1639年、1665年和1690年在苏拉特（Surat）、马德拉斯（Madras）、孟买和加尔各答设立了贸易站。葡萄牙布拉干萨王朝公主凯瑟琳（Catherine of Braganza）与查理二世结婚时，葡萄牙把孟买作为嫁妆送给了英国人。1634年，在莫卧儿皇帝的授权下，英国人将活动范围扩展到孟加拉地区。对英国人而言，印度次大陆的古吉拉特、科罗曼德尔和孟加拉是最有利可图的地区。到了17世纪中叶，东印度公司出口到欧洲的印度纺织品已经开始盈利。

马尼拉的商人很乐意与英国人做生意。1644年和1645年，两艘英国东印度公司的船只到达马尼拉。当局告诉船员，凡是与英国存在竞争关系的欧洲国家都不能定期到马尼拉做贸易。虽然这两次航行不是特别成功，但伦敦的东印度公司董事们认为未来在这条航线上有可能获得巨额利润。[80] 17 世纪 50 年代和 60 年代，在英国东印度公司的煽动下，英国政府于马德里与西班牙王室展开了直接谈判，不过印度群岛理事会拒绝与西班牙的宿敌进行贸易。一直以来，马尼拉都有很多办法规避禁令。从印度次大陆的欧洲殖民地驶往菲律宾的船只开始悬挂伊斯兰国家的旗帜，雇用穆斯林水手。万丹国的苏丹阿卜杜尔·雷塔马（Abdull Retama）（1633—1666 年在位）与英国进行商业合作。在 17 世纪的最后几十年，个体商人在科罗曼德尔海岸、马德拉斯和菲律宾之间建立起贸易关系。1682 年，荷兰人将英国东印度公司驱逐出万丹之后，与马尼拉的贸易成为马德拉斯经济生活的重要组成部分。葡萄牙人、亚美尼亚人、穆斯林和印度教徒冒充“摩尔人”、东印度公司仆人和“乡村商人”，急切地用印度商品交换金银。到了 17 世纪 80 年代，英国每年都能从马尼拉获得大量白银，价值从 1 万到 10 万比索不等。[81]

亚美尼亚侨民

当菲律宾当局对欧洲船只进行严格监控时，亚美尼亚人开始为 115
欧洲商人提供中介服务。亚美尼亚的国土位于欧亚之间主要陆路贸易路线对面，到了 17 世纪，萨菲王朝的阿拔斯一世（Shah Abbas I）（1587—1629 年在位）允许亚美尼亚商人垄断波斯的生丝出口贸易，亚美尼亚人自此崭露头角。在这种繁荣的商业环境中，丝绸成为最重要的商品，运输丝绸的陆路和海上路线穿越欧洲、黎凡特、中东、中亚、印度和东印度群岛。亚美尼亚人通过亲属关系、宗教和具有共性的语言形成了一个广泛的社区网络，并从中获益。1688 年，英国与亚美尼亚达成了一项协议，允许亚美尼亚商人在英属印度领土做生意。“他们可以来往于英属印度港口进行贸易，乘坐英国东印度公司的船只，分享英国东印度公司获得的优惠政策，享受英国人在亚洲的同等地位”。[82] 1718 年，卡西米罗·迪亚兹（Casimiro Diaz）神父在自己写的书中提到马尼拉附近有一间由一位亚美尼亚商人花 10 万比索建造的休闲场所。马尼拉当局专门为亚美尼亚商人预留了住所，供他们的船只在港口靠岸时居住，这也从侧面说明了亚美尼亚人在商业上的重要性。[83]

新基督教徒的商业移民

在天主教国王驱逐那些不皈依天主教的犹太人以及宗教裁判所开始迫害新基督徒之后，犹太人与其后裔中涌现出一批实力雄厚的商人和金融家。他们虽然正式皈依了天主教，但被指控秘密信奉犹太教。1580 年到 1630 年，这个商业社区“实际上遍布整个世界……这个新基督教徒网络所遵循的一个原则就是整合几个贸易圈和金融圈，然而迄今为止，这些贸易圈和金融圈的关联度仍然不高”。[84] 犹太商人出现在欧洲的主要商业中心，以及非洲、美洲和亚洲各地。迪奥戈·费尔南德斯·韦托利亚（Diogo Fernandes Vitoria）是一位著名的犹太商人，他在马尼拉的商业活动始于 1580 年。1598 年，他因受到墨西哥宗教裁判所的谴责，结束了自己在当地的生意。韦托利亚以马尼拉为基地，投资墨西哥、巴西和亚洲国家。他的主要盈利模式是把货物运往秘鲁、墨西哥和加勒比地区，获取美洲产的白银。韦托利亚在中国找了很多代理商，他在广东的市场上购买丝绸，再用日本的帆船把丝绸运往马尼拉。他还从班达群岛和马鲁古群岛的安汶岛购买香料，购买印度科罗曼德尔沿海、斯里兰卡、缅甸和印度尼西亚的产品。从韦托利亚留下的资料和信件中，宗教裁判所发现他的投资者和生意伙伴来自墨西哥、中国澳门、马六甲和马鲁古群岛。如今，他留下来的遗物能让我们一睹数十年帆船贸易的盛况。生丝和织物占其总资本的89%（约为64536克鲁扎多；1枚八里亚尔银币=0.8克鲁扎多）；香料占4707克鲁扎多，奴隶占2200克鲁扎多，红宝石和钻石占212克鲁扎多，还有68克鲁扎多用于购买黄金。易于隐藏的宝石大量装载于帆船中。葡萄牙人把钻石带往欧洲时可以选择太平洋航线；不过自17世纪下半叶起，新基督徒开始利用英属印度殖民地的人来实现这一目标。

费尔南德斯·韦托利亚的生意将菲律宾群岛置于由商业交易和 116
投资构成的商业网络，其覆盖了全球大部分地区。新基督徒参与非洲和亚洲的奴隶贸易，将纺织品运到美洲，投资于亚洲贸易，通过最便捷的路线将货物运往欧洲以逃避税收和各国法规。菲利普三世（1598—1621年在位）的首相莱尔马公爵（duke of Lerma）率先与葡萄牙新基督教银行家签署海军物资供应合同。从1626年到1640年，在奥利瓦雷斯伯爵的支持下，马德里的葡萄牙新基督徒获得了“王室银行家”的特权地位，签下了西班牙王室半数左右的金融合约。1628年，菲利普四世给予葡萄牙新基督徒在西班牙帝国任何地方定居的自由，这是新基督徒们孜孜以求的机会，大量新基督徒到秘鲁总督辖区定居就是佐证。西班牙参政院（Council of State）讨论了一项计划，确保具有西班牙和葡萄牙血统的犹太人能够从荷兰、法国和汉堡回国，并承诺如果他们不公开信奉犹太教，宗教裁判所不仅完全赦免他们，还会给予充分的保护。[85]

17 世纪 20 年代，塞维利亚的新基督徒开始投资马尼拉帆船，进一步渗透墨西哥和秘鲁经济，强化了他们与菲律宾的联系。塞维利亚的马丁斯·奥尔塔（Martins d'Orta）就是一个很好的例子。1629 年，他共收购了价值 20 万克鲁扎多的珍珠、琥珀和麝香。17 世纪，新基督徒向亚洲市场投入了至少 45 万克鲁扎多（约 36 万比索），几乎占葡萄牙投资总额的三分之一。[86] 在阿卡普尔科和秘鲁与菲律宾的商业贸易中，这些新基督徒有着重要地位。[87] 奥利瓦雷斯下台以及葡萄牙脱离西班牙帝国之后，这些金融家遭受了沉重打击，很多投资者离开了西班牙。

从 1628 年起，到达美洲的所有葡萄牙商人都成了不受当地人欢迎的竞争者。当经济状况恶化时，宗教裁判所开始动手解决问题。许多新基督徒受到了严厉惩罚，他们亲眼看到自己的财富被没收，他们本人被绑在火刑柱上烧死。在墨西哥，100 多人被指控在 1642 年至 1645 年秘密信奉犹太教。1636 年 5 月 18 日，利马特别法庭的几名官员，总结了秘鲁总督辖区历史上最大规模的宗教法庭审讯过程，形成一份文件后将其寄给了西班牙国王。

117 文件指出，在审判前的 6 到 8 年（即 1628 年王室法令颁布之后），大量葡萄牙商人从阿根廷、巴西、新西班牙和中美洲进入秘鲁总督辖区。不久，他们就控制了利马的所有批发和小型零售业务。“他们成了贸易之王，从锦缎到赛亚裙，从钻石到莳萝，一切都在他们掌握之中。”他们“凭借信用”从西班牙购买了所有帆船的货物，通过他们的代理人把货物分销到整个总督辖区。宗教裁判所的审判官承认，起诉这类商人会加剧总督辖区本已严峻的经济形势，但当局仍然决定继续进行诉讼。结果，商人遭到监禁，他们的财产被没收，总督辖区的商业受到重创。1639 年，在一次公开判决中，50 多名新基督徒受到了不同程度的惩罚，其中 10 人被判处火刑。[88]

17 世纪的终结

从 1640 年起，菲律宾的经济活动出现了“灾难性和指数式的下降”，[89] 马尼拉的市政活动“自 1639 年商人（Sang leys）起义和 1645 年地震之后明显减少”。[90] 事实上，帆船贸易遭受了无尽的厄运。1636 年和 1637 年，没有任何帆船从菲律宾驶出；1638 年，“康塞普西翁号”（*Concepcion*）在强盗群岛失踪；1640 年，荷兰人拦截了大量前往马尼拉的帆船；1643 年，一些帆船即将离开马尼拉，但恶劣的天气迫使其中一艘帆船返航；1645 年，一艘即将进港的帆船在卡加延岛沿海沉没，随后当地发生灾难性的地震，这座城市被夷为平地；在 1647 年、1648 年和 1652 年，没有任何船只从墨西哥来到菲律宾；在接下来的几年里，共有 4 艘帆船失踪。17 世纪末，又发生了另一场灾难。1694 年 7 月 3 日，圣何塞号帆船失事，400 人淹死。卡西米罗 · 迪亚兹写道：“‘圣何塞号’是这片海域中最大、最富有的帆船，它所携带的财富多得令人难以置信。”[91] 尽管“圣何塞号”发生了灾难，但随着 17 世纪 80 年代经济形势逐渐向好，菲律宾的商业环境在 17 世纪的最后几十年里也有所起色。[92]

第五章　大帆船

意大利环球旅行家杰梅利·卡勒里在他1699年出版的《环球游记》（*Giro del Mondo*）中讲述了自己从马尼拉前往阿卡普尔科时的冒险经历： 119

> 从菲律宾群岛到美洲的这段旅途堪称世界上行程最长、最可怕的海上航行。我们要跨越浩瀚的海洋，几乎要穿越半个地球，前方总有大风，似乎一个接一个可怕的暴风雨在等待着我们。航行时间持续七八个月，相继有人患上重病。船队有时候靠近航线航行，天气时而寒冷，时而温暖，时而炎热，再加上食物短缺，纵使钢铁之躯也会被摧垮，更不要说我们这些血肉之躯。[2]

1574年，一位耶稣会会士认为，往返于葡萄牙和印度的旅程“无疑是世界上已知的最伟大和最艰苦的旅程”。即便一切顺利，一趟完整的航行也要花大概两年半时间，其中，乘坐葡萄牙大帆船航行需要1年半，乘坐马尼拉帆船航行需要1年，途中还要在果阿或马尼拉逗留一段时间。[3]这两条航线的危险程度和困难程度不相上下。不过，人们普遍认为，与绕好望角的航行相比，从阿卡普尔科到马尼拉的旅途还是相当令人愉悦的。[4]英国东印度公司的船只需花七八个月才能到达印度。蒸汽机时代到来之前，无论哪条洲际航线，都需要花几个月的时间，沿途不仅毫无舒适感可言，还会遇到许多危险。

1565年，第一批帆船从菲律宾驶往阿卡普尔科。随后的250年 120
里，往来于新西班牙和菲律宾的帆船使两地间的贸易和沟通得以保持畅通。帆船贸易一直持续到1813年，拿破仑战败后，西班牙国王费迪南德七世复位，下令取消该贸易路线。1811年，墨西哥爱国者劫走了当时准备运往马尼拉的白银。几个月后，最后一批帆船抵达阿卡普尔科。1815年，最后一艘船离开墨西哥，前往马尼拉，这是该航线取消前的最后一艘帆船。船名叫“圣费尔南多号”（*San Fernando*），别名“麦哲伦号”（*Magellan*）。

“大帆船”（*galleon*）指16世纪至17世纪欧洲的一种船舷高耸、船尾高如城堡的船只，配备多层甲板，上层建筑较短，船首建有艏楼。通常情况下，船体有3层甲板，船体最底层存放沙子和石头等压舱物，大部分货物和日常用品则储存在货舱；底层甲板储存缆绳、绳索和风帆，还可当作备用货物储存空间。上层甲板装有炮台，再往上就是顶层甲板和城堡。大帆船的船体从下到上向内倾斜，逐渐收窄，一直到艉楼。这种独特的形状使整艘船成为可以装载火炮的稳定平台，城堡状艉楼则为近距离作战的步兵提供了居高临下的优势。大帆船还有一些装饰性的结构，包括主货舱和火炮甲板后方一些带图画和装饰物的走廊。

大帆船有1根主桅和1根前桅，每根桅杆都挂着3面方形风帆；船尾还有1根后桅，其上挂1面三角帆（或斜挂三角帆）和两面方形风帆。前桅和主桅下部的风帆为船只提供了主要的前进动力。遇到好天气时，水手将一个可拆卸的阀盖连接到帆的下边缘。风帆和阀盖写有“AMGP”几个字母，即“圣母玛利亚保佑”（Ave Maria Graitia Plena）的缩写。水手只要把风帆和阀盖上的这4个字母对齐，就可以迅速地将两者连接在一起。[5]船首的斜桁上挂着两面帆，帆下从船体伸出的船首撞角上安装着一只凶猛的镀金狮子饰像，狮子头上戴着皇冠，这是西班牙皇室船只的独特特征。船长室以及军官和乘客的舱室位于艉楼，艉楼最高处较小的舱室属于领航员。在上层甲板，舵手用垂直舵柄和指南针驾驶船只；船舵到了1700 年前后才面世。

与同时代的其他船只一样，水手在下层甲板用沙子和砖砌成一 121
个坑，然后烧木柴做饭。菲律宾督察官埃尔南多向西班牙国王投诉了这种烹饪方式，因为烧柴的坑大致位于船甲板中部，而不是“艏楼的顶部”。大帆船第一次遇到风暴时，海水就把坑冲走了，乘客和船员只能在吃饭的地方烹饪食物，因为那是“唯一能生火的地方（船只居然没有起火，这真是上帝创造出来的奇迹）”。做饭的空间之所以如此局促，原因是“官员们占用了船上绝大部分储藏室”。[6] 德·洛斯·里奥斯·科罗内尔的投诉表明了一点：尽管大帆船对于生火做饭有着严格规定和监管，但也有破例的时候。根据规定，只有负责食物的官员才能携带提灯进入货舱，或在烹饪区生火；烛台和灯的使用都受到限制，乘客和船员只能在船上的特定区域吸烟。在暴风雨天气或波涛汹涌的海面上，船员们必须熄灭船上所有的蜡烛、提灯和油灯，三餐只能吃未经加热的口粮。船上所有人都害怕发生失控的火灾。1552 年，噩梦果然成真。当时，在新西班牙沿海，一盏提灯引发了“康塞普西翁夫人号”（*Nuestra Senora de la Concepcion*）上的大火，造成 300 多名乘客死亡。1639 年，前往阿卡普尔科的“圣克里斯托德布尔戈斯号”（*Santo Cristo de Burgos*）发生火灾并沉没，烧焦的残骸后来被冲到马里亚纳群岛沿岸。[7]

水手的厕所建在船首一个伸出海面的木制框架上。在大西洋航行的帆船为乘客和官员预留了厕所，该厕所位于船尾甲板周围的走廊上，水手们美其名曰“花园”（*Jardines*）；太平洋上航行的船只可能也有类似设施。[8] 尽管如此，据 1610 年乘坐过一艘葡萄牙大帆船到达印度的法国水手皮拉尔德·德·拉瓦尔（Pyrard of Laval）称：“这些船臭气熏天，大多数人都懒得到甲板上如厕，这在一定程度上导致了大量人员死亡。西班牙人、法国人和意大利人也是如此，但英国人和荷兰人却非常细致和爱干净。”当然，也有一些特例，比如 1774 年，一艘往来于荷兰和印度之间的大商船载着 80 名生病的船员到达好望角，“船的甲板之间淤积着秽物，我的一些军官对我说，他们从来没有见过这么多的秽物，连法国的船只都没那么脏”。[9]

与同时期的其他船只一样，大帆船也配备了水泵，可用来清除船体下部淤积的污水或海水。舱底的污水发出一股可怕的气味，夹杂着动物、食物、体臭、脏衣服和其他令人恶心的东西发出的恶臭；富裕的乘客会用小玻璃瓶装点香水来掩盖臭味。[10] 在航行过程中，马尼拉帆船通常要靠两三个水泵连续不断地抽水。洛埃萨探险队的幸存者之一安德烈斯·乌尔达内塔描述了在波涛汹涌的海面上操作水泵的可怕经历。暴风雨天气导致他的船只受损，船舱严重漏水：“如果我们两个小时不开（泵），就得另外花两个小时来抽水。海上颠簸、缺少口粮、食物变质、饮用水不足，这些因素都让我们处境艰难，很多人死于劳累过度。”[11]

122 当时，领航员使用罗盘作为航海仪器，罗盘被放在一个叫“罗经柜”的木箱里，箱里有供夜晚照明用的提灯。除了罗盘，领航员还使用星盘和十字测天仪来测量太阳和北极星的高度，用太阳方位表计算每日太阳赤纬角，用沙漏计算时间。计程绳有助于测定船只的行驶速度，铅垂线则用于测量浅水深度。领航员要熟悉佩德罗·德·麦迪纳（Pedro de Medina）于1545年编写的著名领航手册《领航的艺术》（*Arte de Navegar*）。它是当时欧洲最有用的领航手册，“荷兰人长期依赖于这部西班牙经典作品的荷兰语译本”。[12] 在近代，没有任何一种运输方式可以在速度或承载能力方面超过帆船。卡洛·M. 希波拉（Carlo M. Cipolla）总结了欧洲的扩张与帆船之间的历史关系：“在14世纪和15世纪，靠近大西洋的欧洲国家制造出了炮舰，开启了欧洲人的冒险历程。从本质上讲，炮舰是一种小型船只，由少数船员操控前所未有的非生物能量。这些能量不仅可以推动船只行进，还可造成大规模破坏。”[13]

来自美洲或西班牙的造船师负责菲律宾的造船工作。为了建造大帆船，他们根据精确的规格，按数学比例来测量和切割船只的各部分架构。造船要遵循1∶2∶3比例的核心原则，即龙骨的长度是船梁的3倍，船梁长度则是船舱深度的两倍。[14] 这些比例意味着大帆船的行进速度缓慢，操作复杂。

17世纪的造船师倾向于把船楼建得较低矮，把龙骨建得较长，与船梁和吃水（即吃水线与船体底部之间的距离）成一定比例。在太平洋地区，商船建造方面的创新速度较慢，因为商界更青睐货运量大的船只。1762年，托马斯·卡文迪什俘获了“至圣三位一体号”（*Santisima Trinidad*）战舰，该船龙骨长156英尺，宽56英尺，船舱深26英尺，更接近于17世纪帆船的比例。船舶建造技术的变化孕育了荷兰和英国的战舰和商船，这些船也被称为“快速舰船”或“护卫舰”（*frigates*）（frigate一词首次出现在18世纪中叶以后的西班牙史料中），表明一种新的班轮定期往返于太平洋两岸。

123 西班牙船只上运输货物的典型容器是木桶，其容量为443.5公升（约117加仑）。两只木桶容量为234加仑，载重量相当于1吨。[15] 马尼拉帆船的吨位决定了它的承载能力。根据1593年的一项法律，帆船的载重吨位上限被定为300吨，但与大多数法规一样，这条法规并未得到执行。截至1589年，菲律宾已经出现了吨位达700吨的船只；到了17世纪，横跨太平洋的船只吨位达到了1000吨。1616年，菲律宾总督德·席尔瓦率舰队前往马六甲攻击荷兰人，他的旗舰是1700吨的“圣马科斯号”，另有一艘1600吨、两艘1300吨和4艘超过300吨上限的帆船。德·席尔瓦的船只充分说明了贸易和战争相辅相成，菲律宾的帆船既可用作商船，也可用作战舰，两者没有明显的区别。1718年，菲律宾总督费尔南多·曼努埃尔·德·巴斯蒂略·布斯塔曼特报告称，当时菲律宾至美洲航线上的3艘帆船吨位分别为612吨、900吨和1000吨。1746年至1761年服役的“罗萨里奥号”（*Rosario*）吨位为1710吨，载货量为18867件，但法定最高载货量为4000件。1762年被英国人俘获的“至圣三位一体号”吨位达2000吨，是菲律宾群岛建造的最大帆船。该船后来停靠在普利茅斯港，成为一个旅游景点。《苏格兰人杂志》（*Scots Magazine*）将其描述为“英国有史以来最大的（船只）之一”；《社科年鉴》（*Annual Register*）将其描述为“海里的一座大山”。[16] 16世纪，葡萄牙人习惯于建造1000吨级别的船只，比如1600吨的“马德雷德狄乌斯号”（*Madre de Deus*）。1600年至1640年，英国人在印度拥有4艘1000吨和15艘700—900吨的帆船。[17]

从经济角度看，建造大型商船更划算。一艘700吨帆船的成本效益高于一艘300吨的帆船。较大的船只配备80名或90名船员，储存的食品和其他日常用品通常只占其储存空间的 10%；相比之下，较小的船只配备 50 名或 60 名船员，日常必需品将占储存空间的 13% 至 15%。正因为大型船只如此经济划算，所以它们在东印度群岛和大西洋贸易中占据了主导地位。[18]

建造一艘帆船至少需要 2000 棵树。随着时间的推移，造船厂附近的森林被砍伐殆尽，长途运输原木很快就变成了一个相当棘手的问题。因此，帆船的建造地点附近一般都有稳定的木材来源。[19]在西班牙殖民时期，菲律宾的主要造船厂位于紧邻马尼拉的甲米地港；然而，帆船都是在伊洛伊洛（Iloilo）、宿务、甘马粦、班诗兰和比科尔等地建造的。1617 年，穆斯林入侵者烧毁了马斯巴特造船厂正在建造的 3 艘帆船。

菲律宾的一些帆船是在国外建造的，包括在印度建造的“圣洛 124
伦佐号”（*San Lorenzo*）、在泰国建造的“瓜达卢佩夫人号”（*Nuestra Senora de Guadalupe*）、在墨西哥建造的“墨西哥人号”（*Mexicana*），以及在柬埔寨建造的一艘帆船。菲律宾殖民政府对这种做法感到不满。1679 年，西班牙王室颁布命令，要求阿卡普尔科航线上行驶的帆船只能在菲律宾建造。[20]

菲律宾群岛盛产优质树木，对此，同时期的两位地理学家不吝赞美之词：“菲律宾的森林盛产各类木材，它们的颜色、纹理、质地、易加工程度、硬度、重量和强度等特性各不相同，任何一种树木都有适合它的用途。”[21]这番描述与皮内达船长 1619 年向国王提交的报告一致，报告中讲述了帆船所用的“玛丽亚”（*maria*）硬木的非凡特性，“如果向一段 8 磅大小的硬木发射一枚炮弹，炮弹无法穿透木材；即使用一枚较大的炮弹，木头也不会被炸成碎片”。多明戈·费尔南德斯·纳瓦雷特报告称，在 1647 年“圣地亚哥号”（*San Diego*）与荷兰人的海战中，“荷兰人发射了 2000 多枚子弹，船身中弹 1000 多枚，但没有任何一颗子弹穿透船身”。[22] 一种叫“阿吉霍”（*arguijo*）的木材常被用来建造帆船：“这种木材被制成各种尺寸的龙骨、船梁、龙骨板、舷板、桅顶和水泵。如前文所述，这种树又高又直。枪托、炮架和火炮的轮子也是用这种木材做的。”皮内达总结道，“还有许多其他类型的木材也用于上述目的”，比如用于制作肋材和肘板的莫拉菲树（*molave*）。[23] 在船舶建造过程中，所有木材都至少要干燥 1 年；然而，在菲律宾，人们有时候要“一边伐木，一边造船”，其结果就是“甲板容易腐烂，必须每隔两年用新甲板替换旧甲板。同样地，船舷的木板也必须更换，但用玛丽亚硬木制成的复肘材和顶肋材除外。虽然这种木材砍伐以后没有做干燥处理，但它不会腐烂。或者说，玛丽亚硬木持久耐用，甚至永不腐烂”。[24]

菲律宾人用棕榈属叶纤维（*cabo negro*）和著名的马尼拉麻（*abaca*）制作帆船的绳索和索具，船工用当地的椰子壳纤维填塞船缝。在欧洲，人们用沥青和焦油浸泡索具，使其产生防水的效果，但在甲米地船厂，纤维绳处于天然状态，这加速了它的腐化。[25] 风帆由伊洛卡诺棉布制作而成，与墨西哥进口的帆相比，其质量更好、更耐用、价格更便宜。然而，由于跨越太平洋的航行漫长而艰苦，“所以，尽管从马尼拉到新西班牙的船只携带了返航所用的风帆，但仍需在阿卡普尔科港再制作一些索具”。[26] 造船师用木栓和铁钉将木板连接到船体上，这些铁来自中国、日本、印度和墨西哥。

125 中国和菲律宾的铁匠锻造了这些船只所需的铁制品。铅皮能使船体不漏水，且免受昆虫和船蛆（船蛆是一种软体动物，学名为

“*Teredo navalis*”）的伤害。皮内达船长曾建议说，“在马尼拉，用铅皮覆盖船具有重要意义，这样就不用每年将船只侧倾维修了。胡安·德·席尔瓦忽略了这项工作，他总是急于抵抗和攻击敌人”。[27] 在战事不那么紧迫的时候，修船工用锡片或铅皮包裹船体，作为预防船蛆的额外措施。一艘帆船的整个建造过程可能要持续两年时间，但也有例外，比如当时世界上最大的船只之一“圣何塞号”。“圣何塞号”于1693年开始建造，不到9个月就竣工，其创纪录的建造速度令人赞叹。[28]

帆船是西班牙王室的财产，财政部负责建造、清洗、修理和整修的费用。帆船的所有权归属于王室，这就为各种贪污腐败行为敞开了方便之门。1587年，菲律宾总督维拉建造了一艘吨位为500吨的帆船，耗资8000比索。在菲律宾，木材、绳索和其他造船材料都比较便宜，菲律宾人提供的劳动力和粮食也为造船提供了资助。18世纪时期，帆船的建造成本大幅增加。1762年逃离英国人围堵的“菲律宾人号”（*Filipino*）正是在这一时期建造的，西班牙王室为此支付了95857比索；“至圣三位一体号”的建造费用高达19.1万比索；还有一艘配备30门大炮的护卫舰建造费用超过了10万比索。1766年，勒·让蒂尔关于“圣卡洛斯号”和“圣罗莎号”的叙述展示了帆船的传统建造和维修过程。“圣卡洛斯号”离开甲米地不久后便返回了港口，“因为风帆无法张开，船上的人担心船只失事”。幸运的是，法籍船长德·凯辛斯（De Caseins）见多识广，他对商人们的担忧做出了回应，称帆之所以无法张开，原因在于“船的上层建筑超重、超高……德·凯辛斯命人把艉楼拆掉，使整艘船像护卫舰一样平坦”。“圣卡洛斯号”的墨西哥之旅是成功的。然而，船上的商人坚持要求提供宽敞的住宿条件，船长只好下令重建艉楼。改造后的“圣卡洛斯号”无法航行，在南海遭遇了几次恶劣天气后，“船就无法驾驶了”。另一个发人深省的案例就是“圣罗莎号”。英国攻占马尼拉后，重新启动了马尼拉至阿卡普尔科贸易路线，“圣罗莎号”是第一艘在这条路线上航行的船只。从阿卡普尔科返航后，船只需要修理，据甲米地港的造船师称，修理费用至少为 4 万比索。凯辛斯提议花 1 万比索修理费，只要能让帆船处于适航状态就行。“总督没有反对该提议，因为他知道，凯辛斯会向国王汇报这件事。”

126 凯辛斯承担起了改装“圣罗莎号”的重任，尽管在他看来，“马尼拉并不缺少造船师，船只入船坞和全面检修等工作都完成得非常顺利”。1767 年 2 月 12 日，凯辛斯离开马尼拉。他前脚刚离开，检察总长就下令对船只重新进行检查，认为这艘船不适合航行，维修工作重新开始。“凯辛斯前面的所有工作都白费了。修船工修补船上的漏洞，抬升主甲板，以便有更大的储存空间。”由于官员们贪污受贿，维修费用高达 5 万比索。[29]

勒·让蒂尔称，新船建造完成之后，船只通常会留在甲米地造船厂，没有任何定期维护。从墨西哥返回的船只在热带阳光下暴晒，遭受风吹雨打。从当年 7 月至次年 2 月，帆船都无人看管，这段时间恰恰是帆船需要进行大修、恢复到适航状态的时候。“总督大捞油水的机会到了。他是海军部和财政部的负责人，每季度都有黄金流入他的口袋。”[30]

航线

乌尔达内塔绘制的航线成为马尼拉至阿卡普尔科的常规贸易路线。奥斯卡·C.H. 斯佩特称，17 世纪末，这条航线移动到了北纬 32 度至 37 度，以避开更寒冷、风暴更猛烈、纬度更高的地区。然而，这里的西风带更不可靠，导致航行时间加长，船员和乘客更加缺乏生活必需品。[31]

从阿卡普尔科航行到马尼拉的帆船靠东北信风引航，这股强烈的气流帮助帆船以飞快的速度横渡太平洋。从马尼拉出发的帆船则沿着西风带向北行驶，在黑潮的帮助下转向阿卡普尔科。黑潮发源于台湾东海岸，向东北流动经过日本，最后汇入北太平洋洋流（North Pacific Current）。在盛行的东北向气流和西向气流之间，有一个非常危险的不定向风区，那里经常发生海难。在 7 月至 10 月的碧瑶风季节到来之前，帆船必须离开菲律宾群岛，如果起航太晚，就会遇到台风。6 月份是最适合帆船离开菲律宾的季节，此时帆船可乘风从甲米地港驶向圣贝纳迪诺海峡（Strait of San Bernardino）——殖民时代称为“恩波卡德罗海峡”（*Embocadero*），再顺着预期而至的季风向北行驶。离开甲米地后，帆船沿一条连接马尼拉和恩波卡德罗海峡的航道前行，通常要两个月才能到达公海。比如，杰梅利·卡勒里于 6 月 28 日离开甲米地港，直到 8 月 10 日才到达恩波卡德罗海峡。

当然，也有一些例外，比如 1766 年的“圣卡洛斯·博罗梅奥 127
号”（*San Carlos Borromeo*）只花 3 个星期就到达了太平洋公海。这艘船经过沙洲、岩石和地势低洼的岛屿，遭遇了暴风雨和激流，连日的大雾更是给航行增添了危险。用威廉·莱特尔·舒尔茨的话说，“在驶出海峡的过程中，只要走错一步，就有可能船覆人亡”。[32] 勒·让蒂尔说，沿着这条危险的航线，“这艘船沿途接走各个岛屿的镇长和修士委托运往墨西哥的货物”。[33] 1613 年，菲利普三世建议帆船走另一条航线，沿着吕宋岛西海岸向北航行，到达甲多角（Cape Bojeador）。尽管国王给出了建议，但帆船并没有改变航线。到了 18 世纪，为了找到一条能够取代传统航线的新路线，人们做了各种各样的尝试，均以失败告终。帆船驶过圣贝纳迪诺海峡后，季风带着它继续前行，但该地区暴风雨频繁、风向不定，因此，帆船往往在到达合适的纬度之前就得返回菲律宾。

殖民时代的历史学家、耶稣会会士阿科斯塔写道，“他们航行至很高的纬度，甚至已经接近日本群岛，并发现了加利福尼亚半岛，然后从新西班牙海岸返回阿卡普尔科港”。他还说，“在南北回归线之间的热带区域，从东到西航行是件轻而易举的事情，因为那里盛行西风；但要从西到东航行的话，他们必须脱离热带区域，在纬度为 7 度至 20 度的地区寻找西风”。[34] 位于加利福尼亚北部的门多西诺角（Cape Mendocino）是一大地标，帆船至此便向南转，前往卡波圣卢卡斯（Cabo San Lucas）。当船到达纳维达德港（Navidad）时，就停靠在港口，购买补给品和饮用水。一名信使把文件送到墨西哥城的总督处，病人留下来，由当地的传教士照顾。领航员会尝试绕开加利福尼亚沿海地区，那里不仅有大雾，还有各种威胁航行安全的因素。船长们尽量把到达阿卡普尔科的时间安排在 12 月或 1 月的前几周。

帆船能否从马尼拉起航，取决于各种各样的因素，其中一个最重要的因素就是及时抵达马尼拉的中国商船以及载着白银抵达马尼拉的阿卡普尔科帆船，这些白银来自上一年的销售活动。此外，货物必须装载完毕，所有通关手续齐全。若遇到逆风或敌船，起航时间可能会延迟，甚至推迟到第 2 年。

一切准备就绪之后，当局举行庄严的仪式欢送起航的帆船。在水深允许的情况下，帆船会尽可能靠近城墙，总督把通关文件和皇室旗帜交给船上的官员，并把帆船的指挥权授予将官。与此同时，伴随着一阵枪响，一队修士捧着童贞玛丽亚的雕像，沿城墙走来，把雕像放到船上。

当船驶向公海，大主教给予它祝福。在马尼拉的所有教堂里， 128
各教派成员和教区居民都要来祈祷此次航行成功。卡西米罗·迪亚兹描述了帆船起航时人们的激动之情：“大家都希望帆船能够顺利完成航行。菲律宾群岛面临的最大困境之一是：岛上所有人的生计都依赖于两艘帆船，一艘前往阿卡普尔科，另一艘返回马尼拉。船上那些人的性命却被托付给了变化无常的海洋。除此之外，菲律宾群岛可能还面临其他更严重的困境。”[35]

大帆船的航行时间无法预测，季风环流的变化会影响帆船往返阿卡普尔科和菲律宾之间的速度。航行时间取决于日界线以西的信风强度和 6 月份季风槽的位置。季风槽是气象图上的一根线，显示季风地区的相对最低海平面压力位。[36]

17 世纪日益恶化的气候影响了每次航行的持续时间。1590 年至 1630 年，帆船的航行速度很快；但从 1640 年到 1670 年，航行速度大大减慢。对 1591 年至 1750 年的大帆船航海日志的研究结果显示：17 世纪中叶，从阿卡普尔科到马尼拉的航行时间延长了 40%，平均增加 40 多天；从马尼拉到阿卡普尔科的航行时间可能也要延长 40 多天。航行时间的延长在很大程度上与 17 世纪太阳黑子变得非常罕见的“蒙德极小期”（Maunder Minimum）相重合。这些事件都与“太阳活动的变化导致大气环流发生变化”有关。[37] 季风和信风模式的变化也使帆船横渡太平洋的过程变得更慢、更危险。到了 17 世纪末和 18 世纪，航行时长又恢复到了惯常水平。

该航线与太平洋的台风带相一致，这条航线历史上发生过一连串沉船事故和灾难性事件。早在 1568 年，由萨尔塞多指挥的“卡皮塔纳号”载着 130 人和一批肉桂从宿务出发，前往新西班牙。船抵达关岛，萨尔塞多和乘客下船后，“一场猛烈的暴风雨袭来，船被风浪卷走，撞向岸边的岩石，化为一堆碎片，货物损失殆尽”。[38]

米格尔·塞尔加斯（Miguel Selgas）编制的菲律宾过境台风目录表也记录了当地帆船所遭遇的灾难和不幸。1576 年，即马尼拉被占领 5 年之后，“圣埃斯皮里图号”在卡坦端内斯群岛沉没，船上乘客和船员或淹死，或被土著人杀害。根据迪亚兹的说法，佩德罗·德·查韦兹（Pedro de Chavez）惩罚了土著人，而惩罚方式“足以使他们驯服和懊悔”。[39]

129 1600 年，“圣玛格丽塔号”（*San Margarita*）经历了 8 个月的海上漂泊。遭遇一连串风暴之后，它搁浅在马里亚纳群岛的一座岛屿上。“圣玛格丽塔号”出发时共载有 260 名乘客，搁浅时只剩下 50 人还活着。土著人洗劫了这艘船，杀死多人，最终只有 26 人幸存。“圣托马斯号”（*Santo Tomas*）路过该岛并靠岸补充给养时，滞留在岛上的“圣玛格丽塔号”船员希望“圣托马斯号”能收留他们，但后者以不能延迟出发时间为由予以拒绝。事实证明，如此急匆匆的起航没什么好处；由于恩波卡德罗岛浓雾笼罩，“圣托马斯号”在卡坦端内斯群岛触礁沉没。1602 年，另一艘名为“圣埃斯皮里图号”的帆船在日本附近遭遇了暴风雨天气。佩德罗·安西翁多（Pedro Anciondo）在一份报告称：“我们遇到了一场风暴，不得不扔掉顶层甲板上所有物品、船舱里的 300 箱货物以及成捆的重物。”历尽艰难之后，“圣埃斯皮里图号”到达甲米地港。1603 年，也就是商人起义的那一年，只有 8 名船员在帆船航行中幸存下来。“雷米迪奥斯夫人号”（*Nuestra Senora de los Remedios*）遭遇了恶劣天气，桅杆断裂、货物丢失，最终返回了马尼拉，与它同行的“圣安东尼奥号”和船上所有乘客、船员和货物都消失得无影无踪。

1604 年，安东尼奥·德·摩尔加辞去马尼拉高等法院的职位，乘坐一艘同样名为“圣埃斯皮里图号”的帆船横渡太平洋，到达墨西哥；同行的还有一艘名为“耶稣玛丽亚号”（*Jesus Maria*）的帆船。从一开始，事情就往坏的方向发展。“圣埃斯皮里图号”在马尼拉附近的沙洲上搁浅。中国商船前来协助它脱浅，趁涨潮时用缆绳把体积庞大的“圣埃斯皮里图号”拖到深水区。11 月 10 日，一场猛烈的暴风几乎沿着加利福尼亚沿海把帆船推上了岸。船上的帆和索具不知所踪，12 天后，闪电击中了船只。经过两个月的不断努力，疲惫不堪的船员驾驶着严重受损的“圣埃斯皮里图号”抵达阿卡普尔科。

1620 年 8 月，一场强台风肆虐萨马尔岛，摧毁了载有 330 人的“圣尼古拉号”（*San Nicolas*）；另一艘帆船则在帕拉帕格附近沉没。1629 年，两艘帆船经历了一场台风和一系列飓风之后回到了菲律宾群岛。1638 年，在马里亚纳群岛的罗塔岛（Rota）附近，一场碧瑶风导致“旗舰康塞普西翁夫人号”失事，船上货物全部丢失，多人丧生。次年，两艘来自阿卡普尔科的船只在维冈（Vigan）沿海失事，造成150人死亡。1639年，5艘船从马尼拉起航，前往阿卡普尔科，其中两艘船在甲米地港附近沉没，导致600名中国人丧生。1649年，圣贝纳迪诺海峡的台风摧毁了“恩卡纳西翁夫人号”（*Nuestra Senora de la Encarnacion*）帆船，船上200多人丧生。

佩德罗·库贝罗·塞巴斯蒂安（Pedro Cubero Sebastian）是一名西班牙牧师，曾于1670年至1679年环游世界，因此名声大噪。1670年，他到东亚传教，此次东方之旅为他的环球航行画上了圆满的句号。当塞巴斯蒂安乘坐的帆船横渡太平洋时，一场猛烈的暴风雨袭来，持续了80个小时。所有的船员和乘客都向他忏悔，最终他把圣物扔到海里，暴风雨才平息。[40] 1694年，由菲律宾群岛建造的最大帆船“圣何塞号”在一场风暴中沉没。

130 1670年以后，大帆船的航行变得更加稳定，可灾难仍然接踵而来。1705年，“圣弗朗西斯科萨维尔号”（*San Francisco Xavier*）在海上消失得无影无踪。1750年，“维根德尔皮拉尔号”（*Virgen del Pilar*）在离开甲米地港时船舱进水，惊慌失措的乘客请求船长返航，船长回答道：“要么去阿卡普尔科，要么去炼狱！”他们最终命丧大海。后来，帆船上的木块和其他残骸被海水冲到了吕宋岛海岸。1726年，“圣克里斯托德布尔戈斯号”在前往阿卡普尔科的途中撞上了蒂考岛（Ticao Island）的岩石。乘客和船员死里逃生，可当船员们把货物拿到岸上时，船只燃起大火，船员们迅速将火扑灭。第2天，另一场大火烧毁了帆船和剩余货物，人们怀疑这场大火是那些欠慈善基金团体债务的商人放的。根据当时法律，如果货物损坏，商人必须偿还贷款，但如果商品因不可抗力而损失，便不用偿还贷款，而火灾正是不可抗力。“圣克里斯托德布尔戈斯号”着火的原因一直是个谜。官方介入调查，当局监禁了船长和他手下的官员，没收了他们的财产。欧洲的其他航线也发生了类似灾难。一位历史学家提到了荷兰人的海难经历，“这 150 年里，航运界发生了无数灾难，无法在此一一赘述，只顺便提一下 1697 年、1722 年、1728 年、1737 年和 1790 年那些惊动一时的海难。这些灾难性事件导致许多满载货物回国的商船失事，其中一些帆船的船员全部遇难”。[41] 从 1550 年至 1650 年，葡萄牙的沉船数量“多得惊人”，沉没的船只达 112—130 艘。到了 1650 年，这一数字大幅下降。18 世纪，前往果阿旅行的风险只高于去孟买或巴塔维亚。[42]

除了船只失事的风险以外，船只返回港口时也会遇到其他危险。1602 年，“耶稣玛丽亚号”和“圣埃斯皮里图号”历经 5 个月的恶劣天气和海上漂泊之后，重新找到了航线，船上没留下几个活口。1616 年至 1617 年，4 艘帆船被拖回港口，1655 年、1666 年、1672 年和 1687 年也发生过同样的事情。在 18 世纪的七年战争中，“至圣三位一体号”遭遇暴风雨无法继续航行，在返回马尼拉的途中被英国俘获。1795 年，“圣安德烈斯号”（*San Andres*）因恶劣天气返回马尼拉，1806 年的“麦哲伦号”也是如此。

帆船返回菲律宾会造成人员和经济方面的巨大损失。船只一般 131
受损严重，大量船员丧命。暴风雨使帆船的桅杆和索具缠绕在一起；汹涌的波涛使船舵断裂、船舱漏水、货物受损。遇到紧急情况时，船员把成捆的货物和其他商品抛到海里，以减轻船的重量。从财务角度看，多艘帆船同时抵达港口带来的破坏性不亚于船只失事。即使一捆捆丝绸可以完整无损地保存到第二年，但港口绝不允许两艘船同时靠岸。有时候，由于缺少泊位，它们也不可能同时靠岸。[43]

舒尔茨称，1777 年至 1794 年，根据要求，帆船必须改变航线，在加利福尼亚的旧金山和蒙特雷（Monterrey）停留，但维拉·巴尔德斯·拉考斯基（Vera Valdes Lakowsky）没有在墨西哥的档案中发现帆船绕道的证据。1796 年前后，许多驶往菲律宾的帆船都从墨西哥沿海的圣布拉斯港（SanBlas）起航，或从马尼拉返航时停靠在圣布拉斯港。1768 年以后，圣布拉斯港是连接加利福尼亚布道团要塞和新西班牙的泊锚地，也是前往美洲西北太平洋地区探险的始发港。

航海活动

理查德·沃尔特（Richard Walter）的著作《环球航海记》（*Voyage Round the World*）讲述了乔治·安逊（George Anson）在 1740 年至 1744 年的远征探险活动，他对帆船的航海流程持高度批评态度："据我亲眼所见，给船长起草航行指令的人似乎更担心海上风太大（大风其实有利于航行），而不是担心一趟漫长且乏味的航行会给船员带来的不便乃至伤亡。"[44] 1793 年，荷兰舰队司令约翰·S. 斯塔沃里努斯（Johan S. Stavorinus）提出了类似的不满，他将荷兰航海技术退步归因于东印度公司的官僚作风。[45] 沃尔特和斯塔沃里努斯都忽视了航海活动的本质——商人为追求"利润"不顾一切，高于其他任何因素。

1798 年的"法马号"（*Fama*）护卫舰和 200 年前的"圣赫罗尼莫号"（*San Geronimo*）以 3 个月 20 天的创纪录的时间从马尼拉驶

达阿卡普尔科。两地间的航程通常需要花费更长时间，平均耗时4到5个月，某些航道甚至要花6到8个月。北纬地区严寒的气温、多变的风向、淡水和食物的供应不足、封闭的住宿环境和卫生条件差等因素极易引发疾病，给船员和乘客造成巨大痛苦。经过6个月的航行之后，饥饿和疾病（比如坏血病或脚气病）威胁到了船上所有人的生命。1629年，一艘帆船失去了105名船员和乘客。1631年，140人葬身大海；1643年，114人死于海上航行途中；1657年，“圣何塞号”离开甲米地港1年后，在阿卡普尔科附近海域被拖上岸。此前，它沿着海岸漂流，船上没有一名幸存者：

> “船上的所有人都死于瘟疫或饥饿，被人发现的时候，这艘 132
> 沉默的帆船正载着丝绸和死尸向南驶往热带地区。”库贝罗·塞巴斯蒂安神父在他的《环球朝圣之旅》（*Peregrinacion del Mundo*）中写道，1680年，他与400人一起乘船离开马尼拉，在距离加利福尼亚沿海还有两周航程时，他一共为92人主持了临终圣事，最终只有192人到达了阿卡普尔科。[46] 1755年，后来被英国人俘获的“至圣三位一体号”经历了一次可怕的横跨太平洋之旅。7月23日，“至圣三位一体号”从马尼拉起航，4天后，奥班多侯爵夫人（Marchioness of Obando）诞下一子，不久后，管事的妻子又生下一名女儿。但很快，这些喜讯便被悲剧事件所冲淡。12月9日，奥班多侯爵去世，两名因发烧变得神志不清的男子自杀身亡。2月1日，卡波圣卢卡斯圣何塞传教团（Mission San Jose）的耶稣会会士接待了200名前来求医的病人，他们都是刚到达当地的乘客。“至圣三位一体号”帆船上的435人中，有82人在海

上丧生，幸存下来的人已疲惫不堪。当他们抵达阿卡普尔科时，只有27人能自主站立。[47] 船员大量死亡是一种常见现象，其他国家的船队也不能幸免。1609年，皮拉尔德·德·拉瓦尔住进了果阿的皇家医院，他高度赞扬了这家医院，“所有的盘子、碗和碟子都是从中国进口的瓷器”，然而，该医院的医疗水平并不高。“每年，有1500多具尸体从这家医院抬出去，病人的数量更加不可计数。”葡萄牙大帆船到达果阿后，通常会给医院带来300多名病人。[48] 在巴塔维亚，从17世纪最后10年开始，船员死亡率一直在上升。斯塔沃里努斯评论说，1768年至1769年，共有27艘帆船来自欧洲，这些船上六分之一的水手都死在巴塔维亚。1782年，一支由10艘东印度公司商船组成的船队前往巴塔维亚，船队共2653人，其中1095人（占比43%）在到达好望角之前死亡，915名幸存者住进了医院。这些商船一停靠在巴塔维亚港口，就有小船把病人接上岸。18世纪80年代，巴塔维亚医院的每日就诊人数约为1000人，每年有2000名欧洲人病死在该医院。[49]

帆船为乘客和船员配备的主要食物包括饼干、咸肉和鱼干，以及活禽、猪和其他动物。杰梅利·卡勒里的船上就有来自阿尔拜的20头猪、500只鸡和大量水果。在航行的第一周，船员和乘客首先吃水果和蔬菜。显然，高级别和富裕乘客的饮食比普通船员的饮食要好，但随着时间的推移，即使是他们的饮食质量也会迅速下降。海上的长时间航行意味着食物匮乏，就算他们再有钱，也无法以高价买到更好的食物，口粮本来就已经很少的水手则更加缺乏食物。

当帆船离开马尼拉的时候，它们要用数千个陶罐和大型竹制容 133
器装载大量淡水。卡勒里写道：“这条航线上，习惯的做法是根据人数和帆船大小装2000罐到4000罐淡水。”这些中式瓦罐和大型竹制容器被放置在船底的压舱物之上。航行途中，若容器中的淡水使用完，就要把海水倒入其中，以保持船体平衡。其中很多瓦罐被挂在索具上，其余的则被储藏起来。有些帆船内置蓄水箱，经过高纬度的雨带时，船员们把雨水倒入蓄水箱中。18世纪，安森勋爵手下的书记官记录了帆船添加补给的方法：“他们带着大量席子出海，每当下雨时，船员把席子沿着船舷上缘斜着从船的一端排到另一端，下端放在一根劈开的大竹子上。竹子起到水槽的作用，将雨水输送到一个罐子里。”[50]在前往恩波卡德罗的路上，帆船可以重新补给淡水，水手们用淡水来煮米饭，“显然，这对他们来说是一种难得的享受，因为他们平时每天只能吃饼干、炸肉、鱼和其他主食，比如豆子”。[51]

在离开甲米地港之前，船上会给乘客分配住宿区、隔间或睡眠区域。杰梅利·卡勒里写道，水手长在航行期间为他提供了价值100比索的食物，他说：“通常乘客要付500到600枚八里亚尔银币的费用来购买舱位和食物，因为舱位费比食物费用高。”[52]水手们可以自己找地方睡觉。乘坐帆船的舒适度取决于乘客能付多少钱。木匠在帆船的艉楼和上下层甲板建造了平均面积为5英尺见方的船舱，乘客可以携带两个装有其个人财物和食物的行李箱。船舱里面还放了一张床，床上有床垫和床上用品。有钱人会带着各种食物上船，包括活母鸡和活猪，还有仆人给他们准备膳食；不那么富有的乘客则分到与船员同样的口粮，还要向船长支付一笔费用。在去往圣贝纳迪诺海峡的路上，起初船上会提供丰富的新鲜肉类、水果和蔬菜，但随着帆船航行得越远，饭菜就变得越单调，调味料也迅速消失。盐水煮鱼、提前油炸或煮熟过的水牛肉可能就是正餐典型的食物。船员们闲暇时间会捕些海鱼或海鸟，然后卖给乘客。卡勒里对船员的这种做法表示感谢："上帝保佑，在一个月的时间里，水手们都能捕到鲨鱼和金枪鱼。这些鱼肉既可煮来吃，也可烤着吃，给我们带来了些许慰藉。"[53]

134 船长、领航员和大副在艉楼里有自己的专属船舱。他们的食物质量更高，因为所有物资都是他们自带的。与乘客一样，下级军官住在较小的舱室，这些舱室位于一个封闭区域内。船员可以携带一个装随身物品的储物箱，在航行过程中，他们把储物箱当作桌子，用来吃饭和打牌。总的来说，由于船舱过于拥挤，船上的生活条件十分恶劣。1604 年，佩德罗·德·蒙特斯（Pedro de Montes）和他的 20 名耶稣会会士分到了 4 间舱室，其中 3 间为普通舱室，每间舱室长 10 英尺、宽 8 英尺，5 个人住在里面比较拥挤，第 4 间舱室则稍微大些。1625 年，胡安·德·阿吉雷（Juan de Aguirre）和他的同伴也分到了类似的舱室。舱室实在太小了，睡觉时，他们必须把脚搁在另一个人的头上才能挤进去。他们的舱室比蒙特斯的舱室更拥挤，因为他们必须把船上装饼干的箱子放在舱室内，以方便取用。"为了保持信教者的端庄和稳重"，大家睡觉时都不会脱下自己的衣服。很快，所有人都开始遭受体外寄生虫的折磨。[54] 杰梅利·卡勒里说："船上到处都是小寄生虫，西班牙人称之为'格罗霍'（*gorojos*）。它们以饼干为食，繁殖速度非常快。很快，它们不仅出现在所有舱室、床铺和人们吃饭的盘子上，还不知不觉爬上了人们的身体。”[55]给人们造成不适感的不止这些小生物，老鼠、蟑螂、臭虫和虱子都折磨着船上的每一个人。航行中根本没有洗澡的条件，用海水凑合着冲洗下身体是唯一的选择。洗衣服也同样有难度，而且几乎不可能洗掉虱子。船员的口粮里全是虫子和蛆。[56]卡勒里说：“大量苍蝇掉进盛肉汤的盘子里，里面还有好几种蠕动的虫子。”[57]

1767年2月27日，查理三世下令将耶稣会会士驱逐出其领地，包括菲律宾群岛，但由于突然刮起了台风，国王的法令无法及时实施。“圣卡洛斯号”帆船奉命把耶稣会的神父和教友送往墨西哥和西班牙。奥拉西奥·德·拉·科斯塔（Horacio de la Costa）引用了一位不知名的耶稣会会士的日记，讲述了自己经历的可怕遭遇。除了400名乘客外，“圣卡洛斯号”还运载了大量货物，因此，62名耶稣会教徒被限制在仅适合20人居住的舱室内。在海上航行了几天后，25名士兵挤进了耶稣会会士的舱室，因为他们“此前只能住在船上的露天区域，军官没有给他们分配任何住的地方”。他们的住所靠近猪和其他动物，每逢雨天，这些动物就与耶稣会会士和士兵们共处一室，“因此，一位神父突然发现自己的小床上多了3头猪，赶也赶不走，他只好自己离开了舱室”。他有些幸运，因为“另一只猪也爬到了教区大主教的床上，那只猪很肥壮，如果不是船上一名军官碰巧经过并用力把它拖下来，大主教恐怕早就被它压窒息了”。

当时，欧洲各国海军的船只上都会携带活的动物，这是一种很 135
常见的做法。[58]9月8日，距离马里亚纳群岛约100英里处，“圣卡洛斯号”遭遇了一场台风，几小时后，船上的所有桅杆被风吹断。

船舱开始进水，一些耶稣会会士协助船员用水泵抽水。“圣卡洛斯号”共有4名领航员，其中1名是丹麦人，另1名是英国人。“他们都发誓从来没有经历过如此狂暴的台风。”当“圣卡洛斯号”调头返回菲律宾时，又遭遇了另一场台风。10月22日，“圣卡洛斯号”载着精疲力竭的船员和乘客在甲米地港抛锚。两年后，即1769年，“圣卡洛斯号”将其中21名乘客带到阿卡普尔科，途中没有发生任何重大事件。[59]

1608年，西班牙颁布了一项法令，禁止帆船运载女奴隶，一旦发现违规行为，就在阿卡普尔科没收帆船。德·洛斯·里奥斯·科罗内尔曾写信给国王，称很多人无视这一新法令，还表示王室法令和大主教把违规者驱逐出教会的惩罚措施起不到任何作用。“许多水手和其他本应树立良好榜样的人把女奴隶纳作小妾。他认识一位著名的官员，身边常伴15名女奴隶：有些女奴隶为他生了孩子，另一些女奴隶当时正有孕在身。帆船抵达阿卡普尔科时，此事顿时引发了巨大的丑闻。”[60]葡萄牙的船只似乎遵循同样的习俗。一位历史学家称，“原来，这些帆船的军官才是罪魁祸首，似乎是他们把水性杨花的女人带到了印度”。女奴隶藏在帆船里，被带往葡萄牙。因此，葡萄牙“颁布了一些法规，禁止把她们带回里斯本，然而这些法规并未产生效力”。[61]

与女奴隶一样，外国人也被禁止乘坐帆船。少数驾驶帆船的外国人一般都是登记在册的高级船务人员，而且不领任何工资。1596年，意大利商人安东尼奥·卡莱蒂（Antonio Carletti）和他的儿子弗朗西斯科以外国人的身份登上了帆船，安东尼奥担任巡官（contable），弗朗西斯科则担任监护官（guard）。船长把他们的一部分钱留在自己船舱里。[62]一个世纪以后，另一名意大利人杰梅利·卡勒里也得以乘坐帆船旅行。

船上允许进行跳舞、戏剧和音乐等娱乐活动，但禁止任何形式的赌博。这一禁令对参与赌博的军官根本不起作用，或者说他们能通过一定手段从非法活动中获取可观的收益。多明戈·纳瓦雷特说，他乘坐洛伦佐·德·乌加尔德（Lorenzo de Ugalde）指挥的帆船旅行时，通过赌博赢了超过 1200 枚八里亚尔银币。

乌加尔德可能为赌客们提供了扑克牌，按惯例收取小费。[63]有 136
些人喜欢下棋、听别人念小说或讲述圣徒的生活。斗鸡则是船上另一种不太文雅的活动。在天气允许的情况下，水手们会跳进海里游泳，同时还要警惕鲨鱼的出现。船上会举行宗教仪式来纪念圣徒和其他宗教节日。若遇到危难和危险时刻，船上的牧师负责抚慰乘客，在必要时为乘客做临终祈祷。

返回马尼拉的旅程较为安全和愉快，整个航程持续 75—90 天。正如在马尼拉出发时那样，墨西哥城要为航行的成功举行祈祷仪式。帆船通常在 2 月份或 3 月份离开阿卡普尔科。费尔南德斯·纳瓦雷特说，“如果船只在 2 月份任何时候或 3 月初从阿卡普尔科起航，它们就能及时到达甲米地港，路上不会遇到任何危险”。[64]若船只在春季晚些时候离开阿卡普尔科，则可能会在马里亚纳群岛外遭遇恶劣天气，航行时间延长，船员也有染病的风险。1606 年，“圣埃斯皮里图号”上有 40 名乘客死亡；1642 年，“圣路易斯号”航行过程中有 80 人死亡。

当帆船向西横穿太平洋时，船只会缓慢航行到信风区，乘客们感到酷热难当。当他们到达北纬 12 度时，则会遇到一股凉爽且稳定的风，将帆船吹向平静的海域，水手称这片海洋为“淑女之海”。在关岛稍做停留并补充淡水和食物后，帆船继续前行，于 7 月初登陆菲律宾。多明我会修士纳瓦雷特和他的同伴乘坐一艘小型递送船前往马尼拉，该船由一位名叫安图内斯（Antunez）的葡萄牙领航员驾驶。在纬度较高的马里亚纳群岛，一艘土著人的船“来巴结我们，我们停下船，品尝他们带来的点心。这些岛屿的土著人想用点心来交换钉子和废铁”。土著人对硬金属确实有着持续的需求。[65]

帆船通常经由圣贝纳迪诺海峡进入或离开菲律宾，圣贝纳迪诺海峡恰好位于吕宋岛南端和萨马尔岛北部海岸之间。帆船在西南风季节到达圣贝纳迪诺海峡就会遇到问题，在这种情况下，帆船要一直等到风向改变才能出发。纳瓦雷特乘坐的递送船就遇到了西南风，大风把船吹向了海里。最终，这艘船靠近了一个安全之处，“船上的银器以及属于国王陛下和私人的其他货物都得到了保护”。传教士和其他乘客通过陆路抵达马尼拉。[66] 如果帆船在 6 月底抵达恩波卡德罗，季风可能会到来，“这个时候，如果进入那个由岛屿和沙洲组成的迷宫，无疑会招致毁灭性的后果。当地的潮汐和海流变幻莫测，还有很多漩涡”。[67]

137 唯一的选择就是等待风向变化，或者在帕拉帕格、兰庞或附近的安全地带过冬。1681 年，“圣安东尼奥号”在高纬度地区遇到大风，但帆船在没有遭受重大损失的情况下回到了菲律宾群岛，“这艘船运气不太好，没能到达甲米地港（这样的运气本就不常有），因为当地已经刮起西南风了，因此它只好停靠在索索贡港（Sorsogon）”。“布恩索科罗号”（*Buen Socorro*）则幸运地抵达了莱特省恩波卡德罗城外的帕拉帕格港。卡西米罗·迪亚兹提到了过去帆船无法顺利进港的先例，然后指出，“这些帆船在菲律宾群岛建造而成，但却很难进入甲米地港”。[68] 总督佩德罗·曼努埃尔·德·阿兰迪亚（Pedro Manuel de Arandia）（1754—1759 年在任）下令，如果这些帆船无法进入甲米地港，那就在甘马粦沿海的西西兰岛（Sisiran）过冬。[69] 只要马尼拉帆船能顺利进入恩波卡德罗，就可以向西北航行，穿越群岛，抵达马尼拉。[70]

帆船满载着白银和新移民归来，这足以让殖民地民众大肆庆祝一番。马尼拉变成了欢乐的海洋，城市的街道张灯结彩，教堂响起钟声。人们在教区总教堂和其他各处的教堂里做祈祷，感谢上帝保佑乘客安全归来以及生意顺利达成。

官员和水手

帆船的最高指挥官是总司令（captain general）。如果是两艘帆船，则其中一艘由总司令指挥，另一艘由提督（admiral）指挥。帆船上的职位都是明码标价出售的。事实上，殖民地总督有权力授予帆船的指挥权，这是最令人垂涎的礼物。总司令不是航海家，但他有权任命帆船的军官和船长。1769 年，勒·让蒂尔写道，总督向总司令拨款 4500 比索，用作航海支出。一般情况下，得到任命的官员数量多于航行所需的数量，这给菲律宾或墨西哥总督的朋友们提供了就业和致富的机会。据卡勒里估计，在 1636 年，一名船长可以从不同渠道获得 5 万到 10 万比索收入。马尼拉的商人会给船长酬金，船长还要对已登记货物和未登记货物分别收取 4% 和 5% 的佣金，墨西哥和秘鲁商人以及其他官员也会给他佣金。除了收取佣金以外，船长还会做私人投资，靠赌博赚取非正规收入。帆船上的高级军官也搜刮了大量油水，甚至连水手长在航行结束后也能成为富人。

138 帆船领导层的其他官员包括航海长和大副，前者有航海背景，后者是二把手，负责监督船只的日常工作，而且要具备航行技能。他从船长和领航员那里接收命令，然后向船员传达这些命令，担负着船舶管理方面的多重职责。在马尼拉，大副负责向船只提供设备和日常用品，他要维护商人的利益，监督货物的装载，负责制作法律文书，以及征收货物税和关税。帆船到达阿卡普尔科后，大副需支付关税和其他税款，负责将商品送到墨西哥合法所有者手里。大副要负责帆船的维护工作，确保船只适合航行。除了上述许多职责以外，他还要给水手预支工资，给领航员发薪水。

水手长是船上第四重要的官员。在乘务员的协助下，水手长的职责是保持船只清洁，监督烹饪和照明用火，并教导学徒和侍者遵守纪律。这些男侍者在 8 岁到 10 岁的时候就上船服役，他们负责记录时间，每半小时转动一次沙漏，以唱诗班的形式吟诵祷文。侍者还要每天吟唱圣诗《美好的一天》(*Good Day*)，在黄昏时吟诵其他祷文和基督教的主要教义。他们要执行水手和学徒下达的指令，在必要时给予帮助。学徒是受过训练的年轻水手，年龄为 17 岁到 20 岁。[71]

帆船上的职位包括会计、督察、公证人和白银管理员。督察主要负责管理船只的登记册，确保所有商品都登记在册；公证人担任商业交易和重要事件的合法证人；白银管理员负责管理前一年用货物换来的白银，同时还要管理专项资金。白银管理员是一个抢手岗位，候选人必须支付至少 3000 比索才能得到任命。显然，在帆船上任职的人都希望自己赚到的钱超过买官的费用和资金，包括给马尼拉和阿卡普尔科官员的贿赂金。

帆船的航行要在首席领航员的指挥下进行，但很多船只航行 139
时还要配备其他领航员。领航员是政府的高级雇员，拥有很高的威望。[72] 通常情况下，官方指挥官把船只的导航工作托付给首席领航员——“几名经验丰富的领航员是帆船航行的重要基础”。[73] 他们的专业知识源自个人长期积累下来的经验。由于当时航海用的精密计时器还没有发明出来，领航员无法确定经度，这导致地图的作用有限。到了 18 世纪 80 年代，航海日志才开始使用精密计时器记录每日经度读数。在暴风雨或多云的天气里，星盘毫无用武之地。为了到达目的地，领航员采用了“航位推测法”，即根据估算的速度、航行方向、自上次已知位置以来的航行时长，以及海上出现的各种迹象来计算船舶的位置。在这几百年里，西班牙和葡萄牙领航员受到了高度重视。1622 年，英国提督理查德·霍金斯（Richard Hawkins）指出：“在领航方面，西班牙人和葡萄牙人的技能确实独步天下。我的意思是，他们非常小心谨慎，这样的态度对航海而言至关重要。不仅仅是航海，他们在纪律和改革工作方面同样值得我们学习，希望我们能以他们为榜样。”[74]

当时，所有船队都很难招募到水手，印度群岛和太平洋航行中的高死亡率则使这一问题更加突出。由于缺乏有经验的海员，马尼拉的帆船只能雇用外国人，丹麦人、英国人、爱尔兰人、德国人和法国船员在许多帆船上服役。葡萄牙人赫罗尼莫·蒙泰罗（Geronimo Monteiro）就是一个很好的例子。1742 年，蒙泰罗被

“科文东加号”（*Covandonga*）俘虏，后来在这艘船上服役了 14 年。

时至近代，水手的名声不好。无论从声誉还是收入方面来看，他们都处于社会的最底层。西班牙人文主义者路易斯·维韦斯（Luis Vives）（1493—1540 年）称他们为“海洋的渣滓”（*fex maris*）。法国传记作家皮拉尔德·德·拉瓦尔在经历了漫长的海上旅行后总结道：“海上航行中的所有水手都是野蛮、残忍和粗鲁的恶棍，不懂得尊重别人。简言之，他们就是魔鬼的化身。”[75] 葡萄牙编年史学家迪奥戈·都·科托（Diogo do Couto）写道，水手“天生残忍、不人道”。在荷兰东印度公司的船队中，船员的名声也好不到哪里去，或许这是因为“对那些找不到其他工作、深陷绝望的人来说，进入东印度公司工作是最后一丝希望”。[76] 1677 年，荷兰东印度公司的一名员工称，水手们的“行为举止犹如野猪，他们抢劫、偷窃、喝酒、嫖妓，又如此厚颜无耻，并不觉得这些事情很丢人”。显然，他们的名声并没有随着时间的推移而变好。1751 年，一名乘客写道：“对商船上的水手们来说，诅咒、唾骂、嫖妓、声色犬马和杀人都只是小事一桩。”[77] 由于贫困和失业，欧洲男性纷纷加入水手的行列。

140 为了管理水手，帆船的管理者制订了严格的纪律。凡是有暴力行为和酗酒的水手都会受到严惩。亵渎神明的行为被视为冒犯上帝的重罪，有可能会导致上帝不再保护帆船，给船上的所有人带来可怕的后果。第一次犯亵渎罪者要戴 15 天镣铐，堵住嘴，只能吃面包和喝水；若再犯，则用烧红的烙铁刺穿罪犯的舌头。[78] 这几百年间，死刑、船底拖拽、把罪犯的手钉在桅杆上、鞭打和用镣铐禁锢罪犯是船队常见的惩罚手段。

16世纪和17世纪，一艘帆船大约需要100名船员；到了18世纪，这一数字增加至150名到250名。官员和技术熟练的水手来自墨西哥或西班牙，其余船员大多是菲律宾人，偶尔还有华人水手。菲律宾水手和西班牙水手的人数比例通常为5∶1。[79]一些返回墨西哥的西班牙人应征成为海员，以节省前往马尼拉的1000比索和前往阿卡普尔科的1500比索。来自吕宋岛内陆的菲律宾人不适应海洋生活，但当船队缺少可用的海员时，还是征用了这些菲律宾人。德·洛斯·里奥斯·科罗内尔写信给西班牙国王，要求在船上服役的菲律宾人必须是沿海土著人，因为他们都是出色的水手。他指出，在纬度较高地区，很多土著人死于严寒，必须要给他们提供衣服。“每天黎明时分，总有三四个菲律宾人被冻死。此外，他们受到了非人道的待遇，没有任何生活必需品，死于饥饿和口渴。”[80]1620年，西班牙制定了一项法律，规定必须向菲律宾土著人提供足够的衣服和食物，船员也要善待菲律宾人。尽管如此，菲律宾人获得的口粮大约只有西班牙水手口粮的一半。航行即将结束时，食物减少，饮用水质量变差，最受罪的仍是菲律宾人。18世纪下半叶，另一位教会官员莱昂德罗·德·比亚纳（Leandro de Viana）赞扬菲律宾人身手灵活，善于操纵风帆，他们很快就学会了西班牙人的航海术语，掌握了指南针的使用方法：“因此，这条贸易路线上多了一些技能熟练、敏捷灵巧的舵手。”“他们被迫留在船上，无法逃离”，但作为士兵，他们精神饱满，英勇无畏。[81]菲律宾人遭受的非人待遇和薪水微薄，使他们在工作中喜欢开小差或不愿参加战斗除非是受到上司的严正威胁。在近代，很多船员来自不同民族，这种现象很常见。在往返于果阿、澳门和长崎之间的葡萄牙帆船上，除了军官、士兵和炮手外，大多数水手都是非洲奴隶和亚洲人。1792 年，荷兰东印度公司返回欧洲的船队抵达好望角，船员中有 233 名摩尔人、101 名爪哇人、504 名华人水手以及 579 名欧洲人。[82]

141 1589 年，总督圣地亚哥·德·维拉在给菲利普二世的信中表示，给水手发工资的钱必须从墨西哥寄出，“薪水有时候没到位，有时候不知所踪，导致水手活活饿死。水手们往往出工不出力或开小差”。[83] 很多菲律宾水手与墨西哥妇女结婚，并在墨西哥的格雷罗州（Guerrero）和附近地区安家。例如，在 1618 年乘坐“圣埃斯皮里图号”离开马尼拉的 75 名菲律宾人中，只有 5 人返航。帆船抵达墨西哥后，当地土著人就雇用菲律宾人来教他们制作棕榈酒。很快，这种烈性饮料在墨西哥人当中流行起来，开始与西班牙产的葡萄酒竞争。

17 世纪，船员被长期拖欠工资，有些船员的工资甚至被拖欠了 15 年之久，还有些水手和士兵只拿到了国库券作为薪水。马尼拉高级官员的仆人以小部分券面价值购买这些票券，但兑换时，他们将获得全额偿付。阿卡普尔科的西班牙王室官员竭尽所能榨取新进水手的利益。1635 年，塞巴斯蒂安·乌尔达多·德·科尔古埃拉（Sebastian Hurtado de Corcuera）向国王建议采取以下付款方式：

> 凡是西班牙普通海员，无论在什么地方工作，每年工资为 100 比索，且每月可领 30 甘塔（*ganta*）（约 6.72 公斤）大米作为补贴……在任何地方工作的印度群岛普通海员每年工资为 48 比索，且每月可领取 15 甘塔（约 3.36 公斤）大米作为补贴。[84]

60年后，即1697年，卡勒里指出，西班牙普通海员工资达100比索甚至更多，当地人的工资则只有48至60比索。为了补贴工资，政府每月还给海员配发大米，但土著人的收入永远比西班牙人少。

帆船需要配备大批士兵去保护船上人员。这些士兵受通常由步兵中尉担任的军事长（war captain）领导，军事长还负责维持船上的纪律。很多士兵都是菲律宾人，17世纪，一些日本人也应征入伍。炮手长（master gunner）负责管理火炮和指挥炮兵。为了使帆船在航行过程中完好无损，政府雇用了一些技术熟练的工人，包括技艺高超的木匠、修帆工、潜水员、船缝填塞工、铁匠和制绳工。

除了官员和水手外，帆船上还有从马尼拉买来的奴隶。葡萄牙和 142
亚洲商人继续从事奴隶贸易，从非洲、印度、东帝汶和东南亚其他地方源源不断地运来奴隶。1672年，马尼拉当局禁止奴役亚洲人，然而这种做法屡禁不绝。在18世纪的韦拉克鲁兹，当局要求一群耶稣会会士释放20名亚洲仆人。[85]这些修士在到达阿卡普尔科后，往往会把自己的奴隶卖掉。卡勒里发现阿卡普尔科普遍存在有非洲血统的人，他还在那里以400比索的价格出售了一名非洲奴隶。[86]

阿卡普尔科

当陆地出现在视线内时，船员便大肆庆祝（*Fiesta de las señas*），"人们唱着《感恩赞》（*Te Deum*），用鼓声和号角声相互祝贺，仿佛我们就在自家的港口，然而当时我们距离它还有700英里"。[87]帆船即将到来的消息永远带着一定程度的不确定性，因为它可能是敌国的船只。不过，当信使从沿海带来信函时，墨西哥城的民众便开始祷告。“城里响起欢快的钟声，直至第3名信使从阿卡普尔科赶来，带来总督对停泊在港口的中国帆船的意见书。”当舰队到达大西洋沿岸的韦拉克鲁兹时，当地也举行了类似的庆祝活动。[88]

帆船驶入阿卡普尔科港后，船员用缆绳把它绑在岸边一棵粗壮的树上。港口的第一批官员登船，对其进行初步检查，然后，帆船和圣地亚哥堡（Fort San Diego）同时鸣放礼炮。在阵阵礼炮声中，圣母雕像被送到教区教堂。1696年，杰梅利写道：“在这场不可思议的航行中，尽管很多人遭受了可怕的折磨，但出于对利益的渴望，他们愿意三番四次地冒险。”从甲米地港出发时，水手们只收到了75比索，要得到剩余工资，他们就必须返回马尼拉。

卡勒里计算了他所乘坐帆船的收益。商人的利润在150%—200%，代理人可获得商人收入的9%，“以金额计算，相当于20万或30万枚八里亚尔银币”。除了工资以外，帆船的官员可获得可观的额外收入。“每次航行时，船长、大副和水手长都可能会夹带几包货物，他们靠这些货物大发横财。”船长伊曼纽尔·阿圭列斯（Emanuel Argulles）得到了2.5万枚至3万枚八里亚尔银币佣金，一名领航员赚了2万枚八里亚尔银币佣金，几名大副则每人获得了9000比索。向国王缴纳的关税达8万比索，“包括送给总督的礼物”。[89]

143 到达阿卡普尔科时，杰梅利对这座城市并不感兴趣，将其描述为一个简陋的渔村，渔民住在低矮的土坯房里，屋顶铺着稻草。他还提到了位于阿卡普尔科东南部的埃尔马克斯港（El Marques），来自秘鲁的船只停靠在港口，卸下可可豆和其他违禁商品。阿卡普尔科唯一的优势是它的深水港，其入口被洛克塔岛（Isla de la Roqueta）分成两条航道，最大的一条航道叫“博卡格兰德河”（*Boca Grande*），是大帆船进出阿卡普尔科的通道。1615年至1616年，信仰天主教的荷兰工程师阿德里安·布特（Adrian Boot）在当地建造要塞保护港口；到1618年，圣地亚哥堡有了驻军和火炮。市政府由一名西班牙市长管理，其职责包括维护要塞、管理城市、收税，以及监督与帆船相关的所有事务，包括开办集市。

帆船到达港口时，市长和财政部官员立即登船审核船只的登记册。登记册上记录了商品的数量、性质以及待售奴隶数量。财政部官员接收马尼拉的王室官员签发的文件、船员和乘客名单，以及航行途中死亡人数的记录。检查完成后，乘客下船，货物卸载至皇家仓库后政府再检查一遍船只，看是否藏匿了走私货物。最后，修船师和木匠对帆船进行修理，为其返回马尼拉做好准备。

阿卡普尔科炎热的天气令人不堪忍受。17世纪中叶，多明戈·纳瓦雷特修士写道：“气温高得要命……因此，每逢当地雨季（西班牙是夏季），除了黑人、部分穷人和士兵之外，所有人都离开这个国家，去气温更适宜的地方居住。”食物和日常物资自远方而来，价格高昂。纳瓦雷特是一位经验丰富的环球旅行家，他说：“我去过那么多地方，从未见过哪个国家的物价如此之高。”例如，教区牧师从政府领取薪水，但光靠主持基督教仪式，一年就能挣1.4万枚八里亚尔银币；卡勒里也给出了同样的数字，并称牧师的官方工资只有180比索。要塞的指挥官举办葬礼，牧师开价500比索；在1696年，一位富有商人的葬礼要花费1000比索。阿卡普尔科生活成本过高的另一个例子则是供水业务，黑人控制了当地淡水的供应。前往马尼拉之前，为了带上足够的淡水，纳瓦雷特花了36比索：“黑人垄断了这个行业，一切业务必须按照他们的意愿进行。”[90] 1696年，他们每天可挣1比索。

144 帆船到达后，“阿卡普尔科立刻变成了一个国际贸易中心”。[91] 一年一度的集市通常从1月中旬开始，一直持续到2月底，各色人等都会参与交易。从经济角度来看，交易的最重要参与者是来自墨西哥城和秘鲁的商人。墨西哥人从没有铺石砖的骡道到达港口，称为“中国大道”（The China Road）。卡勒里还写了一些文字，提到了当地住宿环境肮脏、食物短缺、不适合旅行等。他虽然能自行游过帕帕加约河（Papagayo River），但到了冬天，旅行者必须坐在用空心南瓜做成的筏子上，依靠土著人在对岸拉过去。一百年前，卡莱蒂也描述过渡河的过程：“我们坐在一堆由藤条织成的网绑在一起的厚厚干葫芦上面。我们把马鞍放在上面，马自己游过河……然后，葫芦筏子4个角各有一名印第安人，一边游泳，一边推着筏子过河。”当地人还用类似的筏子横渡墨西卡拉河（Mexicala River）——又称为巴尔萨斯河（Rio de las Balsas）。[92]

有时候，帆船返回马尼拉的日期临近，马尼拉商人只能被迫以较低价格出售剩余商品。墨西哥人得知这些情况后，便想方设法拖延讨价还价的过程，尽可能压低货物价格。如果秘鲁商人带着大量白银来谈生意，马尼拉商人就比墨西哥人更有底气。美洲殖民地商人购买亚洲商品的另一种方法就是直接前往马尼拉采购，而不是通过菲律宾的中间商。1686年，墨西哥和秘鲁的商人前往中国，希望与中国建立直接贸易联系，并给中国丝绸织工留下了织物样品。[93] 卡勒里见证了秘鲁商人带着200万比索到马尼拉购买中国商品的过程。墨西哥商人带着银币和商品从新西班牙来到马尼拉，船队运载商品前往韦拉克鲁兹，在阿卡普尔科把货物卖给秘鲁商人。帆船运来的大部分货物在墨西哥销售；另一部分被运往加勒比和南美洲市场；最后，船队将丝绸、棉花和瓷器运往欧洲。

第六章　航线经济

“出于对白银的渴望，中国人为世界经济开创了一个商业时代。”为了论证自己的观点，货币历史学家弗兰克·斯波纳（Frank Spooner）引用了一封1586年佛罗伦萨商人的信函，“如果没有这种渴望，西班牙八里亚尔的价值就不会像现在这样高。在亚洲各国人民当中，唯有中国人对白银无比狂热，其程度不亚于世界各地民众对黄金的渴望”。[1] 各大洲都采用白银作为结算商品，使欧洲国家能够在利润极高的亚洲市场上进行贸易。正如菲律宾总理事胡安·格劳·蒙法尔孔所说的那样，“在亚洲和东方地区，上帝创造出一些人们视若珍宝的东西。它们是这些地区特有的产品，只出现或出产于当地，因而被世界其他地区的民众所追捧”。[2] 从16世纪开始，直到英国工业革命之前，亚洲人用香料、棉花、丝绸、茶叶和瓷器交换白银，从根本上改变了贸易的基本结构。[3]

16世纪，白银在明帝国的市场价值是欧洲市场的两倍。白银和黄金（金银复本位制比率）的相对价格关系非常显著，“从1592年到17世纪初，在中国广州，黄金与白银的兑换比率为1∶5.5至1∶7；而在西班牙，该比率为1∶12.5至1∶14。白银在中国的价值是西班牙的两倍”。[4] 在波斯，黄金兑换白银的比率是1∶10；在印度，该比率是1∶8.5。[5] 从理论上讲，商人可以用1盎司黄金从阿姆斯特丹购买11盎司白银，然后把白银运到中国，用11盎司白银兑换大约2盎司黄金。在东印度群岛任职30年的葡萄牙人佩德罗·德·贝萨积极推动了新西班牙与中国的金银贸易。1609年，贝萨称，“从中国带来的黄金可赚取超过75%或80%的收益”。[6] 这种兑换价格差将持续数十年，直至中国的白银价值与世界趋同。[7]用莱加达的话说，“对于从事外汇交易的人来说，这就是有差距的套算汇率。套利所带来的利润是惊人的”。[8]

146 与贝萨同时代的商人敏锐地意识到了这些机遇，马尼拉帆船开始从事金银套利交易。这些船只带着白银到中国购买货物，但也携带了相当数量的黄金返回阿卡普尔科。“圣安娜号”所运载的货物就是一个很好的例子，该船于 1587 年被托马斯·卡文迪什俘获。18 世纪，一位在菲律宾旅行的法国人纪尧姆·雷纳尔（Guillaume Raynal）写道：“卡文迪什在驶往墨西哥的帆船上发现了多达 65.8 万里弗的黄金。”[9]通往中国的太平洋航线成为西班牙进入中国市场的唯一方式。新西班牙和秘鲁等美洲教区的商人与来自亚洲的商人在马尼拉进行贸易，从而避免了与欧洲中间商的竞争。雷纳尔指出，通过太平洋航线运送白银的好处就是“西班牙人直接把白银从美洲运往菲律宾，节省了关税、时间和保费。虽然他们提供的白银金额与敌对国家相同，但实际上他们能以更便宜的价格购买黄金”。[10]

在这个全球商业网络中，马尼拉是太平洋航线上的关键环节。起初，墨西哥总督对这个新定居点兴趣不大，因为马尼拉唯一盛产的香料是肉桂，而且马尼拉的土著人社会被商人视为落后的市场，无法进行有利可图的贸易。莱加兹皮手下的军官胡安·巴布罗·卡利翁（Juan Pablo Carrion）眼光独到地看出了马尼拉的潜力，他提出：“在与中国和印度群岛其他地区建立贸易关系之前，我们不能指望从这些岛屿获利。”菲律宾殖民地第二任总督古伊多·德·拉维萨雷斯（1572—1575 年在任）从马尼拉发回了一份充满乐观情绪的报告，他在报告的末尾总结道：“马尼拉是通往许多伟大国家的门户。”[11]时间证明了他的观点是正确的。在通往中国、日本、印度和东南亚地区的贸易路线中，马尼拉占据着得天独厚的位置。17 世纪末，杰梅利·卡勒里写道：“造物主把马尼拉置于东西方富裕国度的正中间，我们可以把它视为世界上最伟大的贸易场所之一。”[12]

据说，1573 年，“两艘来自西印度群岛的帆船”抵达西班牙， 147
带来了大量货物，包括丝绸、棉花、蜡、肉桂、黄金和“22300 件镀金的瓷器和其他种类的瓷器”。此外，“菲律宾群岛还给国王和王后陛下进献了许多珠宝和金冠，还有丝绸、瓷器、贵重的大型陶罐，以及酋长们为了表忠心而送来的其他贵重物品”。[13]欧洲贵族喜好收集中国瓷器，菲利普二世就拥有大约 3000 件瓷器。为了扩大自己的收藏，菲利普二世委托中国匠人制作一些经典的明朝青花瓷花瓶。景德镇的烧窑工用卡斯提尔-里昂王国的盾形纹章装饰花瓶，这些纹章大概是从一枚八里亚尔银币上复制而来的。[14]由大帆船运送商品的做法一直没有什么改变，直到这条航线的生命结束。

1574 年至 1575 年，前往马尼拉的中国帆船数量从 6 艘增加到 12 艘至 15 艘，至少翻了一番。到了 1576 年，两地间的贸易关系已经稳固，中国的帆船经常停靠在马尼拉的港口。墨西哥商人开始在岛上定居，为当地带来了开展贸易所需的知识和资本。从那时起到 18 世纪，马尼拉大帆船和中国帆船的往来航行决定了菲律宾的经济生活。在历史上，从来没有哪个国家的航线能产生如此决定性的影响（很多国家只有一艘船只）。实际上，帆船是菲律宾殖民政府官员、士兵、修士和商人前往马尼拉的唯一手段。来自亚洲的商品、来自墨西哥与秘鲁的白银、植物、病菌和思想通过这条航线穿越太平洋。卡西米罗·迪亚兹将帆船描述为“传递血液和生命的动脉，维持了这些孤立岛屿的现状。岛上的白银就像一块磁石，吸引着最遥远国度的商人前来从事商业和贸易活动”。[15]

马尼拉是一个转口港，菲律宾商人在亚洲生产者和美洲总督辖区之间扮演着中间商的角色。一名西班牙官员指出，“西班牙人之所以来到菲律宾群岛，主要动机就是从与新西班牙的贸易中获利。为此，他们不但忍受漫长而痛苦的航行，还要冒着倾家荡产和丧命的风险”。[16] 尽管旅途艰难，但商人的生活还是相当轻松的。据 1595 年至 1598 年在马尼拉工作的安东尼奥·德·摩尔加称，购买商品、准备好所有必要的文书以及打包行李和箱子等工作不超过 3 个月时间；而 200 年后，整个过程只需两个月。[17] 1598 年，为了使马尼拉在中国市场上发挥更积极的作用，菲律宾总督弗朗西斯科·特略派遣胡安·萨姆迪奥（Juan Zamudio）前往中国进行谈判，希望明朝政府批准开放中国的一个港口，作为商业活动的前哨站。中国官员把广州附近的崖山（El Pinal）划为西班牙人定居点。时任马尼拉检审庭庭长的摩尔加支持西班牙在中国建立飞地，这不仅有助于防止大量中国人在马尼拉定居和控制物价，还有助于每年向中国派遣帆船。然而，中国澳门附近的葡萄牙人坚决反对这样做，当时统治西班牙和葡萄牙的国王也不支持该方案，因为他要促进西班牙和葡萄牙的团结，以对抗荷兰。

148 马尼拉的商人从各个地方收集商品，比如从印度进口棉花。在18 世纪，棉花是一种重要的出口商品，仅次于中国的丝绸。此外，马尼拉商人还收集中国产的瓦罐和瓷器与日本的货物，来自波斯的地毯，来自马鲁古群岛、爪哇和锡兰的丁香、肉豆蔻种衣、胡椒和肉桂等香料，以及包括硼砂、樟脑、薄荷和麝香的18世纪常见“药物”，还有茶叶和雪茄。帆船还运来黄金、珠宝，以及已切割或未切割的宝石。从亚洲进口此类货物违反墨西哥殖民地法律，但商人通常会想方设法规避法律。1767年，阿卡普尔科的官员没收了数百枚戒指和其他镶有钻石和红宝石的珠宝，以及贵重的耶稣受难像、圣骨匣和玫瑰念珠，包括一个装饰有8颗宝石的十字架。同年，“圣卡洛斯号”的9名水手用自己的置物箱装了8万把女性用的梳子。[18]来自菲律宾的织物在墨西哥市场身价倍涨，包括宿务岛的棉纱片、伊罗戈斯的棉布，整个菲律宾群岛都出产的亚麻布、桌布、床罩、棉袜和吊床。一般来说，为了鼓励岛民生产商品，这种本地生产的产品都不征税。然而，“丝绸制作工序以及各种织造方式和图案，都是丝绸产品最具价值的东西”。马尼拉帆船带来的中国丝绸可用作餐巾和桌布，或用来制作连衣裙和手帕。从加利福尼亚到智利，各教区、教团和女修道院所用的贵重祭服都是用丝绸制成的。丝袜非常受欢迎，每艘帆船都会带来大量丝袜。有一次，一艘帆船运来了5万多双丝袜。中国商人意识到亚洲产品在新西班牙有多么受欢迎，他们很快就适应了变幻莫测的市场，巧妙地仿制出客户喜欢的设计。1703年，墨西哥城理事会在中央广场——又名索卡洛广场（*Zocalo*）启用永久设施，搭建了一个名为“涧内”（*Parian*）的市场，与马尼拉的华人聚居区涧内同名。涧内商店所出售的商品皆由帆船进口，靠出租这些商店，市政府每年都赚取到可观的收入。[19]

在帆船贸易中，教会通过慈善基金团体发挥了关键作用。这 149
些慈善基金团体由商人和牧师资助，并受高级平信徒监督。慈善基金团体的主要职责是支持菲律宾的慈善工作，它们的储备资金达数百万比索。仁慈兄弟会（Brotherhood of Mercy）是最著名的慈善基金团体，它仿照埃莉诺女王（Queen Eleanor）于1498年在里斯本建立的兄弟会。“圣胡安·德·迪奥斯”（*San Juan de Dios*）和圣弗朗西斯第三教士团（Tertiary Order of San Francis）等教团以及其他不太出名的兄弟会都属于慈善基金团体。除了发挥慈善组织的作用之外，这些团体还充当商业银行和海运保险公司，帮助人们将遗产转移给远方的继承人，并在专项资金未到账或紧急情况下向政府提供无息贷款。慈善基金团体的资金可贷给富有的商人和小商贩，凡从事阿卡普尔科贸易的商人，贷款利率为20%至50%；从事中国贸易的商人，贷款利率为12%至18%；前往印度做生意的商人，贷款利率为16%至22%。[20] 贷款利率取决于商人的信誉、阿卡普尔科市场的经济前景、帆船遭遇海难的可能性和被敌人俘虏的可能性。如果墨西哥白银丰收或产量大幅提升，又或者秘鲁船只在阿卡普尔科靠岸，当地对亚洲产品的需求就会增加。通常情况下，商人从慈善基金团体借的钱是投资帆船所需资金的两倍，以防在付不起下一年度本金的情况下，还有足够的准备金来偿还贷款利息。为了抵消海难带来的损失，商人可以把剩余贷款投资于另一艘帆船，以偿还慈善基金团体的债务，继续开展贸易。倘若商人不履行还款义务，就会失去获得贷款的机会，被禁止从事帆船贸易。有些投资者能够在墨西哥以25%的利率借到贷款，然后在马尼拉以40%或50%的利率偿还慈善基金团体的债务。[21]

中国人善于包装丝绸，以最大限度地扩大装运空间。他们把丝绸紧紧地捆扎起来，使其免受海水和昆虫的侵蚀，外面再裹上较便宜的商品，便于向官员隐瞒货物的真正价值。在出发前往太平洋前，船员把非法物品塞入货物里。每艘帆船的货舱都装满货物，其他箱子和成捆的物品阻塞了通道、船舱和甲板。一捆捆商品占用了日常必需品的空间，还塞满了火药库。把枪炮存放在船舱里是一种短视的解决方案，此举虽然增加了储物空间，但也意味着在帆船与敌人相遇时，船员无法及时拿到武器。举个例子，“至圣三位一体号”配备了 60 门火炮，但与英国战舰相遇时，只有 10 门火炮就位，导致作战失败，被英国人俘获。有时候，帆船会用绳索拖拽木筏，木筏上放着用防水材料捆扎起来的货物。通常帆船出海时，船上未配备航行困难时所需的备用帆桨，也没有准备 7 个月航行所需的水和食物。有好几次，帆船不得不返回马尼拉，卸下多余的重物。有时候，帆船甚至因为负重过大而沉没。墨西哥总督蒙特雷伯爵（Count of Monterrey）将 1600 年“圣玛格丽塔号”和“圣赫罗尼莫号”的沉没归因于货物超载。

在帆船贸易的头几年里，马尼拉不对货物征收任何关税。后 150
来，菲律宾总督迭戈·龙基略制定了 3% 的进口关税。1606 年，关税比例增加到 6%；到了 1714 年，关税增加到 8%。1760 年以后，关税税率有所降低。为了给马尼拉建造城墙筹集经费，戈麦斯·佩雷斯·达斯马里尼亚斯开始征收出口税，但在城墙完工后，王室下令停止征收出口税。西荷战争期间，西班牙政府征收出口税，每年收入超过 7500 比索。大部分货物税是在墨西哥征收的。太平洋航线开通的最初几十年里，抵达阿卡普尔科的帆船要为每吨商品支付 12 比索的货物税。1586 年，这一税额上升到 45 比索。5 年后，西班牙王室颁布一项法令，规定按商品价值征收 10% 的货物税。菲律宾总督拉古纳侯爵（Marquis de la Laguna）（1680—1686 年在任）

用 74000 比索的统一税取代了此前按货值征收的税额。1720 年，菲律宾颁布了一项普通法，对贸易税收进行重整，将统一税增加到 100000 比索。1734 年，多项法规将先前的税收恢复为从价税，税率上升至 16% 左右。1776 年，合法商品的税率降至 9%。令人惊讶的是，非法商品的税率为 16%，这表明非法贸易已司空见惯。阿卡普尔科当局还要对货物征收其他费用，比如帆船保护税（*averia*）和一种被称为“海军税”（*almirantazgo*）的小额税种。帆船从阿卡普尔科抵达墨西哥城时，商品需支付商业税（*alcabala*），这是一种销售税，税额为货物价值的 6%。货物税的收益被返还给马尼拉财政部，以支持西班牙对菲律宾群岛的管理。上述所有数据都验证了维拉·巴尔德斯·拉考斯基的说法，即帆船贸易所产生的税收总额是很高的；同时，也证明了菲律宾群岛是西班牙王室的一个收入来源，而非一门亏本生意。[22]

马尼拉至阿卡普尔科航线开通后的头 50 年里，每年都有两艘帆船横跨太平洋，后来慢慢变成了每年一艘帆船，鲜有例外。建造和维护两艘船的费用太高，1726 年和 1734 年的法规均提及菲律宾每年只向阿卡普尔科派遣一艘帆船，说明这种做法早已有之。

151 帆船若在离开菲律宾时遭遇敌人就会陷入危险境地，因为它们的枪炮通常存放在船舱里。在战争时期，为了给新西班牙沿海的帆船提供保护，武装船只会护送它们靠岸。在菲律宾，武装船只时常迎接到来的帆船，陪同它们穿过圣贝纳迪诺海峡，抵达甲米地港。17 世纪下半叶，耶稣会会士弗朗西斯科·科林实施了篝火警报系统，向抵港帆船发出信号，提醒其周边海域存在敌船；墨西哥沿海陆地和塞德罗斯群岛（Cedros Islands）上的灯塔也发挥着同样的作用。

马尼拉帆船到达阿卡普尔科后，船身要加以修补，并准备好接收乘客和装载货物。返航帆船所携带的最重要的物品就是商人在阿卡普尔科集市上出售货物所得的白银。白银管理员负责监管这些白银，其职责是看守装有银币的箱子，出示相关文件，显示马尼拉还有哪些托运人的欠款尚未结清。除了白银以外，帆船运回马尼拉的商品通常包括产自瓜亚基尔（Guayaquil）（瓜亚基尔如今是厄瓜多尔的主要港口）的可可豆、产自瓦哈卡（Oaxaca）的一种胭脂红染料、产自西班牙的食用油，以及葡萄酒和其他少量商品。返回马尼拉的乘客总是少于前往阿卡普尔科的乘客，其中包括王室官员、新上任的总督及其家人和随从、来自墨西哥和秘鲁的修士和商人、来自新西班牙的囚犯和流放者。大批士兵也会随船同行。1590 年，戈麦斯·佩雷斯·达马里亚纳斯总督率领一批经验丰富的步兵前往马尼拉；1602 年，佩德罗·布拉沃·德·阿库纳总督也带领士兵赴任，此时西班牙与荷兰激战正酣。大多数士兵都不是自愿前往菲律宾的，墨西哥政府很难集结到所需的兵力。很多新兵害怕菲律宾的天气，在阿卡普尔科港集结之前就开了小差。还有些士兵则采取极端措施，比如 1667 年，“康塞普西翁号”上绝望的士兵发动兵变，想夺取船只的控制权。10 年后，也就是 1677 年，凡是自愿入伍的罪犯都得到了赦免，还能领取 125 比索的年薪。尽管有这些优惠待遇，但也只有少数罪犯愿意入伍。菲律宾殖民历史学家卡西米罗·迪亚兹提出了一种观点，即在 1678 年，乘坐“圣安东尼奥号”帆船抵达菲律宾的胡安·德·巴尔加斯（Juan de Vargas）总督带来的士兵是菲律宾史上战斗力最强、数量最多的增援部队之一；士兵总数超过300人，他们都是来自新西班牙的欧洲人，既没有背负罪犯的污名，也不是刚从监狱里放出来的囚犯。[23]

152 除了航行风险之外，帆船还可能会遭遇敌舰的攻击。英国人曾在战斗中俘获了四艘马尼拉帆船。1587年，托马斯·卡文迪什俘获了“圣安娜号”；1709年，伍德斯·罗杰斯（Woodes Rogers）俘获了“恩卡纳西翁号”（*Encarnacion*）；1743年，海军准将安森俘获了“科瓦东加号”（*Covadonga*），随后，海军上将科尼什（Cornish）俘获了“至圣三位一体号”。“圣安娜号”的被俘充分说明了传统帆船贸易的特点。“圣安娜号”未预料到自身会遭受攻击，船上根本没有配置任何火炮。发起攻击的英国船只“满足号”（*Content*）和“欲望号”（*Desire*）尺寸比“圣安娜号”小得多，无法装载从“圣安娜号”上掠夺到的全部货物。为了腾出空间，他们把190多名西班牙和菲律宾船员留在海滩上，但即便如此，这两艘船仍然无法为抢来的货物创造出足够的存储空间。卡文迪什留下了两名日本水手、三名来自马尼拉的船员、一名熟悉中国的葡萄牙旅行者，以及一名“圣安娜号”的西班牙领航员。英国人抢走了所有黄金（价值约12.2万比索）和各种丝绸、香料、葡萄酒与各类物品，然后烧毁了“圣安娜号”帆船以及他们带不走的一切东西。1588年，在一封题为《马尼拉检审庭致菲利普二世公函》（*Letter from the Manila Audiencia to Felipe II*）的信件中，法官们指出，“这是菲律宾群岛发生的最不幸事件之一。据估计，算上‘圣安娜号’此次航行所吸引的投资额及其携带的珠宝和黄金，若船上货物在墨西哥出售后，收入可达200万比索”。[24]

1569年，一名西班牙外交官从英格兰向菲利普二世发送了一份报告，内容涉及卡文迪什抵达英格兰时发生的几件事。英国王室在格林尼治迎接胜利归来的“欲望号”帆船，“每名水手的脖子上都戴着一条金链子，船上的风帆用蓝色锦缎制成，军旗则用金色和蓝色的丝绸制成”。如此多黄金突然出现在伦敦货币市场，其影响相当之大。“卡文迪什必定带来了大量财富，他们正在创造一批新的富人，这里的黄金也比以往任何时候都更加便宜。4 个月前，1 枚西班牙皮斯托莱特金币（pistolet）可兑换 12 八里亚尔和 11 马勒威迪铜币；而现在，1 枚皮斯托莱特金币价值不超过 12 八里亚尔和 24 马勒威迪铜币，因为这里有大量的黄金。”[25]

纺织品和大帆船 153

与帆船运输的其他货物相比，中国纺织品的较低价格使得其在美洲市场获得较高回报。菲律宾群岛的西班牙殖民者要求土著人像新大陆居民那样穿衣服，这意味着土著居民要有钱买丝绸和棉布制成的服装。殖民地当局写信给国王，抱怨说：“以前，中国人靠出口布料从菲律宾群岛赚走了 3 万比索，而现在，由于土著人在穿衣方面的混乱和无节制行为，中国人从陛下的王国赚走了 20 万比索。”[26] 如果说穿衣政策导致了这种后果，那么，同样的政策在美洲形成了更高的纺织品需求，这种需求反映在新西班牙丝绸制造业的转变上。1579 年以后，大量丝绸运抵阿卡普尔科，墨西哥丝绸文化因此开始衰落。与此同时，大量中国纱线运抵墨西哥城、普埃布拉和瓦哈卡，使当地丝绸制造商受益，他们总共雇用了 1 万多名工人。[27] 墨西哥制造的丝绸产品大部分出口秘鲁。1594 年，利马的一位西班牙官员写信给菲利普二世，解释了个中缘由："一个男人宁愿花200雷亚尔给他的妻子买中国丝绸，也不愿意花200比索购买西班牙产的丝绸衣服。"[28]王室的一名官员对比了马尼拉和秘鲁总督辖区首都利马的丝绸商品价格，并计算出1620年至1621年，丝绸产品的利润约为200%。例如，马尼拉的生丝价格为每担200比索（1担重量约为60.47公斤，即133磅），利马的生丝价格则为每担1950比索。相比之下，在菲律宾群岛，1担广绫①价格为5比索；而在利马，1担广绫售价可达50比索。[29]1718年，西班牙王室禁止帆船运载丝绸，新西班牙总督、后担任印度群岛理事会会长的巴尔塔萨尔·德·苏尼加（Baltasar de Zuniga）却拒绝执行该法令。他声称，中国纺织品比来自西班牙的纺织品便宜，还说墨西哥大多数人更喜欢马尼拉帆船、即"中国之船"（*Nao de China*）运来的产品。[30]

西班牙王室分别于1609年、1620年、1634年、1636年和1706年重申了1604年禁止阿卡普尔科与利马之间进行贸易的法令，这从侧面反映出人们对此类法规的漠视程度。尽管1634年的法令在一定程度上成功地阻止了墨西哥丝绸产品出口，但却鼓励了中国的丝绸成品流向秘鲁，导致新西班牙实力强大的丝绸制造商纷纷倒闭。[31]墨西哥和秘鲁之间的走私和欺诈活动"变得更加有利可图，其规模可谓相当庞大"。[32]在利马的商业街（Street of Merchants），有40家商店出售来自欧洲和亚洲的奢侈品；其中一些店铺的运营资本超过100万比索。1602年，一位总督向西班牙国王描述了利马及其居民的生活状态："所有人都穿丝绸服装，而且这些丝绸都是质量最好、

① 广绫是中国的传统丝织物。——译者注

价格最昂贵的。女人们拥有大量礼服和日常服装，其数量之多，超过了世界上其他任何一个国家。”1712 年，英国人伍德斯·罗杰斯写道：“女士们购置服装时挥霍无度，喜欢买最贵重的丝绸，导致英国陷入贫困的境地。”这些趋势一直持续到 18 世纪。1735 年，西班牙海军军官豪尔赫·胡安·桑塔西亚（Jorge Juan y Santacilla）和安东尼奥·德·乌略亚（Antonio de Ulloa）看到利马的一些商店出售中国瓷器，还注意到智利向巴拿马出口中国丝绸。[33]

在太平洋贸易中，违禁品贸易有着悠久的历史。1602 年，墨 154
西哥城市政厅写信给国王，称帆船每年走私的商品价值达 500 万比索。[34] 1634 年，普埃布拉商人弗朗西斯科·德·韦托利亚·巴劳纳（Francisco de Vitoria Baraona）声称走私商品的价值为 300 万比索至 400 万比索，将大西洋贸易额的下降归咎于帆船。后世的一位历史学家同意这一估算数字，他写道，从 1635 年至 1638 年，“大西洋贸易的短暂改善只不过是投资模式发生改变罢了，这种变化源自墨西哥与秘鲁贸易的中断”。[35]

至于新西班牙向马尼拉运送了多少白银，我们无法找到确切的数据。来自新西班牙和秘鲁的数字只是估算出来的，因为官方的报告没有把欺诈和走私活动考虑在内。在经济危机时期，此类活动大大增加。舒尔茨判断，“在最繁荣时期，出口白银货值平均达 200 万比索左右……甚至可能更多，尽管这种现象不是很普遍”。他指出，在与荷兰的八十年战争中，西班牙出口白银货物的价值可能会降到 100 万比索以下。[36] 后世历史学家则给出了更高的数字。按皮埃尔·查努（Pierre Chaunu）的说法，从 1570 年至 1780 年，三分之二的墨西哥白银都从阿卡普尔科出口。据霍伯曼（Hoberman）估计，在17世纪，菲律宾进口的白银占新西班牙白银产量的29%到35%。[37]据传汉生（Chuan Han-Sheng，音译）估算，17世纪，通过阿卡普尔科出口的白银每年保持在200万比索的水平，相当于55公吨白银。霍伯曼估算的数字更高些，至少1634年之前的数字高于传汉生的计算结果。经过计算之后，霍伯曼得出的数据是：1630年，阿卡普尔科的白银出口总额接近400万比索；1637年，接近600万比索；1638年，出口额又回到400万比索左右。马里亚诺·A. 波尼亚利安（Mariano A. Bonialian）补充道，从17世纪末到18世纪的头40年里，每年的平均白银出口额为200万比索，峰值为400万比索。[38]这些数字是合理的，因为从17世纪的最后25年到18世纪的头几十年里，秘鲁铸造的大量银币与墨西哥比索一起流通，但这并未载入阿卡普尔科的官方记录中。[39]波尼亚利安的数据与赫罗尼莫·德·乌兹塔里兹（Jeronimo de Uztariz）提供的数据一致。乌兹塔里兹是一名知识渊博的西班牙行政官员，1724年，他估算阿卡普尔科每年出口300万枚八里亚尔银币。[40]

155 **与帆船航线相关的法规**

在两个半世纪的时间里，西班牙王室颁布了一项又一项法令，涵盖了马尼拉至阿卡普尔科航线的各方面细则。立法容易执法难，包括教会在内的马尼拉全体市民都无视这些法规。无论是菲律宾还是新西班牙的总督，都积极参与帆船贸易。当他们退休时，往往已赚得盆满钵满。多明我会修士托马斯·盖奇提到，1624年至1635年担任新西班牙总督的塞拉尔沃侯爵（Marquis of Cerralvo）、罗德里戈·帕切科·奥索里奥（Rodrigo Pacheco y Osorio）不仅垄断了食盐贸易，还插手西班牙和马尼拉的贸易，收受无数礼物，每年收入高达100万比索。“奥索里奥当了10年总督，在此期间，他给西班牙国王送过一只价值50万比索的鹦鹉；1年后，他又给奥利瓦雷斯伯爵（Count of Olivares）和其他朝臣送去100万比索，因此得以再当5年总督”。[41] 另一名菲律宾总督拉古纳侯爵（1680—1686年在任）每年向帆船投资5万比索。通常情况下，帆船上的军官都是墨西哥总督的代理人。1696年，当杰梅利·卡勒里抵达阿卡普尔科时，他在日记中写道，秘鲁新总督的司库正在港口向秘鲁商人借10万比索，以偿还他为了购买副总督职位和将家人带到美洲而借的30万比索债务。[42] 显然，他并不急于执行贸易法规，以免激怒债权人。

西班牙王室之所以制定马尼拉帆船贸易法规，说明它试图在相互竞争的利益团体和商业团体之间保持平衡。管理帆船贸易活动的系列法规被编入《印度群岛法》（*Laws of the Indies*），后者是西班牙王国为了统治美洲和亚洲殖民地颁布的一系列法律。到了18世纪，菲律宾历任总督依据1734年的法令，修改和完善了《印度群岛法》，从而解决了马尼拉和加的斯的争端。1769年，菲律宾通过了《补充条例》（*Supplementary Regulations*），以管理贸易活动，该补充条例的法律效力持续到1815年。伊比利亚半岛的商人心生不满，声称从西班牙运往马尼拉的纺织品无法与中国纺织品竞争。他们和西班牙王室都抱怨说，通过太平洋航线运来的白银根本进不了王室和塞维利亚商行的口袋。

起初，王室在1579年颁布的一项法令允许新西班牙和秘鲁的总督辖区参与帆船贸易。不久之后，即1581年和1582年，总督冈萨洛·龙基略通过向秘鲁派遣贸易船只而大赚了一笔。在 1582 年，西班牙当局禁止马尼拉和秘鲁之间直接通航；1591 年，这项法令被再次重申。1596 年，时任菲律宾总督的路易斯·佩雷斯·达斯马里尼亚斯试图恢复马尼拉与秘鲁的商业关系；1620 年，总督迭戈·法哈多计划向巴拿马派遣船只，但西班牙王室不接受该计划，也没有改变原定政策。事实上，在 18 世纪的最后几十年里，阿卡普尔科一直是太平洋两岸唯一合法的贸易港。1779 年之后，马尼拉和秘鲁才建立了直接贸易关系。西班牙政府还禁止了太平洋沿岸港口之间开展贸易。1592 年，西班牙王室首次颁布这项禁令，到了 16 世纪和 17 世纪，王室又多次重申该禁令。不难看出，禁令完全没起作用。秘鲁商人与阿卡普尔科进行贸易，不仅可以逃避税收，获得比波托韦洛市场更低的价格，还可以从法律禁止的中国纺织品中获利，甚至能在一定程度上控制货物向总督辖区流动。秘鲁船只抵达阿卡普尔科和附近的港口，如埃尔马克斯港、瓦图尔科港（Huatulco）或齐瓦塔内霍港（Zihuatanejo）。[43]

156 为了控制商品数量，西班牙王室推出了“限量许可证”制度（*permiso*）。1593 年，马尼拉的货物限量金额为 25 万比索；到了 1604 年和 1619 年，西班牙王室重申这一法定上限。1702 年，上限额增至 30 万比索；1734 年，增至 50 万比索；1776 年，增至 75 万比索。事实上，商人可以从墨西哥运出比法定商品价值高一倍的白银，此举并不违法。西班牙当局默认商人可赚取 100% 的利润。

西班牙王室认为，帆船的作用是为殖民者提供支持，所以，马尼拉的每一位西班牙公民都拥有帆船的载货舱位，可以分享帆船的收入。换言之，每个西班牙人都能分到帆船上的一个载货舱位，将商品运往阿卡普尔科。帆船的船舱被分成同等大小的部分，每个部分称为"捆"（*fardo*），每捆分为4"件"（*pieza*），每1"件"就代表着1个载货舱位（*boleta*）。根据规定，1个载货舱位的价值是125比索。然而，并非所有公民都拥有从事贸易所需的资本，马尼拉倒卖载货舱位的市场由此而生，舱位的买卖价格要高于其法定价值。马尼拉的大多数市民都靠这个黑市谋生。1620年，西班牙国王颁布了一项法律，禁止投机倒卖载货舱位，但和以往一样，人们对该法令视若无睹。王室于1638年、1734年和1776年重申了这项法令。除了公民和政府官员以外，教区总教堂全体神职人员、常规骑士修道会和慈善基金团体都分到了载货舱位。尽管有法律禁令，但个别牧师仍通过普通信徒参与倒卖载货舱位的活动。舒尔茨将载货舱位制度描述为"一种有尊严的失业救济形式，其本身具有很高的市场价值。最初的持有者把舱位出售后，所获资金可用于补贴家用，直到下一年重新抽签"。[44] 奥斯卡·H.K. 斯佩特（Oskar H. K. Spate）曾将帆船贸易比作总部设在吕宋岛的社会化股份制公司，载货舱位制度验证了他这个观点。[45]

帆船的吨位经常超过法定运载量，殖民地当局、商人和帆船贸 157
易的其他参与者一直以各种伎俩规避法律对于白银和其他商品数量的限制。阿卡普尔科市长就是最典型的例子。18世纪上半叶，该市市长职位由加洛·帕尔迪尼亚斯（Gallo y Pardinas）和里纳赫（Linage）家族把持。当帆船抵达阿卡普尔科，墨西哥商人通常会重金贿赂市长，给予后者离港白银货值5%到10%的回扣。此外，将白银运往阿卡普尔科的骡队负责人必须每人向市长缴纳一枚八里亚尔银币。市长还自已开商店，向帆船的士兵出售补给品。[46] 政府机构的行为如同“激励措施”，也助长了商人逃避法律的行为。地方政府和总督府都渴望增加海关收入，这就意味着帆船载货量必须大于法律允许的范围。对于超出合法载货量的商品，政府加收 10% 的关税，这笔钱由总督和阿卡普尔科的官员瓜分，此举更加促使商人们视法律为无物。[47] 这种现象背后的根本原因在于西班牙王室几乎无法对美洲贸易行使权力，因为从 1600 年开始，王室就把贸易管理权交到了塞维利亚、墨西哥和利马的商会手中，以换取定期的战争献金。新西班牙和利马的商人得以控制货物的进出口以及从美洲大陆发往马尼拉的白银。利马商会获准使用如今中美洲埃尔雷阿莱霍（El Realejo）和松索纳特（Sonsonate）的西部港口，这预示着他们将逐渐放弃大西洋一侧的波多贝罗港市场，并表明他们有通过阿卡普尔科进口亚洲纺织品的强烈意愿。

用吉列米娜·德尔·巴莱·帕翁（Guillermina del Valle Pavon）的话说，“商人和总督辖区当局勾结，有组织地公然违反法规”。[48] 腐败和目无法纪的并不只有西班牙人，其他在海外的欧洲人也是如此。1510 年，葡属印度总督阿方索·德·阿尔布克尔克写信给国王曼努埃尔（Manuel），称“葡萄牙人到了印度以后，心也变了，他们把盗窃当作前往耶路撒冷朝圣”。[49] 英国和荷兰雇员也仿效葡萄牙人的做法。用霍尔登·弗伯（Holden Furber）的话说，“王室赋予东印度公司各个海外机构在当地市场的垄断权，但它们开展业务的方式却与王室的目标背道而驰”。[50] 然而，当西班牙中央政府决定严格执法时，它们自有应对的办法。佩德罗·德·奎罗加在阿卡普尔科所遭遇的诸多事件，很好地说明了帆船贸易的流程及其对新西班牙和菲律宾产生的影响。

王室督察员到访 158

17 世纪中叶，新西班牙遭受了一连串的灾难。1629 年，一场可怕的洪水淹没了墨西哥城，水位高达 6.56 英尺，索卡洛广场的商店全被淹没。[51] 1629 年至 1631 年，一种名为“可可利兹利”（*cocoliztli*）① 的致命疾病广泛传播，导致新西班牙总督辖区人口陡然减少。在墨西哥中央谷地（Central Valley），人口从 1570 年的 32.5 万人锐减到 17 世纪 40 年代的 6 万人。[52] 17 世纪 40 年代中期，白银生产放缓；与此同时，阿尔马登的水银产量和万卡维利卡运往新西班牙的水银数量均呈下降趋势。17 世纪 30 年代之前，银矿产量持续增长，30 年代以后经历了缩减期。随着土著劳动力供应的大幅减少，采矿商面临着水银和其他补给品成本增加、排水作业费用过高等问题。白银产业的兴衰变迁对新西班牙的整体经济产生影响。采矿业不景气时，农业产量也随之下降。当地农业主要为萨卡特卡斯（Zacatecas）和圣路易斯波托西（San Luis Potosi）提供粮食。菲律宾新比斯开省（Nueva Vizcaya）的农场、墨西哥普埃布拉以及特拉斯卡拉（Tlaxcala）的纺织品制造商同样受到类似的负面影响。[53] 与此同时，从塞维利亚到美洲殖民地，西班牙官方的舰队系统深陷危机。美洲企业家资本被用于投资当地企业，由于军费增加和白银产量下降，运往西班牙的白银数量呈下降趋势。

新总督卡德雷塔侯爵（Marquis of Cadereita）（1635—1640 年在任）上任时，恰逢西班牙帝国，尤其是美洲殖民地灾难频发。1633

---

① cocoliztli在阿兹台克语中意为“害虫”，据研究分析，这种疾病很可能是伤寒沙门氏菌。——译者注

年，荷兰人袭击洪都拉斯并占领了库拉索岛（Curacao）。“可可利兹利”这种疾病仍在肆虐，采矿业也在走向衰落。1638年，卡德雷塔侯爵说：“每当想起这些总督辖区遭受的损失，我便感到痛苦万分；而每当想到上帝赋予这片土地如此多银矿，我就感到更加痛苦。如果我们的水银储藏量更丰富些，劳动力更多些，那么一切尚可挽救。”1635年，西班牙与法国开战，这位总督没收了法国商人的资产。1637年，前往西班牙的舰队“为王室带回了价值123万比索的白银”，按卡德雷塔的说法，“比前几年运回西班牙的白银平均多出50万比索”。这些行动引起了美洲殖民地的普遍不满，1639年，总督写信给马德里，称“可能会发生民众骚乱”。[54] 1624年，美洲殖民地发生暴力叛乱，赫尔维斯侯爵（Marquis de Gelves）被免职。总督因为地方叛乱而下台，这是美洲殖民史上的头一遭。有鉴于此，卡德雷塔的警告信确实令人担忧。[55] 在如此危急的形势下，菲利普四世于1635年派遣王室督察员佩德罗·德·奎罗加·摩亚前往阿卡普尔科港，探查马尼拉至阿卡普尔科帆船贸易的情况。处于严重财政困境的西班牙王室很清楚商人的违法行为，于是决定采取行动。

159 奎罗加发现，抵达阿卡普尔科港的帆船所申报的商品价值只有80万比索，但其真正价值为400万比索左右。[56] 奎罗加给商品重新估价，并据此征收关税。用舒尔茨的话说，“他对这条航线实施禁运”，解禁的条件是商人们必须先缴纳60万比索罚款，“然后归还货物出售后的剩余收益”。[57] 1636年，西班牙国王重申1634年的法令，禁止墨西哥与秘鲁之间的所有商业活动，形势变得更加严峻。菲律宾商人对这些事件作出了强烈反应，他们拒绝再派遣帆船，直至一切恢复如常。从1636年到1637年贸易中断期间，只有一艘小型递送船运载着价值15万比索的货物横渡太平洋，这些货物都是菲利普四世的权臣奥利瓦雷斯伯爵的财产。[58] 1638年，菲律宾总督塞巴斯蒂安·乌尔达多·德·科尔古埃拉写信给国王，称为了抗议奎罗加的整顿方案，"康塞普西翁夫人号"帆船不会携带货运清单。后来，帆船遭遇海难并沉没，抗议失去了意义。1639年春，继"康塞普西翁夫人号"沉船事件后，灾难再度降临。一艘来自阿卡普尔科的帆船在吕宋岛东海岸沉没。然而，悲剧事件并未就此结束。同年夏天，一艘从菲律宾返回墨西哥的帆船在日本附近沉没。

"康塞普西翁夫人号"事件充分说明了当时帆船贸易的管理方式。这艘船的排水量为2000吨，船上货物价值400万比索。总督塞巴斯蒂安·乌尔达多·德·科尔古埃拉聚敛的不义之财也在这些金银珠宝之中，其中包括了"一套纯金餐盘和水壶，据说这些都是西班牙国王送给日本皇帝的礼物"。马尼拉官员指责总督侵吞了这些物品，并将其作为个人财产运回西班牙。[59] 帆船的指挥官是总督的侄子，一位20多岁的年轻人，"年纪很轻，在军事或航海方面没什么经验。因此……'康塞普西翁夫人号'的军官对他毫无尊重和服从可言，每个军官都想发号施令，都想让别人服从自己。船员分裂成多个派系，互相攻击，数名叛乱分子被打死或打伤"。大风吹断了桅杆，帆船失去了控制。[60] 1638年9月20日，"康塞普西翁夫人号"在北马里亚纳群岛（Northern Mariana Islands）的塞班岛触礁沉没。

对于西班牙帝国当局而言，有税收总比完全没有税收好。考虑到墨西哥紧张的社会局势，他们决定改变政策，任命胡安·德·帕拉福克斯·门多萨（Juan de Palafox y Mendoza）为总督察，将其派往墨西哥。作为新来者，门多萨表现得更加宽容，商人和官员们又恢复了弄虚作假的往日做派。在马尼拉，奎罗加的改革措施和沉船所造成的影响持续时间更长，最直接、最致命的后果就是 1639 年 11 月至 1640 年 3 月的华人起义事件。

160

华商：生理人

明清时期，马六甲、槟榔屿、新加坡和马尼拉的华商社区将中国与全球贸易网络联系起来。中国从海上贸易中获得了相当高的收益。然而，按邓刚（Gang Deng，音译）的说法，明朝时期（1368—1644 年），随着时间的推移，海上贸易的收益逐渐下降，“中国与南亚贸易的平均利润仅为 150%”。同一时期，高品质丝绸的出口利润从 200% 下降到 140%。“尽管存在这样的趋势，海上贸易的高收益仍是一个经济现实。”[61]

华人之所以能够从海上贸易中获得比欧洲人更多的利润，原因在于他们拥有几大优势。首先，华商的经营原则是以分散的家庭作坊为单位，可以迅速对市场趋势做出反应。其次，中国与亚洲其他国家之间有着悠久的历史和文化渊源，商人与当地机构和个人都保持着联系。[62] 西班牙提督赫罗尼莫·巴努埃罗斯·卡里略（Geronimo Banuelos y Carrillo）回忆中国商人的活动时，用夸张的措辞描述了华商用商品换取到的白银数量：“中国的皇帝可以用秘鲁产的白银建造一座宫殿。这些白银是通过太平洋航线运往中国的，佩德罗·德·奎罗加·摩亚曾明确指出，商人们既没有将白银登记在册，也没有向西班牙国王支付关税。”[63]

资金实力不够雄厚的华商只能借高利贷，并把妻子和孩子抵押给贷款人作为担保。通常情况下，富有的商人会雇佣一艘帆船，然后把货舱租给其他人，收取货物销售总额的20%作为租金。货物被存放在甲板下方的防水舱内，商人们就睡在自己的货物上。中国的起运港距离马尼拉650英里，需要航行10天。中国的帆船贸易能否顺利进行，取决于一些可变因素，包括中国商人收到的关于马尼拉市场白银的信息、海盗活动、帝国内部或沿海省份的动乱等。

卜正民（Timothy Brook）说，“17世纪初，中国丝绸产品在设计上迎合了西班牙人的审美，从而占据了世界丝绸市场的主导地位。同样地，景德镇的瓷器制造商转而生产日本和欧洲风格的瓷器，尤其是1620年本国朝廷订单开始下降以后”。[64] 出口活动对中国沿海地区产生了深远的影响。1639年，一名福建人概括了他支持海上贸易的理由，“中国的丝绸和丝绸纺织品在菲律宾和东南亚的售价往往是国内的两倍；瓷器和中国其他产品在海外的售价也很高；来自中国的大量失业工匠在菲律宾找到了工作”。[65]

当中国商船抵达马尼拉时，当地的华人中间商正在翘首以盼。 161
这些中间商不仅知道马尼拉帆船队运回来了多少白银，还知道中国商人可能向西班牙人提供什么样的报价。他们向殖民地督察员行贿，打通好关系。这些中间商收取销售价格的20%至30%作为佣金。经过这些前期铺垫之后，海关官员只需检查入境的中国商船和征收税款。

与东南亚其他目的地一样，到菲律宾做贸易的中国帆船吨位需要达到350吨左右，船员和乘客人数为200人至400人。[66] 中国商船还运送华人移民，在到达马尼拉之前，它们会把移民送到安全的地方，某些较大的帆船似乎可以运载多达500人。[67] 这些华人移民大多数留在了菲律宾。在殖民地文献中，华人被称为“生理人”，这种说法来自厦门方言“sang li”，即“经商者”之意。殖民地政府把华人安置在涧内社区，那里恰好在西班牙火炮攻击范围之内。每个时期到达马尼拉的中国商船数量各不相同。16 世纪末，每年有 30—40 艘中国商船抵达马尼拉，1616 年则只有 7 艘船到达。但到了 1631 年，中国帆船数量达到了 50 艘，1636 年又回落到 30 艘。[68]

1573 年，即马尼拉建市两年后，总督古伊多·德·拉维萨雷斯写信给菲利普二世，称“自从我们来到这里之后，华人常来开展贸易活动，因为我们一直尽量善待他们……每年都有大量华人到达马尼拉，商船也越来越多；他们到来的时间也一年比一年早，以确保能与我们进行贸易”。早在 1589 年，这些华人移民就在马尼拉附近获得了土地，西班牙的土地所有者会给他们钱，让他们耕种自己的土地；华人会在很短的时间内偿还预付款，从而使各方受益。几个世纪以来，华人菜农一直是马尼拉人口的重要组成部分。从早期开始，西班牙人就意识到殖民地民众的生活离不开华人的贡献。1583 年，萨拉查主教（Bishop Salazar）写信给菲利普二世，以热情洋溢的语气谈论涧内社区，“它浓缩了中国的整个商业形态，那里出售各种各样的商品”；他继续列举了涧内华人工匠的数量，为他们低廉的建筑工程费用和酬劳感到惊讶，赞赏这些勤劳的工匠所提供的各类服务。[69] 1638 年，巴努埃罗斯·卡里略描述了当时居住着 2 万名华商的涧内社区：

> 那里的商品琳琅满目，而且非常罕见和稀奇，令来自文明国度的民众羡慕不已……每天早上，我们都能看到西班牙人的房

子周围会出现 9 到 10 名华商，他们把商品带到那里售卖。所有商品都由他们经手，甚至连西班牙人维持生计的所有日常物品也包括在内……这些商人有着敏锐的眼光，普遍很聪明。他们善于仿制别人拿来的任何东西，产品做工并不比原版的差。[70]

西班牙官员做了一笔利润丰厚的生意，他们把居住证卖给那些 162
船队离开马尼拉后仍留在当地的华人。一名不信仰基督教的华人花了 8 比索购买居住证，还缴纳了 5 八里亚尔贡金和 12 八里亚尔房产税。西班牙王室颁布了一项法令，针对这种做法提出了训诫："华人的数量之所以不断增加，是因为有些官员太贪婪，用 8 比索的价格让他们购买居住证。"某些官员以延长居住证有效期为由，在一年当中多次要求华人支付 8 比索费用。[71] 17 世纪，许多华人居住在涧内以外的地区，有些人定居在周边省份或其他岛屿上，以较小的帆船和舢板开展贸易。信仰基督教或与基督徒结婚的华裔马尼拉人居住在马尼拉的岷伦洛区（Binondo）和敦洛区（Tondo），在皈依基督教后的 10 年内，按惯例这些华人都无须向政府缴纳贡赋；10 年以后，他们要缴纳的费用也少于土著人。

1603 年华人起义事件

卜正民评论道："对贫穷的中国福建人来说，马尼拉就是一座金山。"一位名叫周启元（Zhou Qiyuan，音译）的中国官员曾以这样的笔触描写福建商人："这些小商贩看着脚下的巨浪，仿佛站在高高的山丘上般悠然自得……他们把外国的酋长和好战的小国君主当作了小官吏。”这样的观念和态度造成了致命的后果。

1603年，皇帝任命宦官高才①前往福建收集关税，其职责是“为皇室大肆搜刮白银”。他听说马尼拉遍地黄金，于是决定派一个代表团去马尼拉探明真相。[72]这个说法源自燕京。当时，一位羽林卫统领向万历皇帝呈递奏折，称一个叫张嶷的细木工告诉他，马尼拉附近有一座盛产金银的大山，那里尚未有人占领。张嶷承诺说，他要从那个神奇的地方带回10万两黄金和30万两白银，以充盈国库。明朝政府居然相信了这个小道消息，派遣官员和这名细木工去了马尼拉，[73]实在令人费解。

163 巴托洛梅·莱昂纳多·德·阿亨索拉（Bartolome Leonardo de Argensola）受印度群岛理事会会长之托，记录菲律宾群岛和马鲁古群岛发生的事情。他提到了明朝遣使采金和随后的华人起义事件：“去年3月份，一艘中国船只进入马尼拉湾。按当地守卫的说法，3位明朝高官带着一批随从威风十足地上岸了。”菲律宾总督接待了这些官员。官员说，“他们受皇帝之托……希望可以亲眼看看马尼拉附近一座名为甲米地的黄金岛”。总督允许这些高官访问甲米地港，让他们“亲眼看到”那里并没有黄金。醒悟过来的官员只能空手而归，回国前还从华商那里搜刮了3万枚八里亚尔银币。西班牙当局根本不相信中国官员来马尼拉寻找黄金的说法，质疑声四起，大主教F.米格尔·德·贝纳维德斯（F. Miguel de Benavides）在布道时宣称中国来了一支舰队，准备与当地华商里应外合，占领这座城市。

---

① Gao Cai音译，另有一说，该宦官名为高安。——译者注

菲律宾总督决定先发制人。他下令将涧内靠近城墙的建筑物全部夷平，拓宽护城河，并与日本人会面，要求他们加入西班牙阵营，共同对抗他们的传统敌人。这些准备工作预示着一场大屠杀即将到来，华人们忧心忡忡。华人工匠和小商贩离开涧内，前往帕西格河北岸，与那里的菜农、渔民、盐工、石匠、烧炭工、木匠和其他华工一起居住。“日本人得意地吹嘘说，殖民政府要求他们混入马尼拉的所有华商群体。他加禄族暴徒也加入其中……还污蔑当地华人是背信弃义的卑鄙小人。”[74]在这种令人焦虑的不祥氛围中，富有的华商请求总督允许他们带着自己的财物搬进城内。总督担心他们与黑人奴隶密谋造反，拒绝了这个请求。尽管如此，华商的部分财产还是被转移到了城内。

10月5日，星期日。这天早上，人们所担心的起义终于爆发了。在宗教组织成员和非正规军土著人（包括山地人）的协助下，西班牙士兵和日本士兵向华人开火。西班牙人以火炮攻击起义者，日本人和土著人予以辅助，“他们杀死了许多叛乱者，尤其是从城墙上用小口径枪和铜管枪打伤了不少叛军”。起义的华人绝望了，按莱昂纳多·德·阿亨索拉的说法，起义者之所以表现出“野蛮人般的勇气”，是因为他们“吸食了大烟”。1599年，柬埔寨远征队队长路易斯·佩雷斯·达斯马里尼亚斯（Luis Perez Dasmarinas）轻率地进攻一支中国军队，他非但没有考虑到对方压倒性的人数优势，反而宣称“只需要25名士兵，我就可以征服整个中国……”，和他父亲一样，路易斯先生最终被中国士兵杀死。[75]

对于起义者，西班牙人表现得冷酷无情。在邦板牙省，该省 164
的最高指挥官费尔南多·德·阿瓦洛斯抓获了400名华商，“两两绑在一起的俘虏被成群地赶进小溪中，后续则交给日本人，后者会当场把他们全部杀死”。大屠杀持续了好几天。总督卫队队长马丁·德·埃雷拉（Martin de Herrera）袭击了1000名华人：“只有一人被活捉。总督本可以保住更多人的性命，让他们在帆船上做苦力，但日本人和土著人极其残忍，就连总督、阿兹奎塔少校（Major Azcueta）或其他指挥官的命令都无法约束他们。”据《明史》记载，共有2.5万名华商被屠杀；但根据西班牙的某些原始资料，被屠杀者总数达到23万人；大主教贝纳维德斯称，遇难者人数为15万人。总督科尔古埃拉在给明朝政府的一封信中说，“活下来的只有3万人，甚至不到被杀者数字的一半”。[76] 阿亨索拉的结论是：“有人确认，实际被杀害华商的数量多于公布的数字，但地方治安官都有所隐瞒。他们担心一旦承认这么多华商居住在菲律宾，他们违背国王禁令的渎职行为就会暴露无遗。”[77] 科尔古埃拉把存放在城内的7万比索商品归还给少数幸存的华商[78]，剩余无人认领的36万比索商品被军队全数没收。[79]

西班牙人担心屠杀华人的消息传到中国。科尔古埃拉派遣两名大使前往澳门，并请求葡萄牙人，若中国打算准备攻打菲律宾，务必要通知他们。特使向明朝政府递交了信件，称由于缺少工匠、菜农和食品供应，马尼拉局势非常严峻，需要中国的商船继续前往马尼拉开展贸易。13艘中国商船抵达马尼拉后，科尔古埃拉写信给西班牙国王菲利普三世，“看到中国人选择继续与我们做贸易，我们感到非常欣慰。在这之前，我们不确定中国商人是否会回来”。[80]《明史》中写道，“后来，中国人逐渐返回马尼拉。那些野蛮人看到与中国进行贸易所带来的利润，便不再抵制中国人。

其后，他们继续汇聚到这座城市”。[81] 到 1621 年，大约有 2.2 万名华人居住在马尼拉。

1640 年华人起义事件 165

显然，佩德罗的到来不仅损害了菲律宾商人的利益和教会的财政收益，还给华商和中国南方的经济带来沉重打击。如果说这些不幸事件还不足为道的话，那么总督乌尔达多·德·科尔古埃拉在动身前往墨西哥之前所做的事情对华人的伤害更大。弗雷·胡安·德·拉·康塞普西翁（Fray Juan de la Concepcion）写道：

> 经过墨西哥时，科尔古埃拉先生在仓库里发现了大量布料，那是与华商交换来的产品。为了确保菲律宾商人的利益，他认为最好不要在那年派船前往阿卡普尔科。因此，就在 1638 年那年，华人发现菲律宾的白银少于开展贸易所需的数量。还有一件事导致他们不满：由于西班牙王室国库无法为数量如此庞大的武装舰队和战争支付巨额费用，菲律宾政府对华人征收的贡赋越来越多，而且征收的品类也有所扩大，不仅包括现金，还包括其他日用必需品。[82]

1639 年，菲律宾殖民地上空乌云密布。穆斯林对马尼拉发起了猛烈攻击；与此同时，当局的高额税收令华商坐立不安。中国商船离开马尼拉后，若商人想留下来，就必须向当地官员每人缴纳 25 比索。1603 年，这一非法收费仅为 6 比索。8 月 4 日，5 艘返回中国的商船中，有两艘被大风推向岸边，600 名中国人被淹死。“这两年里，由于缺少救助，很多华人舍弃他们的房子和店铺，准备返回中国。”3 天后，有消息称，1 年前出发的“海军上将号”（almiranta）和两年前出发的递送船已经到达吕宋岛海岸，人们开始“大肆庆祝，全市都敲响了钟声”。妻子们原本已经为丈夫穿上了丧服，听到这个消息后，立刻把丧服脱掉。“中国商人在船上得知消息，立刻下船，返回店铺，继续做生意。”[83] 喜悦的氛围被一条消息打破了：这两艘船都在新塞戈维亚（Nueva Segovia）遇难，船上 150 人死亡。专项资金保住了，但其价值不足以改善局面。总理事官蒙法尔孔还详细描述了中国人做生意的惯例：“除了以非常合适的价格出售商品以外，他们还以赊销的方式出让商品，直至货款全部付清。”通过这种融资方式，没有现成资金的商人可以从贸易中获利。[84] 然而，前几年运往马尼拉的白银并不足以偿还西班牙人欠华商和葡萄牙人的债务。[85] 如果贸易受到影响，总督科尔古埃拉所采取的措施表面上是无法改善中国人的情绪的，于是他决定派 6000 多名华商前往马尼拉南部的卡兰巴（Calamba）种植水稻。这片土地开发出来以后，将会“生产出足够多的大米，以供应菲律宾群岛的军事要塞，为国王陛下节省一大笔费用”。[86] 这些华商受市长路易斯·阿里亚斯·德·莫拉（Luis Arias de Mora）管辖，莫拉是一名贪得无厌的官员，而且大肆滥用权力。许多华商相继病倒，300 多人因不适应当地恶劣的气候而死亡。

166 1642 年的一份匿名报告指出，马尼拉的华商给中国海盗桑格鲁斯（Yquan Sanglus，音译）写信，怂恿他攻击来自阿卡普尔科的帆船。1639 年的圣诞节是华商约定起义的日子，但在卡兰巴的华人刺杀了阿里亚斯，导致起义时间提前。刺杀事件标志着整个吕宋岛暴乱的开始。[87] 西班牙人拉拢来自邦板牙省的一群菲律宾人以及日本人和摩洛人，一起镇压暴乱。这些摩洛人“是和桑古伊（Sanguyl）的使节一起来到吕宋岛的”。一名耶稣会会士注意到，甲米地的中国人“非常温和”，为了保卫港口，“他们会自愿加入战斗，把一些火炮拖出来”。其他群体也表现出一种类似于1603年华人起义时的心态。另一名耶稣会会士写道：“日本人、黑人和印度人都很有胆量，完全不顾及后果。我相信，如果有机会的话，他们会很乐于满足自己的屠杀欲。”[88] 以下事件的描述来自那个时期的文件《华人起义的关联问题》（*Relation of the Insurrection of the Chinese*）。如果说这份文件有任何值得称道之处的话，那就是文件的作者提出了双方的力量悬殊。西班牙军队有300名西班牙人和8000名土著士兵，马尼拉及其周边地区有3.5万华人，还有1万华人在各省等待起义。西班牙方面共损失约45名西班牙人和300名土著人，华人的死亡人数达几千人。“显然，从双方的死亡人数不相等和不成比例来看，上帝格外关照我们的军队。”[89] 华商的武器是“标枪和绑在棍子上的日本武士刀……还有同样绑在棍子上的镰刀和修剪树枝用的钩刀、铁三叉戟，以及末端削尖后用火硬化的竹子”。[90] 华商的武器无法打败一支装备了火绳枪和火炮、纪律严明的殖民地军队。马尼拉和甲米地事件表明，恐慌的西班牙人对华人毫不留情：

> 西班牙人纵火焚烧涧内，火势立刻蔓延起来……很多躲起来的人被活活烧死；还有些人认为，被我们杀死总比被大火烧死好，于是从房子里冲出来，死于锋利的刀剑之下……在甲米

地，当“圣母颂”音乐响起时，典狱官找到各教派，要求牧师们去给异教徒施洗，听取华人基督徒的忏悔，因为他们都必须死……甲米地港的华人死亡数量达1300人。[91]

167 马尼拉市和各行省也接到了屠杀华人的命令。在马尼拉，一场大规模的屠杀之后，“街道上到处都是华人的尸体”，[92] 只有200名华人幸免于难，他们从藏身之所出来后就被逮捕入狱。一位能讲一口流利中文的耶稣会牧师充当起义者和当局之间的调解人。[93] 最终，总督与华人签署和解条约，结束了这场起义。1641年2月4日，7793名华商向科尔古埃拉投降后被带到马尼拉关押，最终被驱逐回中国。

所有群体都参与到对华人的屠杀当中，包括“牧场工人和白黑混血人”、邦板牙步兵、桑巴尔弓箭手、卡加延省的土著人、马鲁古群岛的德那地岛居民，以及他加禄人，而步兵指挥官胡安·德·索萨和弓箭手指挥官安东尼奥·德·拉斯·米萨斯都是修士。由多明我修士指挥的圣托马斯大学（University of Santo Tomas）学生和耶稣会会士领导下的圣何塞学者也响应号召，拿起武器屠杀华人。[94] “发起袭击当天，宗教人士纷纷拿起武器，保护这座城市。”1803年，菲律宾的一名历史学家华金·马丁内斯·德·苏尼加（Joaquin Martinez de Zuniga）写道：“我们的人很少被杀，但由于失去了许多优秀公民，马尼拉这座城市陷入了巨大痛苦之中；毫无疑问，华人也是如此。”苏尼加推测了土著人支持西班牙人的理由，他说：“幸运的是，东印度群岛的土著人仍然非常平静，与其说这是因为他们一直仇恨中国人，倒不如说是因为他们拥护西班牙人。”[95]

按历史学家的说法，此次大屠杀导致约 2 万名华人死亡。同时期的文献表明，华人的死亡数量为 2.2 万人或 2.4 万人。目前我们尚无法考证这一确切数字，实际受害者人数可能要低得多或高得多。但这一有关死亡数量的说法也足以证明卡西米罗·迪亚兹言论的合理性，即“由于大量尸体浸泡在河里，河水被严重污染，连续 6 个多月都无法饮用；人们也不敢食用方圆数里内的鱼，因为这些鱼都是吃人肉长大的”。[96]

与 1603 年的前任总督一样，总督乌尔达多·德·科尔古埃拉意识到了后果的严重性，立即派一艘中国商船前往明帝国，声称战争已经结束，叛乱分子才是罪魁祸首；当地民众依然欢迎中国商人，他们可以像往常那样安全地到达马尼拉。很快，5 艘帆船载着货物从中国出发，并带着 2000 多名华商返回菲律宾。[97] 尽管西班牙人唯恐重蹈覆辙，但华商对殖民地的经济生活至关重要，所以在每次大屠杀过后，欧洲当局都遵循以下三个步骤：“第一步，由欧洲人亲自出面，向明帝国道歉；第二步，恢复与中国的贸易关系；第三步，迅速恢复菲律宾殖民地的华人人口数量。”[98] 不到几年时间，涧内的商店得到了重建，西班牙人再次向华商征税和收取租金。尽管法令禁止中国人居住在菲律宾各省份，但“小商贩们重新划动驳船，把中国人制作的新颖产品运到河流经过的地方，这些产品包罗万象，从铁撬杠到梳子，从手枪到瓷器，应有尽有”。[99]

1644 年，明朝灭亡。1673 年至 1681 年的“三藩之乱”（War of 168
the Three Feudatories）掀开了中国的一段动荡时期，并对菲律宾产生了重大影响。1662 年，从荷兰手里收复中国台湾的明朝忠臣郑成功派一位意大利裔多明我会修士维克托里奥·里奇（Victorio Ricci）

前往菲律宾，要求总督萨比尼亚诺·曼里克·德·拉拉（Sabiniano Manrique de Lara）（1653—1663 年在任）向其进贡。由于担心华商与前来攻打菲律宾的郑成功舰队里应外合，德·拉拉解除了非基督教徒华人的武装，从三宝颜半岛和马鲁古群岛召回驻军。从这些备战措施中，许多华人产生不祥的预感，纷纷离开菲律宾。但是，大约 2000 名华人举行了起义。西班牙和三宝颜的军队击败了他们，随后，一些非基督教徒华人被驱逐。郑成功去世后，来自中国台湾的威胁消失了。1662 年后，只有 2000 名华人居住在涧内。[100]

17 世纪，马尼拉与华人相关的最后一次事件发生在 1686 年。当时，在一名前科犯的领导下，许多逃避中国法律惩罚的华人计划制服驻马尼拉的西班牙军队、掠夺教会和商店，带着战利品逃离菲律宾。结果，他们被当地军队击溃。

我们无法准确计算几百年来生活在菲律宾的华人数量，只能根据税收记录作出估算，这些数据并不完全可靠。尽管如此，殖民时代的历史学家和官僚们对这些暴力冲突印象深刻，通过大量细节记录了这些事件。这些冲突的根本原因是人口较少的西班牙人对人口较多的华人产生了恐惧感。这两个群体存在共生关系，彼此间相互依赖，不可能完全摆脱对方。菲律宾土著人和其他下层群体憎恨华人在菲律宾经济中扮演的角色，因而加入殖民者对抗华人的行列中。令人遗憾的是，马尼拉的动乱事件并非东南亚特有的现象。大约 50 年后，巴塔维亚的荷兰裔“自由公民”陷入了经济困境。香料价格暴跌，爪哇咖啡市场遭遇危机。“除了这些以外，还有一些毫无根据的谣言席卷整个欧洲人社区，称中国人要攻击他们。1740 年 10 月，欧洲人和欧亚混血人联合起来屠杀华人。”[101]

第七章　18世纪的大帆船航线

从 18 世纪开始，疾病的广泛传播、战争和经济危机对人类社会的影响持续至今。然而，由于新植物的引进以及一系列与以往不同的新疾病的出现，加之随后兴起的工业革命，使全球人口数量得以持续增长，经济生产力大幅提升。18 世纪是人类历史上的一个转折点。

通过“哥伦布大交换”和“麦哲伦大交换”，美洲的植物到达非洲、亚洲和欧洲，与此同时，“旧世界”的蔬菜和动物物种也出口到了美洲。1538 年，花生出现在中国长江三角洲常熟县的物产清单上；到了 16 世纪中叶，福建和云南开始种植甘薯。来自新大陆的植物大多数首先到达福建，它们可能是由居住在菲律宾群岛和南方其他岛屿的华人引进的。葡萄牙占领下的澳门和缅甸也促进了这些栽培品种的传播。玉米、甘薯和花生适合在贫瘠的山地沙质土壤中生长，而在以前，这些地区具有边际生产力的特征。[1] 但是，在定居者较少的地区种植上述植物也有不利的一面，比如引发森林退化、水土流失和洪水等自然灾害。

烟草也成为一种重要的植物，这源于数百年来中国人以鸦片入药的传统。16 世纪 70 年代，菲律宾引进烟草，1573 年到 1619 年间，烟草传到了福建。很快，整个明帝国都普及了烟草，它成为一种高价值的经济作物。1601 年，这种新作物传入爪哇。1671 年左右，荷属巴塔维亚的华人开始买卖鸦片和烟草的混合物。史景迁（Jonathan D. Spence）写道：“‘马达克’（*madak*）可被视为烟草和鸦片的结合体，即先把烟草蘸进鸦片溶液中，再加以吸食。”[2] 在 18

世纪的最后 20 多年里，生鸦片取代了“马达克”烟。

170 美洲植物引进中国，促进了 18 世纪清王朝经济和社会的发展。“当稻米种植逐渐达到极限，并开始受到收益递减规律影响时，从美洲引进的各种旱地作物对中国粮食产量的增加作出了重大贡献，并使人口得以持续增长。”[3] 种植这些新品种粮食所需的劳动力比大米和其他谷物少得多，从而使中国粮食出口量大幅增加，并腾出工人和土地，为全球市场生产丝绸、茶叶、糖和陶器。[4] 约翰·金·费尔班克（John King Fairbank）列举了 18 世纪决定中国和世界历史进程的三大事件，分别是：欧洲人出现在中国沿海、清帝国领土面积翻番，以及汉族人口翻番。[5] 对于人口增长的时间，学术界目前尚存在争论，但清朝时期中国人口的显著增长是无可争议的。

美洲植物并不是诸多重大转变的唯一来源。从 15 世纪开始，一个重要的生物学事件使全世界的所有疾病变得同质化；相距遥远的人群感染相同的疾病，并获得了类似的抗体，从而抑制了流行病的传播。[6] 农作物和疾病生态系统的全球性变化形成了一种与以往截然不同的人口增长节奏，全球人口开始迅速增长。[7] 中国就是这些历史趋势的一个典型例子。当时的清帝国经历了很长的一段和平时期，没有爆发任何战争。流行病对人口造成的损失较小，因为一些人在儿童期患病后，对相应的病原体产生了终身免疫能力。较低的成人死亡率使中国的家庭规模更大、子孙后代更多，威廉·H. 麦克尼尔（William H. McNeill）把这个阶段称为“重要的人口变革”时期。到了 1800 年，中国人口已经达到 4 亿多人。[8]“换言之，中国的情况充分说明一点：人类的海洋活动改变了疾病传播机制、农作物分布和军事技术，带来了新的可能性。”[9] 人口激增导致移民大多向四川、长江高地、汉江地区和其他人口稀少的地区迁徙。清朝收回了台湾，稳固了对西藏的统治，把亚洲腹地并入大清帝国。在18世纪的最后几十年里，俄罗斯和中国瓜分了欧亚大陆中部，这标志着游牧民族政权走向终结。濮德培（Peter C. Perdue）阐述了货币问题、商人和清朝领土扩张之间的相互依存关系，即朝廷提供必要的基础设施和安全保障，鼓励商业资本进入其占领的新领土；与此同时，朝廷利用商人及其物流体系来缓解粮食短缺问题，并促进贸易发展。在清帝国，民众要以白银的形式支付税款，这就要求官员为市场提供支持，让农民能够出售农产品以获得白银。“尽管清朝的赋税收入大部分来自土地，但这种收入本身依赖于广泛货币化的农业经济，而农业经济依赖于农民阶级与商人阶级的广泛合作。”[10]

墨西哥白银时代 171

由于人口和市场大规模增长，中国对白银的需求也相应增加，这种需求侧压力使白银在中国的价值比世界其他地区高出50%。18世纪，西属美洲殖民地银矿所生产的白银比16世纪和17世纪的总和还要多。[11]秘鲁在18世纪的白银产量增加了两倍多，甚至超过了17世纪的最高产量。在17世纪的大部分时间里，墨西哥的产量远超秘鲁两倍。[12]

18世纪上半叶，中国的金银比保持在1∶10；在欧洲，这一比例是1∶15。[13]与美洲白银一样，欧洲产的白银大部分将被取道印度运往中国，商人们盘算的依旧是套利利润。英国皇家铸币局局长（Master of Mint）艾萨克·牛顿（Isaac Newton）在他1717年的

《备忘录》（*Minute*）中写道："在中国和日本，1 磅重的黄金只值 9 磅或 10 磅白银；在东印度，1 磅黄金可能值 12 磅白银。较低的金银比率导致整个欧洲的白银流向亚洲。1730 年，接替牛顿铸币局局长职位的约翰·康杜伊特（John Conduitt）更详细地阐述了牛顿的观点，他说："巴西发现新金矿后，进口到欧洲的黄金大幅增加，所以黄金价值较低；由于欧洲几家东印度公司对白银存在巨大需求，白银的真正内在价值大大提高。"[14] 18 世纪 20 年代和 30 年代，船长们和东印度公司的官员们想利用中国和欧洲金银比差异赚取利润。1741 年以后，东印度公司在印度大量铸造一种新的金币，即星状的帕戈塔金币（pagoda）。由于东印度公司与中国和马尼拉的贸易不断增长，大量黄金被运到马德拉斯，被用于制造金币。1743 年，在马尼拉生活的西班牙人弗朗西斯科·马丁内斯·德·拉·科斯塔（Francisco Martinez de la Costa）估计，菲律宾人与外国人交换了价值 200 万比索的黄金。[15] 17 世纪末，外国贸易商和东印度公司在广东开展贸易活动，中国和东南亚其他国家都是黄金生产国，这说明一点：与欧洲大陆贸易商相比，英国贸易商更善于用东印度群岛贸易所赚取的黄金创造更大利润。通过黄金套利，英国奠定了在亚洲的霸主地位。[16]

172 18 世纪，白银主要以墨西哥八里亚尔银币的形式流向亚洲，根据图案的不同，这种银币分为"多斯门多斯"银币（*dos mundos*）和"布斯托斯"（*bustos*）银币。1732 年至 1772 年，铸币厂制造了 5 亿枚多斯门多斯银币；1772 年至 1822 年，共制造了近 9 亿枚布斯托斯银币。[17] 显然，墨西哥银币普遍存在于世界各地。在中国南方，墨西哥八里亚尔银币的流通量大于其在墨西哥的流通量。此外，墨西哥银币遍布整个太平洋岛屿以及从西伯利亚到孟买的广大区域。北美殖民者只接受八里亚尔银币作为支付方式，美洲商人用这些银币在非洲西海岸购买奴隶，把茶叶从中国出口到美国。[18]

皇家铸币厂通常对白银交易收取八分之一比索的铸币税，因此，除了来自白银交易的大量税收外，万里之外的中国对这些银币的需求明显增加了西班牙的财政收入。18 世纪上半叶，亚欧贸易再度繁荣。跟过去一样，数亿枚银币流入中国，使中国市场趋于饱和。从 1750 年起，中国的金银比率超过 1∶15；在欧洲，这一比例下降到 1∶14.5 至 1∶14.8 之间。[19] 18 世纪下半叶，清帝国继续进口银币，但每单位白银的利润率较低，与波托西、日本或墨西哥白银时代的收益峰值不可同日而语。白银利润率持续低迷，墨西哥矿山却不断生产大量白银直至 18 世纪末。正因为白银市场的波动，海军准将安森才用帆船将白银从阿卡普尔科运到了伦敦。1700 年，白银被运往中国，因为相对于欧洲，中国市场的白银价格高出 50%。[20]

茶叶和鸦片时代

清政府将中国商人与欧洲人的贸易活动局限于广州港，由一群著名商人组成的同业联盟“公行”（*Co-Hong*）加以监督。该同业联盟负责制定价格、征收关税，并对欧洲商人的行为负责。欧洲商人只能住在黄埔（Wampoa）码头和“十三行街”（Thirteen Factory Street）等滨海区。

随着英国商业活动在全球市场上的影响力越来越大，白银的购 173
买力下降。1757 年的普拉西战役（Battle of Plassey）过后，英国控制了孟加拉，进而导致亚洲贸易格局发生根本性的变化。“征服孟加拉之后，英国人获得了大量财富和对孟加拉一些商品的控制权，比如鸦片，他们凭借这些财富和权力开辟自己的航线。”[21] 从 18 世纪 50 年代开始，英国逐渐巩固了其在东方的霸权地位，法国和荷兰的影响力却在减弱。1781 年，美洲殖民地实现独立，英国只能把殖民的目标转向亚洲，印度成为其帝国版图的中心。

东印度公司将孟加拉的鸦片进口到中国，以换取中国的茶叶和其他商品，从而成功地控制了一个迅速增长的新市场。“有人认为，到了 18 世纪上半叶，白银不再流入中国。但实际上，白银并未停止流入中国。可问题的关键不在于此，而在于鸦片和茶叶变成了高利润市场。就利润而言，白银只扮演着互补的角色。”[22] 按路易斯 · 德米尼（Louis Dermigny）的说法，18 世纪上半叶，在英国对广州出口商品中，白银占商品价值的 90%；从 1775 年到 1795 年的这段时期，白银只占英国对广州出口商品价值的 65%，其他商品占 35%。他用“茶叶时代”一词来描述 1760 年以后的英国对华贸易。[23] 鸦片出口和“茶叶时代”背后的根源是英国对中国茶叶的需求。1760 年，伦敦茶叶进口量达到 250 万磅；1769 年至 1770 年，茶叶进口量达 900 万磅；1785 年至 1786 年，达 1400 万磅；到 18 世纪末，则达到 2300 万磅。[24] 反过来，从 1729 年至 1800 年，英国向中国出口的鸦片增长了 20 倍以上，这有助于减少从伦敦流向中国的白银。[25] 英国人通过向加尔各答的荷兰人销售鸦片至少赚取了 100% 的净利润，鸦片贸易额占印度政府年收入的近 20%。[26]

茶叶与鸦片的关系本身就是一个复杂的贸易网络的组成部分，也是 18 世纪全球化农业商品生产的新模式。例如，英国人喝茶时要加糖，这就使得英国从美洲大量进口奴隶生产的糖。糖来自规模不断扩大的种植园经济体，这些经济体致力于种植糖、咖啡和棉花等经济作物。

从16世纪至17世纪，具有如此重要经济价值的马鲁古群岛和班达群岛风光不再，因为其他地方也开始种植宝贵的香料。为了种植香料植物，巴西、东非和一些热带岛屿不懈地努力着。法国人皮埃尔·普瓦弗（Pierre Poivre）决定把肉豆蔻和丁香引入印度洋的毛里求斯群岛（Mauritius）和留尼汪群岛（Reunion Islands）种植，这些岛屿当时刚刚被法国殖民。1770年，他从马鲁古群岛带来未处理过的肉豆蔻和丁香幼苗（荷兰人在出口香料种仁之前，会用石灰使其失去生长能力）。在20年的时间里，这两种植物传播到了非洲的马达加斯加岛和桑给巴尔岛（Zanzibar）以及加勒比地区的马提尼克岛（Martinique）和格林纳达（Grenada）。荷兰对香料的垄断终于画上了句号。[27]

詹金斯耳朵之战和马尼拉帆船 174

1738年，罗伯特·詹金斯（Robert Jenkins）船长在伦敦下议院讲述了一个令人心痛的故事。按他的说法，1731年，西班牙人登上他的船，没收了船上的货物。西班牙人还把詹金斯绑在桅杆上，割掉了他的一只耳朵。詹金斯向议员们展示了一个罐子，罐子里装着白兰地酒，他的耳朵就浸泡在酒里。詹金斯说，就是在这种恶劣的环境下，“他把灵魂献给了上帝，把事业献给了国家”。西班牙长期在美洲沿海打击外国船只，詹金斯船长也因此而失去了他的货物和耳朵。为了打击走私，西班牙王室向海岸防卫船（*gardacostas*）颁发许可证，允许它们俘虏那些从事非法贸易的船只。“按英国政府的说法，从 1713 年至 1731 年，西班牙海岸防卫船非法没收或抢劫了 180 多艘英国商船。”[28] 英国首相罗伯特·沃波尔爵士（Sir Robert Walpole）不想与西班牙开战，打算姑息这种侮辱性的举动，并向议会发表演讲，阐述了西班牙商业的本质：“目前，很少有欧洲国家的平板船和帆船所运载的金银财宝少于西班牙……西班牙只不过是这些财宝被运往欧洲其他国家的一个渠道而已。”[29] 沃波尔所言不虚。在从事美洲贸易的所有船只中，外国船只占了四分之三，这些船只本应受安达卢西亚的西班牙贸易局的垄断控制。新世界出售的商品大多是舶来品，因为伊比利亚半岛上的商行仅从事国外制成品的转运业务。从 1650 年开始，欧洲的产品和奴隶从荷属、英属和法属加勒比群岛“以非正规、非法的方式源源不断地”到达美洲殖民地。[30] 正如一位历史学家所总结的那样，“西班牙官方贸易体系无法满足帝国的需求，这点尽人皆知。假如没有走私活动，西班牙的殖民地早就土崩瓦解了”。[31] 就在这些经济现实之下，英国和西班牙之间爆发了战争。英军总司令弗农（Vernon）指挥一支舰队驶向太平洋，准备进攻西属美洲殖民地港口，“这是一场目标混乱的海战”。[32] 海军准将乔治·安森率领的一支小中队接到命令，“留意一艘从阿卡普尔科出发的船只，这艘船每年会在特定时间从阿卡普尔科驶往马尼拉”。[33] 1743 年 5 月，安森指挥的“百夫长号”（*Centurion*）俘获了马尼拉帆船“科文东加号”，对商业造成严重打击。“到了 1744 年，中国海的每一名商人都能感受到墨西哥白银停运所造成的影响。”正因为如此，在 1746 年，两艘从巴塔维亚出发、载着英国商人抵达新西班牙沿海的船只愿意用亚洲商品换取白银。它们到达墨西哥时，恰好有一艘满载白银的大帆船抵达马尼拉，当地白银紧张的局面得以缓解。[34]

除了战争和大帆船航线中断外，由于荷兰和英国公司之间存 175
在原产地市场竞争，导致亚洲商品的价格不断上涨。从 1734 年到 1770 年，中国商品的价格平均上涨了 147%，印度商品的价格上涨了 165%。世界各地的物价都呈上升趋势。[35] 与此同时，欧洲商人带到美洲市场的欧洲纺织品也与马尼拉帆船运来的亚洲纺织品产生竞争关系，其中包括产自加泰罗尼亚，旨在模仿印度布料的棉织品，打着“印度棉布”（*Indianas*）的幌子销售。阿卡普尔科市场的需求大幅下降，大量墨西哥资本退出帆船贸易。“科文东加号”被英国人俘获后，这一倾向变得非常明显，说明某一偶发事件会导致大量资本退出市场。在秘鲁总督辖区，英国海军总司令爱德华·弗农（Edward Vernon）占领了波多贝罗港，加速了西班牙船队和集市的消失，取而代之的是途经合恩角抵达布宜诺斯艾利斯和秘鲁的英国船只。[36]

1740 年至 1748 年的“奥地利王位继承战争”（War of Austrian Succession）和 1756 年至 1763 年的“英法七年战争”（Seven Years' War between France and Great Britain）的目标是争夺北美、西印度群岛和非洲的控制权。鉴于这一时期的外交环境，西班牙帝国决定与法国波旁王朝联手。莫卧儿帝国（Moghul Empire）则是另一个至关重要的战场。七年战争期间，英国人于 1761 年占领了法属的本地治里（Pondicherry）。这场冲突爆发之前，罗伯特·克莱夫（Robert Clive）在 1757 年的普拉西战役中击败了孟加拉的抵抗力量，阿富汗人于1761年战胜了德里附近的马拉塔人（Marathas）。这些事件巩固了英国的地位，印度统治者再也无法挑战英国人的霸权。[37]

176 在鸦片成为出口替代品之前，白银是与中国进行贸易必不可少的交换媒介，马尼拉则是离中国最近的白银来源。到1700年，只有个别英国人参加到马尼拉的贸易当中，包括了拥有4艘长途船只的总督伊利胡·耶鲁（Elihu Yale），以及某些大副和水手长。[38] 东印度公司的商业运作依赖于马尼拉的白银，若帆船中断航行，就意味着贸易受到严重损害。例如，1712年，位于马德拉斯的东印度公司无法与中国、马来西亚和印度尼西亚进行贸易；1715年和1727年，东印度公司的管理者抱怨说，因缺乏马尼拉的白银业务，公司的处境十分危险。从红海和菲律宾运往印度的白银以及孟加拉和中国的需求决定了印度南部白银的价格。[39] 英国商人、亚美尼亚人，以及后来的法国人在亚洲市场收集纺织品，对帆船贸易作出了很大贡献。1713年前后，由于法国和西班牙结成政治联盟，法国船只开始在秘鲁和马尼拉之间进行贸易，但西班牙王室很快就终止了这条航线。

1742年，此时正值奥地利王位继承战争期间，为了避免在英法发生战事时被孤立，菲律宾总督向丹麦船只开放马尼拉港口，比如“丹斯堡号”（*Dansborg*）就受到了热烈欢迎。西班牙人对丹麦人的这次妥协让英国的船长们发现了一个新的漏洞，可以提高他们对马尼拉贸易的参与程度。[40] 在马德拉斯流通的白银中，大约有45%通过马尼拉转口。1740年，伦敦和菲律宾向印度的东印度公司运送了几乎同等数量的白银，其中，54223磅来自英国，54425磅来自马尼拉。[41] 白银套利交易是其中一大关键因素。例如，1786年，马德拉斯的投资者把白银运到广州，那里的白银价格较高，他们可以从中获利。[42] 18 世纪上半叶，印度将价值为 15 万至 30 万比索的棉花出口到马尼拉，以换取白银。[43]

菲律宾七年战争

18 世纪 50 年代，菲律宾危机四伏。穆斯林发起了毁灭性的袭击；1755 年，华人再次收到驱逐令，只有数百人通过皈依基督教而不被驱逐；1759 年到 1761 年，菲律宾总督一职长期空缺，由宿务主教临时兼任，等待下一个总督到任，马尼拉大主教曼努埃尔·罗霍·德尔·里奥（Manuel Rojo del Rio）上任。

1761 年，查理三世与法国波旁王朝签署了所谓的“家族契约” 177
（*Family Pact*）。随后，西班牙和英国关系破裂，双方于 1762 年 1 月宣布开战。同年，英国人征服了古巴的哈瓦那和菲律宾的马尼拉。因为菲律宾和西班牙之间的单向通信需要 1 年半时间，所以马尼拉当局对所有这些外交和军事方面的进展一无所知。事实上，来自马德拉斯的亚美尼亚商人们曾向大主教提及一支舰队正准备征服马尼拉；此外，一位牧师也收到一封包含同样信息的信件和一封经广州送达的公函，里面有关于西班牙和英国开战的消息。然而，英国舰队正在接近一座没有准备好对付来犯之敌的城市。在西班牙人心目中，超自然之兆弥补了军事准备的不足。当时，马尼拉有一群妇女从事宗教修行，指导她们修行的人叫葆拉修女（Mother Paula）。在一次谈话中，葆拉修女告诉殖民地检察总长，“马尼拉不会沦陷，英国人来这座城市只是为了皈依天主教”。检察总长把这个消息转达给总督。事实证明，葆拉修女的话完全是无稽之谈。

1762年9月22日，在海军上将塞缪尔·康尼什和准将威廉·德雷珀（WilliamDraper）的指挥下，载有6000多名船员的13艘战舰进入马尼拉湾。英国人与西班牙人的首次遭遇战发生在9月24日，西班牙军队撤回了马尼拉城内。英军要求守军献城投降，但西班牙人的作战委员会（Council of War）于9月25日召开第一次会议之后，决定“誓死保卫马尼拉”。修士们向大主教转达了葆拉修女捎来的另一则振奋人心的信息：“圣弗朗西斯（Saint Francis）将为马尼拉人创造奇迹，他将会手握绳子出现在墙上，保卫这座城市，击退来犯之敌。”[44] 尽管有这些预兆和宣言，西班牙人却在作战委员会召开首次会议10天后就投降了。英国要求西班牙割让整个菲律宾群岛和赔偿400万比索，但这两个请求都没能得到满足。用一位西班牙历史学家的话说，“懦弱的总督”只收集到了54.6万比索，其中包括来自商人和慈善基金的捐助、教会的白银以及他自家的银器。[45]

178 正当英国指望着这位慷慨的大主教兼总督割地赔款时，菲律宾高等法院（High Court of the Island）法官西蒙·德·安达 (Simon de Anda) 组织起一场反击入侵者的抵抗运动。他把自己的住所建在邦板牙省首府巴科洛尔（Bacolor），那里也是吕宋岛上最忠于西班牙殖民政权的地方。很快，他就组织起一支军队，这支军队不仅有西班牙人，还有来自本地治里，逃离了英国军队的法国人以及当地的邦板牙士兵。当时，“菲律宾人号”帆船正从阿卡普尔科驶往菲律宾，即将抵达目的地。船长要求领航员前去领航，英国人俘虏了领航员，从而获悉“菲律宾人号”即将抵达的消息。与此同时，安达命令“菲律宾人号”船长将船驶向帕拉帕格港。英国搜查队找不到帆船所运送的300万比索。在方济各会修士的指引下，这笔钱被通过海路运到邦板牙沿海的一个名为“桑托尔”（Santor）的小村庄，从而为安达的抵抗军提供了急需的资金。吨位达2000吨的“至圣三位一体号”则遭遇了另一种命运。该船出发前往阿卡普尔科，但一场风暴吹断了它的桅杆，只能返回菲律宾群岛。当“至圣三位一体号”抵达圣贝纳迪诺海峡时，两艘英国护卫舰袭击并俘获了这艘船。舰队司令没收了船上的1048捆纺织品以及多箱货物和其他贵重物品，尽管大主教要求英国人归还这些货物，但科尼什完全不予以理会，把抢来的物品公开拍卖。[46]

当时，很多华人居住在菲律宾。用马丁内斯·德·苏尼加的话来说，“虽然前任总督阿兰迪亚先生遣送走了所有华人异教徒，但这名总督死后，又有华人来到这里补充上之前的华人群体。不到3年时间，华人数量增加到了令人难以置信的地步”。[47]英国人希望西班牙殖民者和当地人之间的紧张关系有助于他们实现征服马尼拉和占领苏禄群岛中一个岛屿的目标。侵略军之所以依赖菲律宾人和华人的支持，是因为“菲律宾土著人对西班牙人有敌意”，而华人，“尤其是那些在西班牙神职人员强烈要求下被驱逐出马尼拉的华人，会立即寻求他们想要的一切庇护和安全措施”。[48]英国人在苏禄群岛实现了他们的目标。菲律宾南部的各个苏丹国政治局势非常稳定，西班牙、荷兰和英国只能与当地统治者苏丹进行谈判。1762年，苏鲁苏丹（Sultan of Sulu）的阿利穆丁（Alimudin）将巴兰班干岛（Balambangan Island）割让给英国东印度公司，并与英国结成同盟，保护苏丹国免受西班牙人攻击。

事实证明，英国人的看法是正确的。华人加入英国军队，希望英国人入侵菲律宾后能改善他们的处境。[49]事实上，在英国袭击布拉干（Bulacan）的一所修道院后，入侵者将一名奥古斯丁修士和“在那里找到的所有土著人交给华人……后者残忍地杀死了他们，为那些此前在冲突中死亡的同胞报仇”。[50] 1762年，邦板牙省瓜瓜市（Guagua）以及马尼拉地区的5000多名华人计划在12月24日晚上趁所有西班牙人和菲律宾人都在做圣诞午夜弥撒时发动武装起义。一名中国男人向他的未婚妻透露了这个秘密计划，后者把这个令人震惊的消息告诉了教区牧师。安达派遣一名特使找到起义者，提议双方和解，但他们拒绝了。“我们的人发现只能诉诸武力，于是先发制人，开始大肆屠杀华人。”[51] 此次起义的130名幸存者被判处死刑。代理总督颁布了一项法令，“要求绞死岛上的所有华人。这项法令被广泛实施。但在某些情况下，也有人无视法令，总督却对玩忽职守者不予以追究”。[52] 这一次，菲律宾土著没有加入西班牙人屠杀华人的行列。《多明我会神父史》（*History of the Father Dominicans*）一书的作者称瓜瓜市的民众“太愚蠢”，因为他们没有积极参与战斗，对正在发生的事情无动于衷。[53] 实际情况可能比该书作者所描述的更严重。拉古纳省的圣巴布罗德洛斯蒙特斯市（San Pablo de los Montes）发生了一场小规模起义，菲律宾人和华人都参与其中。[54] 安达颁布的法令造成约6000名华人伤亡。一位菲律宾历史学家写道，“那年圣诞节期间，菲律宾的土壤被鲜血浸染，历史学家们把这一事件称为‘1762年的红色圣诞节’（Red Christmas of 1762）”。[55]

179 土著人无动于衷、华人奋起反抗和英国人占领菲律宾只是西班牙人面临的诸多挑战之一。“当马尼拉的菲律宾人目睹西班牙人战败时，士气深受打击，因为长久以来，他们已经习惯了西班牙军队凯旋的壮观场面。”[56] 由于拒绝缴纳贡赋和提供义务劳动，以及对西班牙当局虐待土著人的做法不满，各地的菲律宾人纷纷揭竿起义，比如迭戈西朗地区（Diego Silang）的伊洛科人（Iloko）叛乱，以及卡加延、拉古纳、八打雁（Batangas）、塔亚巴斯（Tayabas）、甲米地、萨马尔、班乃、宿务和三宝颜等地的骚乱。土著人开始驱逐或屠杀西班牙官员和修士。[57] 1762 年开始的胡安·德·拉·克鲁兹·帕拉里斯（Juan de la Cruz Palaris）叛乱尤其难以控制。用马丁内斯·德·苏尼加的话说，“东印度群岛最顽固的叛乱分子在班诗兰省”。叛乱分子只抵抗到 1765 年 3 月份，但叛乱所带来的后果是毁灭性的。1 万名土著人被杀，还有很多人死于饥饿。“叛乱过后，政府对该省做了一次人口统计，结果发现死亡人数达 26927 人，占当地总人口一半左右。”[58] 1763，西班牙和英国签订《巴黎和约》（*Treaty of Paris*），两国之间的战争宣告结束。[59]

18 世纪的菲律宾华人

中国是 18 世纪各方面增长最快的帝国，许多中国人在这一时期相继移民到菲律宾群岛。[60] 1768 年到达菲律宾的旅行家皮埃尔·德·巴赫斯（Pierre de Pages）描述了华人在吕宋岛的活动，他指出：“目前，吕宋岛有 2 万多名华人。继垄断了马尼拉的整个制造业和大部分贸易业之后，他们开始把注意力转向农业。”

然而，吕宋岛上的华人并不都是商人，其中一些华人早在 18 180
世纪以前就从事农业工作。早在 1589 年，他们就在马尼拉附近务农，为马尼拉提供农产品。除了这些独立自主的农民以外，华人还为西班牙地主、奥古斯丁会和耶稣会工作，雇主认为他们比菲律宾人更擅长耕种土地。

由于马尼拉的华商受到敌视，他们在别的地方建立了小型聚居地，并仿照马尼拉的涧内将其命名为“小涧内”（*pariancillos*）。华商为菲律宾各省提供了小额资本和创业经验。[61] 法规禁止华人到马尼拉以外的地方与土著人进行贸易。皈依基督教的华人可以自由从事商业活动，在皈依后 10 年内不用缴纳贡赋。许多华人与菲律宾女人结婚，居住在妻子的村庄里。未皈依基督教的华人购买了通行证之后可以前往其他省份；买卖通行证是西班牙官员的非法收入来源，除了买通行证的钱，官员往往还要求华人给予他们其他好处。华人先用一大笔钱向当地市长行贿，然后定期送钱送物。“随后，华人开始让自己成为当地经济不可或缺的一部分。他们的主要手段就是贷款给土著人购买大米和土产，由此享有土著人种植的下一季水稻作物的留置权，以此作为偿还贷款的方式。通常情况下，当地农民会把下一季作物全部抵押给华人。”[62]

至 18 世纪中叶，除了吕宋岛之外，班乃岛、宿务岛和三宝颜岛都相继留下华人的足迹。[63] 在 1701 年的一份文件中，各教派的大主教抱怨说，各省针对华商的禁令被置若罔闻，他们指出，“这一禁令既未得到遵守，也未得到尊重”。[64] 不仅华人，还有“摩尔人、亚美尼亚人和其他野蛮人在各个省份定居，这些省份没有像马尼拉那样建造城墙”，这些异教徒和近来皈依基督教的菲律宾人之间的互动已经造成灾难性的后果，因为：

这些基督徒认为，宗教是令人无法忍受的，但无论从宗教本身、宗教所带来的影响，或是从他们所认为的基督徒应承担的义务来看，情况并非如此。鉴于他们的理解能力较弱，所以站在他们的角度来看，成为一名基督徒后，不仅要服从教会牧师和市长的领导，还要背上缴纳贡赋和徭役的负担。[65]

在菲律宾，有两类人对华人持不同态度。一类是靠向华人出售 181
居留许可证和贸易许可证牟利的当地官员、帆船贸易的从业者和修士。修士们倾向于欢迎更多华人到菲律宾定居，因为华人比菲律宾人缴纳了更多税款。华人每年需缴纳的费用包括 8 比索居留许可证费、5 八里亚尔人头费、12 雷亚尔的“社区福利基金”捐款、宗教教育费，此外还要经常缴纳一些特种税。[66] 与此相反的另一类，如新任总督，他的“雄心壮志尚未被华人的贿赂所腐蚀”，再加上西班牙帝国当局担心殖民地的安全，不欢迎华人留在菲律宾，赞成将外国人口数量保持在最低水平。[67] 1709 年，担任菲律宾总督的利萨拉加伯爵（Count of Lizarraga）马丁·德·乌苏亚·阿里斯门迪（Martin de Ursua y Arismendi）也持类似立场。用马丁内斯·德·苏尼加的话说：

他的首要任务就是把华人驱离菲律宾群岛。每一年中国商船离开后，总有一些华人习惯留在岛上，这不利于西班牙人的统治……除了技工或从事公共服务的华人以外，其他所有华人都要被驱逐。总督通过发放居留许可证捞取了大量好处，才会纵容这些华人留在菲律宾。

此外，他还批评了华人做生意的惯常手段。

> 他们总是短斤缺两，在糖、蜡和几乎所有商品中掺杂不同物品，以免被人一眼识破。他们都是行业的垄断者，目光狭隘，只关注居民的需求以及市场对不同消费品的需求，然后囤积这些消费品，以高价卖出。长久以来，这种做法不受任何惩罚，因为他们会通过行贿而获得强有力的保护。虽然有时候他们也被罚款，但即使在罚款当天，他们依旧不肯悔改。我们应该把那些有问题的商品以他们所定下的高价卖还给他们。[68]

他的话似乎有些道理。1840 年，一名法国游客记录了菲律宾商界的垄断行为，这些行为与苏尼加的叙述如出一辙。华商会买下所有可获得的商品，然后分销给华人零售商。他们组成了一条足以抵抗任何潜在竞争对手的坚实战线。[69] 华人擅长利用家族关系获取竞争优势，从流动商贩逐渐变成拥有好几家商店的老板。“在家族和宗族关系的加持下，他们建立了一个庞大的零售商店网络……一个家族集团往往在整个马尼拉地区拥有经营某类商品的所有商店。”这样的贸易网络使华人得以控制菲律宾群岛的经济命脉，广泛地发展分支机构。[70] 受华人商业影响的不仅仅是西班牙人。英国人在苏禄群岛站稳脚跟后，华人以高于英国人的价格买下了这些岛屿的农产品，将英国人挤出当地市场。这些华人买卖各种各样的商品，比如棉布、铁和其他五金制品、陶器、丝绸、铜和海产品（包括玳瑁、珍珠母、海参、燕窝、鱼翅等）。数个世纪以来，华人一直与岛上的民众和酋长打交道，他们拥有压倒性的优势。他们认为，官员所要求的贿赂和敲诈勒索是一种商业惯例，并把这些费用作为交易成本包含在产品价格当中。[71]

菲律宾的改革

182

1749 年，耶稣会会士胡安·德尔加多（Juan J. Delgado）写道，马尼拉陷入了赤贫的境地，因为 3 年来没有任何来自墨西哥的大帆船抵达马尼拉。他还“毫不夸张地”说，这座城市有 4 万多名华人，而整个菲律宾群岛华人数量是这个数字的两倍。“那些年里，由于清帝国遭受大饥荒”，华人大量涌入菲律宾。[72]

来自墨西哥城的富商主导着马尼拉与阿卡普尔科之间的贸易。1710 年至 1760 年，他们经常来到马尼拉，以马尼拉市民的身份获得帆船的舱位，然后委托代理商开展业务。这种做法使马尼拉的大多数西班牙公民无法参与到太平洋航线的商业活动中，当他们退而求其次试图参与当地市场时，却发现华人已经垄断了菲律宾殖民地的贸易和零售业务。

1754 年，新总督佩德罗·曼努埃尔·德·阿兰迪亚抵达菲律宾后立即采取措施，使殖民地与帝国的新政策保持一致。他重组步兵，组建了一支炮兵部队，向部队发放足额薪水，改造甲米地港的军火库。[73] 此外，他是首位将经济发展观点引入菲律宾的西班牙官员，并尝试用不同的方法管理华人。第一项措施是他下令建造一个新的住宅区，即位于圣费尔南多（San Fernando）的丝绸市场（*alcaiceria*）。来菲律宾的华人必须住在那里，直至中国商船离港为止。康塞普西翁神父（Father de la Concepcion）写道，建造该市场的目的是提供一处“可以进行贸易的场地；交易完成后，异教徒商人要立即返回自己的国家，不得从马尼拉进入内陆或与土著人有任何交易”。[74] 阿兰迪亚的第二项措施是在官方保护下组建一家贸易公司，向西班牙人、菲律宾土著和具有中国血统的混血儿提供会员资格。这家贸易公司需筹集的资金总额为 76500 比索，每股股份价值 500 比索。该公司制订了明确的目的，那就是从华人手中夺取菲律宾群岛批发和零售业务的控制权。[75] 这个计划还有其他目的，包括提高土著人的就业率、教他们实用的技能、防止白银外流、为本土产品提供市场等。这些崇高的目标伴随着一系列激励措施：政府将在 10 年内免除该公司棉花制品的税收，允许它从其他国家进口商品时不用缴纳进口税。此外，政府还允许该公司管理慈善基金团体的资金，“以 5% 的利率将这些资金投资于公司业务；确保总督的财政支出”。[76] 公司很快就发现，筹集到的资金根本不够用。总督向最富有的慈善基金团体弥瑟里考迪亚（Misericordia）索要 10 万比索，向圣弗朗西斯科第三教士团索要 3 万比索。在菲律宾群岛，该公司卖出商品时接受削边银币作为支付手段，但外国市场并不接受削边银币，这就意味着公司将遭受严重损失。在西班牙，该公司遭到政府当局的抵制。成立不到 1 年后，这家公司就解散了。因此，零售贸易仍然掌握在华人手中。[77]

183 总督采取的第三项措施是驱逐华商。1755 年 6 月 30 日，多艘船只等候在岸边，准备执行这项任务。在各宗教教派的协助下，数百名华人在同一天接受洗礼，以避免被驱逐出境。华人并非真心想皈依基督教，当那些支持英国人的华人被驱逐时，西班牙人哀叹“他们从脖子摘下念珠并扔掉，去除身上天主教徒的所有标志”。[78] 被驱逐的华人在苏禄群岛和棉兰老岛重新安家，在摩洛人酋长的资助下从事贸易。[79] 然而，这种资助并不是免费的。酋长以 25% 或 30% 的高利率年息向华人放贷，而且经常强迫他们接受贷款。[80] 不过，到了1778年，总督何塞·巴斯科·巴尔加斯允许华人返回马尼拉，且农业劳动者可优先获得入城许可证。“七八十年后，打着‘农业劳动者’这个幌子回归马尼拉的华人和新经济作物经济的联系变得明显起来。”[81]

从18世纪中叶开始，由于西班牙人尝试在菲律宾生产糖、靛蓝、棉花、马尼拉麻和烟草等可供出口的农作物，当地经济开始发生变化。伴随着这种新农业的是“1750年至1850年这一百年中最重要的社会现象……混血华人逐渐崛起，在菲律宾经济和社会中占据重要地位”。菲律宾人与华人通婚，他们的后代利用1755年和1766年华人被驱逐出境的机会，接管了零售贸易业和手工业，控制了马尼拉市场的生活物资供应，向宗教团体租赁房产，从土著人手里继承土地。混血华人种植烟草和其他经济作物，推动了菲律宾的经济转型。18世纪，随着混血华人形成一个庞大群体，当局便把他们归类为混血人种，针对他们的税收制度也发生了变化。他们需向当局缴纳3比索税费，大约是菲律宾土著人需缴纳金额的两倍。[82]

18世纪的摩洛战争 184

从1752年至1773年的20多年里，摩洛人对菲律宾的侵袭变得极具破坏性。这些突袭全是大规模的行动：在对莱特岛帕隆蓬（Palompon）的一次袭击中，1000名摩洛人乘坐25艘船只登岛。可想而知，这些船只有多么庞大。每艘船都可以运载40到50名携带武器和青铜火炮的战士，船上还给俘虏和战利品留下了空间。[83]

17世纪，西班牙和荷兰爆发冲突，穆斯林借机巩固政权。到了

18世纪，霍洛岛和棉兰老岛市场对奴隶的需求增加，各苏丹国的突袭活动也随之增加。摩洛人把奴隶带到荷属东印度群岛，以换取金钱和枪炮。这些侵略活动的后果之一就是殖民当局统治下的米沙鄢和棉兰老岛人口减少，西班牙王室也因此失去了部分贡赋。1750年至1757年，在班乃岛的卡利博市（Kalibo），进贡者数量从1174人下降到549人；在棉兰老北部的武端市，进贡者数量从800人下降到130人。棉兰老岛北部人口减少得最为严重。这段时期，武端市共有300人被俘，卡拉加地区（Caraga）有2000人被俘，锡亚高（Siargao）有1600人被俘，苏里高（Surigao）的金矿被遗弃。[84]位于马尼拉的殖民政府迟迟不对受到威胁的社区施以援手，出于经济利益考虑，他们对这些社区的状况漠不关心。一名传教士抱怨说："有时候，当海盗摧毁一个岛屿后，被政府派去追捕海盗的小分队队长会在下一个岛屿上展示并出售他们缴获来的商品。"[85]

继英国人在1762年入侵菲律宾之后，为了满足中国市场需求，摩洛人又发起了新一轮袭击。18世纪，英国东印度公司和"跨国商人"将苏禄地区纳入他们的经营范围，使得掠夺奴隶的活动越发频繁。英国人把纺织品、武器和弹药带到霍洛岛土著人那里，以交换珍珠、海参和燕窝，然后把这些货物带到广州换取茶叶。摩洛人强迫劳动力去采集林产品和海产品，不久，霍洛岛便成为一个货物集散地，吸引了众多商人、海上小商贩和中国贸易商。霍洛苏丹国繁荣发展，它不仅从市场中获利颇丰，还控制了内外贸易，能够为海上探险提供资金。为了巩固政权，苏丹把奴隶和火器送给那些依附于他们的酋长。[86]许多菲律宾人被杀害或被奴役，当地经济和社会生活受到严重破坏；此外，殖民政府强迫菲律宾人从事徭役、要求菲律宾人为驻军提供物资以及惩罚性的远征都使菲律宾人陷入更悲惨的境地。在摩洛人发动袭击的季节，岛屿之间的贸易充满危险，殖民政府无法正常运作，西班牙国库拨出巨款，用来对抗顽强的摩洛人。[87]

西班牙帝国政策的变化 185

在费尔南多六世（1746—1759 年在位）和卡洛斯三世（1759—1788 年在位）统治期间，西班牙帝国的政策发生了重大变化。其经济战略仿效英国、法国或荷兰的做法，走重商主义路线，改变西班牙经济。为了实现该战略，就必须发展伊比利亚半岛的农业和制造业，在美洲市场销售其产品，从而把欧洲和亚洲的竞争对手排斥在外，更好地利用殖民地资源。该计划的基本内容包括废除垄断贸易体系，实施行政改革，建立更有效的税收制度以支持大城市的财政。政治层面的改革则是把当时由教会和商会行使的权力集中在墨西哥和秘鲁政府的手中。[88]

英国入侵菲律宾 3 年后，即 1765 年，菲律宾检审庭成员弗朗西斯科·莱安德罗·德·维亚纳（Francisco Leandro de Viana）写了一份备忘录，详细说明发展当地经济和改变帆船垄断经营模式的计划。这一系列建议恰好与西班牙王室的新政方向同步。维亚纳强调通过好望角与西班牙进行贸易的好处。为了证明自己的观点，他讲述了在广州做贸易的欧洲船只赚取了多么丰厚的利润：“在大多数年份里，清帝国的广州港会停靠着 24 艘、28 艘或 30 艘船只，它们来自英国、法国、荷兰、瑞典和丹麦，携带着我国的富尔特比索（pesos fuertes）（在中国和整个印度，富尔特比索是最值钱的货币）……产自我国美洲殖民地的胭脂红和产自印度的鸦片也是对华贸易的两条主线。”

启程返回欧洲时，这些船只“携带着茶叶和一些瓷器……还有大量的丝绸，包括生丝和丝织品，丝绸是主要货物”。这些国家的代理商把丝织品的设计交给中国人，“设计每年都要更新，但中国丝织品的布料宽度与欧洲产品保持相同。然后，各国商人把中国的丝织品当作来自法国、英国和欧洲其他国家的产品销售”。这种做法对阿卡普尔科贸易是有害的，因为：

186 上述纺织品或原材料大部分跟随我们的贸易舰队来到了新西班牙，它们的质量与帆船从这里运往阿卡普尔科的纺织品质量相同，唯一的区别在于后者比前者更宽、光泽度更高。但是，两者的价格相差甚远。仅仅因为“法国产”或“英国产”这几个字，就让上述纺织品在整个墨西哥王国赢得了价值和尊重；“中国产”这三个字，却足以让那些途经阿卡普尔科的纺织品几乎毫无价值。[89]

1729年，在加的斯经商的法国商人代表维亚纳给法国红衣主教弗勒里（Cardinal Fleury）神父写了一封信。这位代表抱怨中国人仿制法国丝绸，售价却只有法国丝绸的一半。与此同时，帆船带来了越来越多的棉织品，法国丝绸也受到了影响。[90]还有，大量来自亚洲的纺织品从大西洋进入墨西哥市场，对帆船经济造成相当大的打击。

此外，维亚纳提议成立一家商业公司，种植棉花、可可和糖——“仅邦板牙省生产出来的糖就远超中国市场的消费量”，开采铁矿和黄金，从事其他有利可图的经营活动。维亚纳相信，这家公司将会阻止外国人掠夺美洲的财富：

> 在西班牙领土上铸造的银币不再流入外国，不再落入我们最大的敌人手中。印度群岛的宝藏穿过加的斯的渡槽，甚至没有在西班牙商人的水道上留下任何痕迹。这在印度群岛创造出来的巨额财富和一贫如洗的西班牙人身上体现得淋漓尽致。[91]

他提出了一个乐观的设想：由这家公司出资，在太平洋和大西洋之间开凿一条运河（即巴拿马运河的前身），改变帆船的航行路线。

> 如上所述，若该公司取得预期中的巨大成功，我们应该做好这样的思想准备：为了加快其商业发展，减少运输环节，公司的部分收益将用于改进巴拿马航线，使查格里河（Chagre River）更易于航行；借助这笔资金，也许我们还可以寻求一种最简单的方式来连接两大洋，或寻找其他方法，通过水路运输，把货物从一个港口运到另一个港口。[92]

维亚纳的备忘录是好几个计划的一部分，这些计划旨在扩大菲 187
律宾群岛的贸易，使其经济多样化，并开发其自然资源。1753年，耶稣会会士何塞·卡尔沃（Jose Calvo）计划成立一家公司，以开发菲律宾的农业和矿产潜力，并直接与伊比利亚半岛进行贸易。[93] 1760年左右，尼古拉斯·诺顿（Nicolas Norton）获得了一个由西班牙王室授权的项目：在马尼拉和加的斯之间建立一条直航路线，开发菲律宾群岛的肉桂、胡椒和其他香料的贸易。雷蒙多·奥凯利（Raymundo O' Kelly）、伯纳多·奥凯利（Bernardo O' Kelly）和维森特·奥凯内里（Vicente O' Kenneri）等英国商人在帆船上担任诸如白银管理员或领航员等职位，以马尼拉商品代理人的身份前往新西班牙。[94]

1764年，爱尔兰籍领航员理查德·巴格（Richard Bagge）建议向中国出口可可、海参、樟脑、珍珠和黄金等商品，以换取中国的丝绸和瓷器。这些事态的发展意味着其他领域要作出调整。费尔南多六世的首相恩塞纳达侯爵（Marques de la Ensenada）与国王分享了这些新思路，他写道，“如果西班牙没有强大的海军，就不会受到其主要对手法国和英国的尊重”。[95] 但是，改良殖民制度的不利之处在于其防御体系也会大有改观，甚至可能因此与英国开战。[96]

尽管如此，菲律宾经济改造计划还是开始了。加的斯的商人尝试通过好望角与亚洲进行贸易。1732年，英国大使告知伦敦，西班牙国王已授权商人取道好望角前往马尼拉，航行的资金来自英国。其他商人也在推动该计划。英国和荷兰政府都抱怨西班牙人剽窃了东印度公司的海图，在压力之下，西班牙国王只能放弃该计划。[97] 然而，到了1765年，这条航线再次引起人们的注意。当时，载着欧洲商品的“布恩康塞霍号”（*Buen Consejo*）护卫舰从西班牙出发，取道好望角，到马尼拉换取亚洲商品，航行费用由马尼拉商人承担。到1784年，西班牙帆船共完成了14次航行。由于护卫舰的货物存储空间很小，那些年的贸易额微不足道。不过，西班牙政府开辟这条航线的目的并不是为了追求利润，而是从战略角度出发，尝试着将墨西哥商人赶出亚洲纺织品市场。[98]

自 1778 年 10 月 12 日起，随着西班牙制定了与美洲开展自由 188
贸易的法律，殖民地商业开始大规模重组。政府取消了对跨殖民地贸易限制，并降低了税收，以促进美洲殖民地内部交流。从西班牙前往美洲的船队停航，位于加的斯的贸易局于 1790 年关门歇业。经过这些改革之后，西班牙与其殖民地之间的贸易额至少增加了 4 倍。然而，到了 1796 年，西班牙与英国开战，这种上升趋势很快就中断了。[99] 自由贸易法不允许外国船只合法参与美洲贸易。同样地，英国政府颁布了 1786 年《航海法》(*Navigation Act*)，对向英国船只运送殖民地商品的做法加以限制。欧洲各帝国并不打算放弃对殖民地贸易的控制权，不过，它们控制贸易的模式发生了变化。[100] 这种自由化法规的氛围鼓励私营商人从事殖民活动。1778 年，由马德里五大行会组成的一家公司向菲律宾运送了一批货物，委派数名专员同行。次年，这些专员把家搬到了中国广州。然而，到了 1783 年，该公司通过马尼拉大帆船向阿卡普尔科运送了大量货物，这表明对阿卡普尔科的贸易比对西班牙的直接贸易更有利可图。[101]

菲律宾殖民地行政管理模式的转折点出现在总督何塞·巴斯科·巴尔加斯（1778—1787 年在任）上任之后。他打算借助墨西哥专项资金实现财政独立，把西班牙、菲律宾和美洲殖民地的经济连接起来，建立以西班牙国内产品为基础的贸易机制。他鼓励民众种植靛蓝、胡椒和大麻，以及制造丝绸和棉纺织品。1782 年 3 月 1 日，菲律宾群岛成立烟草专卖店（*estanco*）。政府控制了烟草种植和收获的所有环节，国有工厂负责加工和销售雪茄烟。18 世纪的最后 30 多年里，除了烟草专卖税和帆船税，菲律宾人缴纳的贡赋也对殖民地的财政预算作出了重大贡献。从 1782 年到 1795 年，菲律宾群岛为西班牙财政部贡献了 1 971 696 比索，完全改变了此前中央政府与菲律宾群岛之间资金流动的模式。[102] 1811 年，西班牙政府不再划拨墨西哥专项资金。

1785 年，皇家菲律宾公司（*Real Compañía de Filipinas*）成立，大帆船贸易航线出现了竞争对手。此前，还有一系列组建公司的项目，如 1766 年，阿吉雷、德尔·阿尔科（Del Arco）和阿尔布克尔克的公司尝试开辟一条从西班牙到菲律宾群岛的航线。西班牙成立皇家菲律宾公司的目的是把美洲、菲律宾和西班牙连接起来，从而开发菲律宾群岛的资源。除了从事加的斯与马尼拉之间的直接贸易之外，皇家菲律宾公司的船只还获准与广州、加尔各答和利马直接进行贸易。该公司在亚洲港口指定了常驻代理人，这些代理人四处跑市场，为公司采购商品。然而，世界经济已经发生了变化。代理人和其他官员缺乏严格监督，在某些情况下经不起鸦片贸易巨大利润的诱惑，怠慢公司分配的工作，为自己谋私利。[103]

189 马尼拉的商人害怕失去阿卡普尔科帆船贸易的垄断地位，担心皇家菲律宾公司进入市场后带来竞争，极力表示反对。此前，他们也是这样反对护卫舰航行的。尽管如此，皇家菲律宾公司还是向英国王室提出了参与帆船贸易的请求，这表明帆船贸易依然能带来丰厚的利润。[104] 1789 年以后，皇家菲律宾公司的活动开始减少。

在这段时期，该公司一直努力地将菲律宾群岛的产品商业化，包括靛蓝、糖、伊罗戈斯棉等。这种做法产生了一些意料之外的副作用，比如来自法国、美国和英国的外国商业代理人在菲律宾群岛建立企业。1785年和1787年的法令对此前时常出现在菲律宾的亚洲、葡萄牙和印度船只合法开放港口。1789年，西班牙颁布一项法令，允许欧洲船只在马尼拉靠岸，该法令使马尼拉成为事实上的自由港。

帆船贸易的终结

17世纪的最后几十年里，墨西哥城商会的商人们控制了本地货物的销售，这些货物或途经韦拉克鲁斯、或由帆船从阿卡普尔科运到墨西哥城。商会组织各行业的商人在新西班牙、危地马拉、哈瓦那、厄瓜多尔和秘鲁分销亚洲纺织品，偶尔还让回国的船队把他们送到西班牙。[105] 他们是总督辖区内商业的资助者，为采矿业、纺织制造业和农业发展提供资金，并对零售贸易实行绝对控制。[106] 由于没有欧洲中间商，这条航线为纺织品和香料进口提供了另一种渠道，其进口价格低于欧洲船队带来的同类商品。[107]

18世纪下半叶，西班牙法规呈现出贸易自由化的趋势，为亚洲货物抵达美洲东海岸提供了便利。与此同时，墨西哥的上层社会开始消费欧洲产的丝绸，帆船带来的印度棉织品逐渐取代了中国的织物。皇家菲律宾公司的成立，尤其是“自由贸易”措施的实施结束了墨西哥商会对跨大西洋和跨太平洋贸易的控制。[108] 当位于新西班牙圣布拉斯港的英国人用棉织品交换白银时，这一变化体现得最为明显。到了1810年，美洲商人和船只在蒙特雷和圣弗朗西斯科等加利福尼亚港口进行交易；两艘西班牙护卫舰俘获了美洲船只“水星号”

（*Mercury*），没收了船上的海獭皮，并将它们带到广州。[109]

190 皇家菲律宾公司成立于1785年，此后，帆船贸易便急剧下降。从1778年到1786年，共有3艘帆船和两艘小型船只损失了货物，货值达350万比索。12年后，“圣安德烈斯号”沉没，所有船员遇难；“麦哲伦号”则失去了航行资格。1788年、1790年、1792年、1802年、1803年、1805年和1812年，没有任何船只从马尼拉驶出，投资者陷入困境，只持有几艘帆船的部分舱位。1786年，由于无法与走私品竞争，帆船不得不亏本出售商品。1800年，3艘来自马尼拉的船只抵达阿卡普尔科；1801年，又有4艘帆船靠岸，摧毁了阿卡普尔科市场，导致其将近10年无法恢复元气。1811年，在拿破仑入侵西班牙期间，帆船停航4年。在中国广州，欧洲人主导了茶叶出口以及棉花和鸦片的进口，这意味着中国帆船贸易开始衰落。美洲市场普遍供过于求，原因有二：一是欧洲和印度货物走私活动猖獗，二是皇家菲律宾公司进口了大量合法商品。1815年，最后一艘帆船返回马尼拉。从1815年到1821年，来自马尼拉的小型船只不再驶往阿卡普尔科，而是驶向墨西哥其他港口，比如圣布拉斯港、特皮克港（Tepic）、松索纳特·圭亚马斯港（Sonsonate Guyamas）和马萨特兰港（Mazatlan）。西属美洲殖民地独立战争爆发后，以白银开采和亚洲纺织品供应为基础的殖民制度最终土崩瓦解。[110]

鸦片贸易的扩大得到了此前从事帆船贸易的西班牙个人商人资本的额外支持。拉鲁莱塔公司（Laruleta & Company）和后来的门迭塔与乌里亚特公司（Mendieta、Uriarte & Company）把总部设在加尔各答。广州的主要商行则包括伊里萨里公司（Yrisari & Company）

和洛伦佐·卡尔沃公司（Lorenzo Calvo & Company）。1826 年以后，广州市场的美洲白银供应量暴跌，商人纷纷求助于信贷和汇票。“随着西属美洲殖民地的衰落，广州市场白银奇缺，导致广东商人改变了融资手段。”[111]

太平洋航线的终结 191

往来于阿卡普尔科和马尼拉的大帆船在太平洋海域航行了大约 250 年。与如今大型集装箱船或油轮的商业化运作相比，帆船的运营并不顺利。战争、船舶失事（30 多艘帆船在海上失事）和其他各种不幸事件经常使航线中断。英国人俘获了 4 艘帆船，数千人在远洋航行时死亡，财产损失更不计其数。然而，在菲律宾的劳动力和资源、秘鲁和新西班牙的采矿活动以及持续进行的美洲白银与亚洲丝绸交易的支持下，大型帆船并未就此终止航行。大帆船带来了极重要的生态交流，促成太平洋两岸美洲人、亚洲人和西班牙人的人口流动。这条航线之所以能够维持下去，与其产生的丰厚利润密切相关。鉴于贸易参与者所获得的高收益，从保险精算师的角度来看，“帆船贸易的总体损失相对较低，失踪和被俘船员比例不足以令近代保险商过分担忧”。[112] 大帆船航线是全球经济的起点，我们如今所生活的全球化世界就衍生自这个洲际市场。

注 释

193

序 言

1. 见 Clarence H. Haring, *Trade and Navigation between Spain and the Indies in the Time of the Hapsburgs* (Gloucester, MA:Peter Smith, 1964) , 146。

2. 见 Kirti N. Chaudhuri, *The Trading World of Asia and the English East India Company, 1660-1760* (Cambridge:Cambridge University Press, 1978) , 10。

3. 见 Henry Kamen, *Empire: How Spain Become a World Power, 1492-1763* (New York: Harper Collins, 2003) , 506。

4. 见 Kamen, *Empire*, 508。

第一章 西班牙殖民前的菲律宾群岛

1. 见 Pedro Chirino, “Relation of the Filipinas Islands and of What Has There Been Accomplished by the Fathers of the Society of Jesus, ” in *Philippine Islands 1493-1898*, ed. Emma Helen Blair and James Alexander Robertson, vol.12, *1601-1604* (Cleveland, OH:A. H. Clark Company, 1904) , 183。

2. 见 James Francis Warren, "Weather, History and Empire: The Typhoon Factor and the Manila Galleon Trade, 1565-1815," in *Anthony Reid and the Study of the Southeast Asian Past*, ed. Geoff Wade and Li Tana (Singapore: Institute of Southeast Asian Studies), 190。

3. 见 Francois Pyrard, *The Voyage of Francois Pyrard of Laval to the East Indies*, vol.2 (London: Hakluyt Society, 1887-1888), 169。

4. 见 Laura Lee Junker, *Raiding, Trading, and Feasting: The Political Economy of Philippine Chiefdoms* (Honolulu: University of Hawaii Press, 1999), 16, 61。

5. 见 William Henry Scott, *The Discovery of the Igorots: Spanish Contacts withe the Pagans of Northern Luzon* (Quezon City: New Day Publishers, 1974), 52-53。

6. 见 Jose S. Arcilla, *An Introduction to Philippine History* (Manila: Ateneo de Manila University Press, 1998), 155-156; Miguel Selga, *Charts of Remarkable Typhoons in the Philippines, 1902-1934: Catalogue of Typhoon, 1348-1934* (Manila: Bureau of Printing, 1935), 42。

7. 见 Horacio de la Costa, *The Jesuits in the Philippines, 1581-1768* (Cambridge, MA: Harvard University Press, 1961), 405。

8. 见 Pedro Cubero Sebastian, *Peregrinacion del mundo* (Madrid: Ediciones Polifemo, 1993), 21-22。

9. 见 Frederick L. Wernstedt and J. E. Spencer, *The Philippine Island World: A Physical, Cultural, and Regional Geography* (Berkeley: University of California Press, 1967), 83。

10. 见 Anthony Reid, *Southeast Asia in the Age of Commerce, 1450-1680*, vol.1, *The Lands below the Winds* (New Haven: Yale University Press, 1988), 2-3。

11. 见 Reid, *Southeast Asia*, vol.1, 45。

12. 见 Onofre D. Corpuz, *The Roots of the Filipino Nation* (Quezon City: University of the Philippines Press, 2005), 618; Linda A. Newson, *Conquest and Pestilence in the Early Spanish Philippines* (Honolulu: University of Hawaii Press, 2009), 251。

13. 见 Gomez Perez Dasmarinas, "The Manners, Customs, and Beliefs of

the Philippine Inhabitants of Long Ago, Being Chapters of a Late 16th Century Manila Manuscript, " trans. Carlos Quirino and Mauro Garcia, *Philippine Journal of Science* 87, No.4 (1985): 413。

14. 见 Francisco Igniacio Alzina, *Una etnografia de los indios visayas del siglo XVII* (Madrid: Consejo Superior de Investigaciones Cientificas, 1996)。

15. 见 Newson, *Conquest and Pestilence*, 252-53。

16. 见 Newson, *Conquest and Pestilence*, 21。

17. 见 Reid, *Southeast Asia*, vol.1。

18. 见 Chirino, "Relation of the Filipinas Islands, " 212-13。

19. 见 Antonio de Morga, *Sucesos de las Islas Filipinas*, ed. J. S. Cummins (Cambridge: Cambridge University Press, 1971) , 249。

20. 见 Alzina, *Una etnografia*, 144; Reid, *Southeast Asia*, vol.1, 50。

21. 见 Sheldon Watts, Epidem*ics and History: Disease, Power, and Imperialism* (New Haven: Yale University Press, 1997) , 137。

22. 见 Morga, *Sucesos* (1971) , 249-250。

23. 见 Francesca Bray, *Science and Civilization in China*, vol.6, *Biology and Biological Technology Part II: Agriculture*, ed. Joseph Needham (Cambridge: Cambridge University Press, 1984) , xiii。

24. 见 Gregorio F. Zaide, *Philippine Political and Cultural History*, vol.1 (Manila: Philippine Education Company, 1972) , 10。

25. 见 Bray, *Science and Civilization*, 13-15。

26. 见 Reid, *Southeast Asia*, vol.1, 22。

27. 见 Reid, *Southeast Asia*, vol.1, 20-22。

28. 见 Diego de Artieda, "Relation of the Western Islands Called Filipinas, " in *Philippine Islands 1493-1803*, ed. Emma Helen Blair and James Alexander Robertson, vol.3, *1569-1576* (Cleveland, OH: A. H. Clark Company, 1903) , 202。

29. 见 Artieda, "Relation of the Western Islands, " 202。

30. 见 William Henry Scott, *Barangay: Sixteenth-Century Philippine Culture and Society* (Quezon City: Ateneo de Manila University Press, 1994) , 35。

31. 见 John L. Phelan, *The Hispanization of the Philippines: Spanish Aims and Filipino Responses 1565-1700* (Madison: The University of Wisconsin Press, 1959) , 111。

32. 见 Reid, *Southeast Asia*, vol.1, 50。

33. 见 Morga, *Sucesos* (1971) , 252-253; Antonio de Morga, *Sucesos de las Islas Filipinas* (Madrid: Ediciones Polifemo, 1997) , 268n424。

34. 见 Scott, *Barangay*, 63, 126。

35. 见 Mark Elvin, *The Pattern of the Chinese Past* (Stanford: Stanford University Press, 1973) , 138。

36. 见 Reid, *Southeast Asia*, vol.1, 2。

37. 见 Junker, *Raiding, Trading, and Feasting*, 63。

38. 见 Phelan, *Hispanization of the Philippines*, 16。

39. 见 Scott, *Barangay*, 60-61。

40. 见 Juan de Plasencia, "Customs of the Tagalogs, " in *Philippine Islands 1493-1898*, ed. Emma Helen Blair and James Alexander Robertson, vol.7, 1588-1591 (Cleveland, OH: A. H. Clark Company, 1903) , 173-174。

41. 见 Scott, *Barangay*, 50。

42. 见 Junker, *Raiding, Trading, and Feasting*, 345; Morga, *Sucesos* (1971) , 252; Plasencia, "Customs of the Tagalos, " 180; Scott, *Barrangay*, 3。

43. 见 William Henry Scott, *Cracks in the Parchment Curtain and Other Essays in Philippine History* (Quezon City: New Day, 1985) , 22。

44. 见 Anthony Reid, *Southeast Asia in the Age of Commerce*, vol.2, *Expansion and Crisis* (New Haven: Yale University Press, 1993) , 12。

45. 见 Juan de Plasencia, quoted in Junker, *Raiding, Trading, and Feasting*, 345-346。

46. 见 Morga, *Sucesos* (1971) , 252。

47. 见 Junker, *Raiding, Trading, and Feasting*, 123-124, 302, 333。

48. 见 Scott, *Barrangay*, 131。

49. 见 Phelan, *Hispanization of the Philippines*, 15, 20。

50. 见 Scott, *Barrangay*, 6-7。

51. 见 Melchor Davalos, "Letter to Felipe II, " in *Philippine Islands 1493-1898*, ed. Emma Helen Blair and James Alexander Robertson, vol.6, *1583-1588* (Cleveland, OH: A. H. Clark Company, 1903) , 61。

52. 见 Morga, *Sucesos* (1971) , 274; 还见 Phelan, *Hispanization of the Philippines*, 20; Scott, *Barrangay*, 13。

53. 见 *Coleccion de documentos ineditos para la historia de Espana*, vol.3 (Madrid: Academia de la Historia, 1886) , 126-127。

54. 见 Guido de Lavezaris, "Slavery Among the Natives, " in *Philippine Islands 1493-1803*, ed. Emma Helen Blair and James Alexander Robertson, vol.3, *1569-1576* (Cleveland, OH: A. H. Clark Company, 1903) , 260。

55. 见 Morga, *Sucesos* (1971) , 276。

56. 见 Arcilla, *Introduction to Philippine History*, 41。

57. 见 Alzina, *Una etnografia*, 205。

58. 见 Chirino, "Relation of the Filipinas Islands, " 310。

59. 见 Corpuz, *The Roots of the Filipino Nation, 22*。

60. 见 Morga, *Sucesos* (1971) , 269。

61. 见 Alzina, *Una etnografia*, 9。

62. 见 Junker, *Raiding, Trading, and Feasting,* 221。

63. 见 Cubero Sebastian, *Peregrinacion*, 24。

64. 见 "Description of Philippinas Islands, " in *Philippine Islands 1493-1898*, ed. Emma Helen Blair and James Alexander Robertson, vol.3, *1617-1620* (Cleveland, OH: A. H. Clark Company, 1904) , 97-98。

65. 见 Junker, *Raiding, Trading, and Feasting,* 235。

66. 见 Alzina, *Una etnografia*, 25; Morga, *Sucesos* (1971) , 249; Scott, *Barrangay*, 180。

67. 见 Alzina, *Una etnografia*, 371; Charles Mann, *1493*; *Uncovering the New World Columbus Created* (New York: Random House, 2011) , 21。

68. 见 Scott, *Barrangay*, 182-184。

69. 见 Scott, *Barrangay,* 153。

70. 见 Morga, *Sucesos* (1971) , 261。

71. 见 Morga, *Sucesos* (1971) , 261。

72. 见 Noel Perrin, *Giving Up The Gun: Japan's Reversion to the Sword, 1543-1879* (Boston: D. R. Godine, 1994) , 18。

73. 见 Scott, *Barrangay,* 69。

74. 见 Guillaume Le Gentil, *A Voyage to the Indian Seas* (Manila: Filipiniana Book Guild, 1964)。

75. 见 Scott, *Cracks in the Parchment Curtain*, 10。

76. 见 Phelan, *Hispanization of the Philippines*, 141, 144。

77. 见 Juan Pacheco Maldonado, "Letter to Felipe Ⅱ ," in *Philippine Islands 1493-1803*, ed. Emma Helen Blair and James Alexander Robertson, vol.3, *1569-1576* (Cleveland, OH: A. H. Clark Company, 1903) , 298。

78. 见 Alzina, *Una etnografia*, 270。

79. 见 Morga, *Sucesos* (1971) , 248。

80. 见 Morga, *Sucesos* (1971) , 261。

81. 见 Alzina, *Una etnografia*, 25。

82. 见 Alzina, *Una etnografia*, 270。

83. 见 Gemelli G. Careri, *A Voyage to the Philippines: And an Appendix of the Chapters on the Philippines in the Travel of Fray Sebastian Manrique* (Manila: Filipiana Book Guild, 1963) , 57。

84. 见 Morga, *Sucesos* (1971) , 262。

85. 见 Anthony Reid, "Economic and Social Change, c.1400-1800, " in *The Cambridge History of Southeast Asia*, vol.1, *From Early Times to c.1800*, ed. Nicholas Tarling (Singapore: Cambridge University Press, 1992) , 468。

86. 见 William Henry Scott, *Looking for the Prehispanic Filipino and Other Essays in Philippine History* (Quezon City: New Day Publishers, 1992) , 24-39。

87. 见 Gaspar Correa, *The Three Voyages of Vasco da Gama and His Viceroyalty* (London: Hakluyt, 1869) , 159-164。

88. 见 Correa, *The Three Voyages,* 247。

89. 见 Lewis Hanke, *Cuerpo de documentos de siglo XVI: Sobre los derechos de Espana in las Indias y las Filipinas* (Mexico: Fondo de Cultura Economica, 1943) , 72; Scott, *Barangay*, 24-39。

90. 见 Pyrard, *The Voyage of Francois Pyrard*, 284。

91. 见 Francesca Trivellato, *The Familiarity of Strangers: The Sephardic Diaspora, Livorno, and Cross-Cultural Trade in the Early Modern Period* (New Haven: Yale University Press, 2009) , 240-241。

92. 见 Morga, *Sucesos* (1971) , 323n2。

93. 见 Reid, "Economic and Social Change, " 481。

94. 见 Scott, *Barangay*, 30-31。

95. 见 Fernao Mendes Pinto, *The Travels of Mendes Pinto*, ed. Rebecca D. Catz (Chicago: University of Chicago Press, 1989) , 46-49。

96. 见 Zaide, *Philippine Political*, 42。

97. 见 Morga, *Sucesos* (1971) , 280。

98. 见 Reid, *Southeast Asia*, vol.2, 160。

99. 见 Reid, "Economic and Social Change, " 494。

100. 见 Zaide, *Philippine Political*, 39。

101. 见 Junker, *Raiding, Trading, and Feasting,* 219。

102. 见 Junker, *Raiding, Trading, and Feasting,* 219-220。

103. 见 Junker, *Raiding, Trading, and Feasting,* 219-220。

104. 见 Benito J. Legarda, *After the Galleons: Foreign Trade, Economic Change and Entrepreneurship in Nineteenth-Century Philippines* (Madison: Center for Asian Studies, University of Wisconsin-Madison, 1999) , 10。

105. 见 Junker, *Raiding, Trading, and Feasting,* 211-212, 260。

106. 见 Legarda, *After the Galleons,* 10。

107. 见 Junker, *Raiding, Trading, and Feasting,* 6, 379。

108. 见 Reid, *Southeast Asia*, vol.1, 105。

109. 见 Junker, *Raiding, Trading, and Feasting,* 201-203。

110. 见 Legarda, *After the Galleons*, 8。

第二章　西班牙在菲律宾定居点的起源

1. 见 Matt K. Matsuda, *Pacific Worlds: A History of Seas, Peoples, and Cultures* (New York: Cambridge University Press) , 171。

2. 见 Sanjay Subrahmanyam, *The Portuguese Empire in Asia, 1500-1700: A Political and Economic History* (London: Longman, 1993) , 276。

3. 见 Adam Smith, *An Inquiry into the Nature and Causes of the Wealth of Nations* (New York: Random House, 1937) , 238。

4. 见 John Maynard Keynes, A Treatise on Money, vol.2 (London: Macmillan, 1950) , 156nl。

5. 见 Keynes, Treatise on Money, vol.2, 150n4, 156n1。

6. 见 Keynes, A Treatise on Money, vol.2, 156-157。

7. 见 Smith, *Inquiry*, 675-676。

8. 见 Harry E. Cross, "South American Bullion Production and Export, 1550-1750, " in *Precious Metals in the Later Medieval and Early Modern Worlds*, ed. J. F. Richards (Durham, NC: Caroline Academic Press, 1983) , 397。

9. 见 Fernand Braudel, *The Mediterranean and the Mediterranean World in the Age of Philip II* , vol.1 (New York: Harper & Row, 1976) , 517。

10. 见 Henry Kamen, "The Decline of Spain: A Historical Myth?" *Past and Present* 81, No.1 (1978): 41。

11. 见 Ian Morris, *Why the West Rules-For Now: The Patterns of History and What They Reveal about the Future* (New York: Farrar, Straus, and Giroux, 2010) , 460。

12. 见 Thomas Mun, "England's Treasure by Forraign Trade: or, The Ballance of Our Forraign Trade is the Rule of our Treasure, " in *A Select Collection of Early English Tracts on Commerce, from the Originals of Mun, Roberts, North, and Others*, ed. John Ramsay McCulloch (London: Political Economy Club, 1856) ,

143。

13. 见 Ward Barret, "World Bullion Flows, 1450-1800, " in *The Rise of Merchant Empires: Long-Distance Trade in the Early Modern World, 1350-1750*, ed. James D. Tracy (Cambridge: Cambridge University Press, 1900) , 225。

14. 见 Luis de Camoes, *Os Lusiadas*, verse 131。

15. 见 Charles R. Boxer, *The Portuguese Seaborne Empire, 1415-1825* (New York: Alfred A. Knopf, 1969) , 111。

16. 见 Geoffrey Parker, *Europa en crisis 1598-1648* (Madrid: Siglo XXI, 3 a. ed., 1986) , 82。

17. 见 Keynes, *Treatise*, vol.2, 159。

18. 见 Clarence H. Haring, *Trade and Navigation between Spain and the Indies in the Time of the Hapsburgs* (Gloucester, MA: Peter Smith, 1964) , 32。

19. 见 Mun, "England's Treasure, " 144。

20. 见 G. Cespedes del Castillo, "Las Indias durante los siglos XVI y XVII , " in *Historia de Espana y America social y economica*, vol.3, *Los Austrias: El imperio espanol en America*, ed. J. Vicens-Vives (Barcelona: Vicens-Vives, 1972) , 506。

21. 见 Francois Pyrard, *The Voyage of Francois Pyrard of Laval to the East Indies*, vol.2 (London: Hakluyt Society, 1887-88) , 219-220。

22. 见 Mark Elvin, *The Pattern of the Chinese Past* (Stanford: Stanford University Press, 1973) , 222。

23. 见 Gang Deng, *Chinese Maritime Activities and Socioeconomic Development c. 2100 B. C. -1900 A. D.* (Westport, CT: Greenwood Press, 1997) , 131。

24. 见 Takeshi Hamshita, "The Tribute System and Modern Asia, " in *Memoirs of the Research Department of the Tokyo Bunko* (N. 46, Tokyo, 1988) , 97。

25. 见 Subrahmanyam, *Portuguese Empire*, 9。

26. 见 F. W. Mote, *Imperial China 900-1800* (Cambridge, MA: Harvard University Press, 1999) , 743。

27. 见 Mote, *Imperial China*, 745。

28. 见 Richard Von Glahn, *Fountain of Fortune: Money and Monetary Policy in China, 1000-1700* (Berkeley: University of California Press, 1996) , 127。

29. 见 William S. Atwell, "Ming China and the Emerging World Economy, c. 1470-1650, " *The Cambridge History of China*, vol.8, part 2, *The Ming Dynasty, 1368-1644* (Cambridge: Cambridge University Press, 1998) , 393-394, 401-402。

30. 见 Kirti N. Chaudhuri, *The Trading World of Asia and the English East India Company, 1660-1760* (Cambridge: Cambridge University Press, 1978) , 409。

31.见 Boxer, *Portuguese Seaborne Empire, 174-175*; Deng, *Chinese Maritime Activities*, 119。

32. 见 Deng, *Chinese Maritime Activities*, 131。

33.见 Anthony Reid, *Southeast Asia in the Age of Commerce*, vol.2, *Expansion and Crisis* (New Haven: Yale University Press, 1993) , 7。

34. 见 Reid, *Southeast Asia*, vol.2, 7。

35. 见 Carlo M. Cipolla, *Guns, Sails and Empires: Technological Innovations and the Early Phases of European Expansion 1400-1700* (New York: Pantheon Books, 1965) , 81。

36. 见 Daniel R. Headrick, *The Tools of Empire: Technology and European Imperialism in the Nineteenth Century* (New York: Oxford University Press, 1981) , 3。

37. 见 J. R. McNeill and William H. McNeill, *The Human Web: A Bird's-Eye View of World History* (New York: W. W. Norton & Company, 2003) , 194-195。

38. 见 Reid, *Southeast Asia*, 219-233。

39. 见 Cipolla, *Guns, Sails and Empires*, 128。

40. 见 Maria Lourdes Diaz-Trechuelo, *Arquitectura espanola en Filipinas, 1565-1800* (Servilla: Escuela de Estudios Hispano-Americanos [Consejo Superior de Investigaciones Cientificas], 1959) , 58。

41. 见 Onofre D. Corpuz, *The Roots of the Filipino Nation* (Quezon City: University of the Philippines Press, 2005) , 148。

42. 见 Gregorio F. Zaide, *Philippine Political and Cultural History*, vol.1

(Manila: Philippine Education Company, 1972) , 366。

43. 见 Chaudhuri, *Trading World*, 114。

44. 见 Charles R. Boxer, *The Dutch Seaborne Empire, 1600-1800* (New York: Alfred A. Knopf, 1965) , 95-96。

45. 见 Subrahmanyam, *Portuguese Empire*, 214-215。

46. 见 Subrahmanyam, *Portuguese Empire*, 213。

47. 见 Gaspar Correa, *The Three Voyages of Vasco da Gama and His Viceroyalty* (London: Hakluyt, 1869) , 240-241。

48. 见 Subrahmanyam, *Portuguese Empire*, 59。

49. 见 K. M. Panikkar, *Asia and Western Dominance* (New York: Collier Books, 1969) , 13。

50. 见 Reid, *Southeast Asia*, vol.2, 271。

51. 见 Correa, *Three Voyages,* 318nl。

52. 见 Correa, *Three Voyages,* 275。

53. 见 Correa, T*hree Voyages,* 276, 281。

54. 见 Correa, *Three Voyages,* 330。

55. 见 Correa, *Three Voyages,* 331。

56. 见 Correa, *Three Voyages,* 333。

57. 见 Correa, *Three Voyages,* 331-333。

58. 见 John Keay, *The Spice Route: A History* (Berkeley: University of California Press, 2006) , 174。

59. 见 Chaudhuri, *Trading World*, 115。

60. 见 Reid, *Southeast Asia*, 20。

61. 见 Panikkar, *Asia and Western Dominance*, 35。

62. 见 Boxer, *Portuguese Seaborne Empire*, 42。

63. 见 Vitorino Magalhaes Godinho, *Mito e mercadoria, utopia e pratica de navegar, seculo XIII-XVIII* (Lisboa: Difusao Editorial, 1990) , 331。

64. 见 Keay, *Spice Route*, 201。

65. 见 William Henry Scott, *Looking for the Prehispanic Filipino and Other*

Essays in Philippine History (Quezon City: New Day Publishers, 1992) , 43。

66. 见 Donald F. Lach, *Asia in the Making of Europe*, vol.1, bk.1 (Chicago: Chicago University Press, 1965) , 115。

67. 见 Antonio Pigafetta, "Account of Magellan's Voyage, " in *The First Voyage Round: The World by Magellan Translated from Pigafetta and Other Contemporary Writers*, ed. Lord Stanley Alderly (London: Hakluyt Society, 1874) , 127。

68. 见 Oskar H. K. Spate, *The Spanish Lake* (Minneapolis: University of Minnesota Press, 1979) , 41; Pablo E. Perez-Mallaina, *Spain's Men of the Sea: Daily Life on the Indies Fleets in the Sixteenth Century* (Baltimore: The Johns Hopkins University Press, 1998) , 55。

69. Perez-Mallaina, *Spain's Men*, 171-172。

70. 见 Samuel Eliot Morison, *The European Discovery of America: The Southern Voyages, A. D. 1492-1616* (New York: Oxford University Press, 1974) , 361。

71. 见 Pigafetta, "Account of Magellan's Voyage, " 65。

72. 见 Pigafetta, "Account of Magellan's Voyage, " 64-65。

73. 见 Pigafetta, "Account of Magellan's Voyage, " 65。

74. 见 Pigafetta, "Account of Magellan's Voyage, " 68。

75. 见 Pigafetta, "Account of Magellan's Voyage, " 71。

76. 见 Pigafetta, "Account of Magellan's Voyage, " 71。

77. 见 Morison, *European Discovery*, 420。

78. 见 William Henry Scott, *Barangay: Sixteenth-Century Philippine Culture and Society* (Quezon City: Ateneo de Manila University Press, 1994) , 71。

79. 见 Pigafetta, "Account of Magellan's Voyage, " 79。

80. 见 Pigafetta, "Account of Magellan's Voyage, " 91。

81. 见 Pigafetta, "Account of Magellan's Voyage, " 91。

82. 见 "Letter from Charles I. Barcelona April 19, 1519, " in Pigafetta, "Account of Magellan's Voyage, " xxxiv。

83. 见 Pigafetta, "Account of Magellan's Voyage."

84. 见 Pigafetta, “Account of Magellan’s Voyage, ” 116。

85. 见 Pigafetta, “Account of Magellan’s Voyage, ” 111。

86. 见 Pigafetta, “Account of Magellan’s Voyage, ” 117。

87. 见 Pigafetta, “Account of Magellan’s Voyage, ” 124。

88. 见 Pigafetta, “Account of Magellan’s Voyage, ” 139。

89. 见 Pigafetta, “Account of Magellan’s Voyage, ” 143。

90. 见 “Life and Voyages of Fernao de Magalhaes, ” in *Philippine Islands 1493-1803*, ed. Emma Helen Blair and James Alexander Robertson, vol.1, *1493-1529* (Cleveland, OH: A. H. Clark Company, 1903) , 247-248。

91. 见 Pigafetta, “Account of Magellan’s Voyage, ” 162。

92. 见 Spate, *The Spanish Lake*, 57。

93. 见 Ramon Carande, *Charles V y sus banqueros*, vol.3 (Barcelona: Critica, 1990) , 40。

94. 见 Herrera, quoted in Pigafetta, “Account of Magellan’s Voyage, ” 175-176。

95. 见 Mairin Mitchell, *Friar Andres de Urdaneta, O. S. A.* (London: MacDonald and Evans, 1964) , 37。

96. 见 Morison, *European Discovery*, 498。

97. 见 Zaide, *Philippine Political and Cultural History*, 132。

98. 见 Zaide, *Philippine Political and Cultural History*, 133。

99. 见 Mitchell, *Friar Andres de Urdaneta,* 74。

100. 见 Mitchell, *Friar Andres de Urdaneta,* 74。

101. 见 Scott, *Barangay*, 170-173。

102. 见 Scott, *Barangay*, 170-173。

103. 见 “The Expedition of Ruy Lopez de Villalobos, 1541-1546, ” in *Philippine Islands1493-1803*, ed. Emma Helen Blair and James Alexander Robertson, vol.2, *1521-1569* (Cleveland, OH: A. H. Clark Company, 1903) , 65。

104. 见 Mitchell, *Friar Andres de Urdaneta,* 86-87。

105. 见 Earl J. Hamilton, *El Tesoro americano y la revolucion de los precios*

en Espana, 1501-1650 (Barcelona: Ariel, 1975) , 247-248。

106. 见 "Resume of Contemporaneous Documents, 1559-68, " in *Philippine Islands1493-1803*, ed. Emma Helen Blair and James Alexander Robertson, vol.2, *1521-1569* (Cleveland, OH: A. H. Clark Company, 1903) , 80-81。

107. 见 McCarthy, *Spanish Beginnings in the Philippines, 1564-1572* (Washington: The Catholic University of America Press, 1943) , 22。

108. 见 Jose Toribio Medina, *Historia del tribunal de la Inquisicion de Lima: 1569-1820, tomo 2* (Santiago de Chile: Fondo Historico y Bibliografico Jose Toribio Medina, 1956) , 16。

109. 见 McCarthy, *Spanish Beginnings*, 27。

110. 见 McCarthy, *Spanish Beginnings*。

111. 见 Zaide, *Philippine Political and Cultural History*, 140-141。

112. 见 Perez-Mallaina, *Spain's Men*, 40-41。

113.见 Jose Montero y Vidal, *Historia general de Filipinas*, tomo 1 (Madrid: Imprenta y Fundicion de Manuel Tello, 1887) , 68。

114. 见 Nicholas P. Cushner, "Legazpi, 1564-1572, " *Philippine Studies* 13, No.2 (1965): 176-177。

115. 见 Cushner, "Legazpi, " 177。

116. 见 Miguel Lopez de Legazpi, "Relation of the Voyage to the Philippine Islands, 1565, " in *Philippine Islands 1493-1803*, ed. Emma Helen Blair and James Alexander Robertson, vol.2, *1521-1569* (Cleveland, OH: A. H. Clark Company, 1903) , 210。

117. 见 Cushner, "Legazpi, " 181。

118. 见 Mitchell, *Friar Andres de Urdaneta*, 139。

119. 见 "Copy of a Letter Sent from Sevilla to Miguel Salvador of Valencia, " in *Philippine Islands 1493-1803*, ed. Emma Helen Blair and James Alexander Robertson, vol.2, *1521-1569* (Cleveland, OH: A. H. Clark Company, 1903) , 231。

120. 见 Miguel Lopez de Legazpi, "Letters to Felipe Ⅱ of Spain, 1567-68, " in *Philippine Islands 1493-1803*, ed. Emma Helen Blair and James Alexander

Robertson, vol.2, *1521-1569* (Cleveland, OH: A. H. Clark Company, 1903) , 238。

121. 见 William Henry Scott, *Cracks in the Parchment Curtain and Other Essays in Philippine History* (Quezon City: New Day, 1985) , 47。

122. 见 Luis Alonso Alvarez, *El costo del imperio Asiatico: La formacion colonial de las islas Filipinas bajo domino espanol, 1565-1800* (La Coruna: Universidad da Coruna, 2009) , 92。

123. 见 McCarthy, *Spanish Beginnings*, 88。

124. 见 W. E. Retana, *Relacion de la conquista de la Isla de Luzon* (Madrid: Viuda de M. Minuesa de los Rios, 1898) , 21。

125. 见 Retana, *Relacion de la conquista,* 21。

126. 见 Alonso Alvarez, *El costo del imperio Asiatico*, 88。

127. 见 Antonio Morga, *Sucesos de las Islas Filipinas* (Madrid: Ediciones Polifemo, 1997) , 281。

128. 见 Scott, *Barangay*, 244。

129. 见 Retana, *Relacion de la conquista,* 25。

130. 见 Corpuz, *Roots*, 154。

131. 见 Horacio de la Costa, *The Jesuits in the Philippines, 1581-1768* (Cambridge, MA: Harvard University Press, 1967) , 315。

132. 见 Alonso Alvarez, *El costo del imperio Asiatico*, 78。

133. 见 Alonso Alvarez, *El costo del imperio Asiatico*, 79。

134. 见 Ana M. Prieto Lucena, *El contacto hispano-indigena en Filipinas segun la historiografia de los siglos XVI y XVII* (Cordoba: Servicio de Pbulicaciones Universidad de Cordoba, 1993) , 153。

第三章　菲律宾群岛的西班牙人定居点

1. 见 Victor Lieberman, *Strange Parallels: Southeast Asia in Global Context, c.800-1830*, vol.2, *Mainland Mirrors: Europe, Japan, China, South Asia, and the Islands* (Cambridge: Cambridge University Press, 2009) , 33。

2. 见 John L. Phelan, *The Hispanization of the Philippines: Spanish Aims and Filipino Responses 1565-1700* (Madison: The University of Wisconsin Press, 1959) , 8。

3. 见 Luis Alonso Alvarez, *El costo del imperio Asiatico: La formacion colonial de las islas Filipinas bajo domino espanol, 1565-1800* (La Coruna: Universidad da Coruna, 2009) , 31。

4. 见 Henry Kamen, *Empire: How Spain Become a World Power, 1492-1763* (New York: HarperCollins, 2003) , 225。

5. 见 Manel Olle, *La empresa de China: De la armada invencible al galeon de Manila* (Barcelona: El Acantilado, 2002) , 72。

6. 见 Lewis Hanke, "Dos cartas al rey contra los moros de las Filipinas por el Lic. Melchor de Avalos (1585) , " in *Cuerpo de documentos del siglo XVI: Sobre los derechos de Espana en las Indias y las Filipinas* (Mexico: Fondo de Cultura Economica, 1943) , 72。

7. 见 Santiago de Vera (1587) , in Francisco Colin, *Labor evangelica, ministerios apostolicos de los obreros de la Compania de Jesus*, vol.2, ed. Pablo Pastells (Barcelona: Imprenta y Litografia de Henrich y Compania, 1900) , 354。

8. 见 Colin, *Labor evangelica*, vol.2, 356。

9. 见 Colin, *Labor evangelica*, vol.2, 354-356。

10. 见 Colin, *Labor evangelica*, vol.2, 444。

11. 见 Colin, *Labor evangelica*, vol.2, 438-44。

12. 见 Horacio de la Costa, *The Jesuits in the Philippines, 1581-1768* (Cambridge, MA: Harvard University Press, 1961) , 128。

13. 见 Jose S. Arcilla, *An Introduction to Philippine History* (Manila: Ateneo de Manila University Press, 1998) , 139-140。

14.见 Hernando de los Rios Coronel, "Memorial on Navigation and Conquest" in *Philippine Islands 1493-1898*, ed. Emma Helen Blair and James Alexander Robertson, vol.2, *15293-1597* (Cleveland, OH: A. H. Clark Company, 1904) , 303。

15. 见 Sanjay Subrahmanyam, *The Portuguese Empire in Asia, 1500-1700: A*

Political and Economic History (London: Longman, 1993) , 124-125。

16. 见 Charles R. Boxer, *The Portuguese Seaborne Empire, 1415-1825* (New York: Alfred A. Knopf, 1969) , 261。

17. 见 Gregorio F. Zaide, *Philippine Political and Cultural History*, vol.1 (Manila: Philippine Education Company, 1972) , 234-238。

18. 见 William L. Schurz, *The Manila Galleon* (New York: E. P. Dutton, 1959) , 68。

19. 见 Guido de Lavezaris, "Affairs in the Philippines after the Death of Legazpi, " in *Philippine Islands 1493-1898*, ed. Emma Helen Blair and James Alexander Robertson, vol.9, *1593-1597* (Cleveland, OH: A. H. Clark Company, 1909) , 184。

20. 见 Antonio Morga, *Sucesos de las Islas Filipinas*, ed. J. S. Cummins (Cambridge: Cambridge University Press, 1971) , 254。

21. 见 Pedro Chirino, "Relation of the Filipinas Islands and of What Has There Been Accomplished by the Fathers of the Society of Jesus, " in *Philippine Islands 1493-1898*, ed. Emma Helen Blair and James Alexander Robertson, vol.12, *1601-1604*(Cleveland, OH:A. H. Clark Company, 1904) , 230。

22.见 Francisco Javier Campos y Fernandez Sevilla, "Las ordenes mendicantes en Filipinas: agustinos, franciscanos, dominicos y recoletos, " in *Espana y el Pacifico: Legazpi*, ed. Leoncio Cabrero, vol.2 (Madrid: Sociedad Estatal de Conmemoraciones Culturales, 2004) , 271。

23. 见 de la Costa, *Jesuits in the Philippines*, 558。

24. 见 Benito J. Legarda, *After the Galleons: Foreign Trade, Economic Change and Entrepreneurship in Nineteenth-Century Philippines* (Madison: Center for Asian Studies, University of Wisconsin-Madison, 1999) , 34。

25. 见 Peter Boomgaard, *Southeast Asia: An Environmental History* (Santa Barbara: ABC Clio, 2007) , 121; Chirino, "Relation of the Filipinas Islands, " 208。

26. 见 Linda A. Newson, *Conquest and Pestilence in the Early Spanish Philippines* (Honolulu: University of Hawaii Press, 2009) , 21。

27. 见 Chirino, "Relation of the Filipinas Islands, " 297。

28. 见 Newson, *Conquest and Pestilence* , 22。

29. 见 Colin, Labor evangelica, vol.2, 511。

30. 见 Boomgaard, *Southeast Asia,* 121-122。

31. 见 Newson, *Conquest and Pestilence* , 255, 258。

32. 见 Newson, *Conquest and Pestilence* , 239。

33. 见 William Henry Scott, *Barangay: Sixteenth-Century Philippine Culture and Society* (Quezon City: Ateneo de Manila University Press, 1994) , 140。

34. 见 Chirino, "Relation of the Filipinas Islands, " 186。

35. 见 Morga, *Sucesos* (1971) , 263。

36. 见 Morga, *Sucesos* (1971) , 297-298。

37. 见 Luis Angel Sanchez Gomez, "Las elites nativas y la construccion colonial de Filipinas (1565-1789) , " in *Espana y el Pacifico: Legazpi*, vol.2, ed. Leoncio Cabrero (Madride: Sociedad Estatal de Conmemoraciones Culturales, 2004) , 44。

38. 见 Francisco Ignacio Alzina, *Una etnografia de los indios bisayas del siglo XVII* , bk.3, ed. Victoria Yepes (Madrid: Consejo Superior de Investigaciones Cientificas, 1996) , 88; Scott, *Barangay*, 60。

39. 见 Onofre D. Corpuz, *The Roots of the Filipino Nation*, vol.1 (Quezon City: University of the Philippines Press, 2005) , 17。

40. 见 Alonso Alvarez, *El costo del imperio Asiatico*, 36。

41. 见 Phelan, *Hispanization*, 110。

42. 见 Diego Aduarte, "Historia de la Provincia del Sancto Rosario de la Orden de Predicadores, Manila, 1640, " in *Philippine Islands 1493-1898*, ed. Emma Helen Blair and James Alexander Robertson, vol.32, *1604* (Cleveland, OH:A. H. Clark Company, 1905) , 273。

43. 见 Phelan, *Hispanization*, 46-49。

44. 见 Aduarte, "Historia de la Provincia, " 42-44。

45. 见 Corpuz, *Roots*, 121。

46. 见 Alonso Alvarez, *El costo del imperio Asiatico*, 145-177。

47. 见 Phelan, *Hispanization*, 33, 64。

48. 见 Phelan, *Hispanization*, 33。

49. 见 Thomas Gage, *Travels in the New World* (Norman: University of Oklahoma Press, 1958) , 7。

50. Pedro Borges Moran, "Aspectos caracteristicos de la evangelizacion de Filipinas (1521-1650) , " in *Espana y el Pacifico: Legazpi*, vol.2, ed. Leoncio Cabrero (Madrid: Sociedad Estatal de Conmemoraciones Culturales, 2004) , 304。

51. 见 Horacio de la Costa, "The Development of the Native Clergy in the Philippines, " in *Studies in Philippine Church History*, ed. Gerald Anderson (Ithaca: Cornell University Press, 1969) , 87。

52. 见 Gage, *Travels*, 58。

53. 见 Domingo Navarrete, *The Travels and Controversies of Friar Domingo Navarrete 1618-1686*, vol.1 (Cambridge: Cambridge University Press, 1962) , 38。

54. 见 Gage, *Travels*, 107。

55. 见 In de la Costa, *Jesuits in the Philippines*, 228-229。

56. 见 Phelan, *Hispanization*, 43。

57. 见 de la Costa, *Jesuits in the Philippines*, 232。

58. 见 Phelan, *Hispanization*, 98, 104。

59.见 Fernando Palanco, "Resistencia y rebelion indigena durante los primeros cien anos de soberania Fernando espanola, " in *Espana y el Pacifico: Legazpi*, vol.2, ed. Leoncio Cabrero (Madrid: Sociedad Estatal de Conmemoraciones Culturales, 2004) , 82。

60. 见 de la Costa, *Jesuits in the Philippines*, 479, 480。

61. 见 de la Costa, *Jesuits in the Philippines*, 250。

62. 见 Guillaume Le Gentil, *A Voyage to the Indian Seas* (Manila: Filipiniana Book Guild, 1964) , 50。

63. 见 Antonio Garcia-Abasolo, "Llegada de los espanoles al Extremo Oriente, " in *Gran historia universal, vol.27, Descubrimiento y conquista de*

America (Madrid: Club International del Libro, 1986) , 166。

64. 见 Corpuz, *Roots*, 219。

65. 见 Victor Lieberman, *Strange Parallels*, vol.2, 834-36; Anthony Reid, *Southeast Asia in the Age of Commerce*, vol.2, *Expansion and Crisis* (New Haven: Yale University Press, 1993) , 157-161。

66. 见 Alonso Alvarez, *El costo del imperio Asiatico*, 170。

67. 见 Alonso Alvarez, *El costo del imperio Asiatico*, 192-201。

68. 见 Navarrete, *Travels*, vol.1, 92。

69. 见 Navarrete, *Travels*, vol.1, 123。

70. 见 Leslie Bauzon, "Deficit Government: Mexico and the Philippine Situado (1606-1804) , " unpublished PhD diss. (Duke University, 1970) , 129。

71. 见 Navarrete, *Travels*, vol.2, 391。

72. 见 Juan Grau y Monfalcon, "Informatory Memorial Addressed to the King, Madrid, 1637, " in *Philippine Islands 1493-1898*, ed. Emma Helen Blair and James Alexander Robertson, vol.27, *1636-1637* (Cleveland, OH: A. H. Clark Company, 1905) , 139。

73. 见 Bauzon, "Deficit Government, " 158-159。

74. 见 Bauzon, "Deficit Government, " 193。

75. 见 Bauzon, "Deficit Government, " 92-93。

76. 见 Jonathan I. Israel, *The Dutch Republic and the Hispanic World 1606-1661* (Oxford: Oxford University Press, 1982) , 294-295。

77. 见 Garcia-Abasolo, "Llegada, " 175; John L. Phelan, *The Kingdom of Quito in the Seventeenth Century: Bureaucratic Politics in the Spanish Empire* (Madison: The University of Wisconsin Press, 1967) , 112。

78. 见 Dennis Flynn and Arturo Giraldez, "Spanish Profitability in the Pacific: The Philippines in the Sixteenth Centuries, " in *Pacific Centuries: Pacific and Pacific Rim Histories Since the Sixteenth Century*, ed. Dennis Flynn, Lionel Frost, and A. J. H. Latham (New York: Routledge Press, 1999) , 32。

79. 见 Charles R. Boxer, *The Tragic History of the Sea, 1589-1622*

(Cambridge: Cambridge University Press, 1959) , 17。

80. 见 Jan De Vries, "Connecting Europe and Asia: A Quantitative Analysis of the Cape-route Trade, 1497-1795, " in *Global Connections and Monetary History, 1470-1800*, ed. Flynn, Dennis, Arturo Giraldez, and Richard Von Glahn (Aldershot, UK: Ashgate, 2003) , 42, 72, 76。

81. 见 Holden Furber, *Rival Empires of Trade in the Orient 1600-1800* (Minneapolis: University of Minnesota Press, 1976) , 300-301; Phelan, *Hispanization*, 98。

82.见 Boxer, *Portuguese Seaborne*, 19-20; Fernand Braudel, *The Perspective of the World*, vol.3 (Berkeley: University of California Press, 1993) , 488; Reid, *Southeast Aisa*, 73; Subrahmanyam, *Portuguese Empire*, 222。

83. 见 Kirti N. Chaudhuri, *The Trading World of Asia and the English East India Company, 1660-1760* (Cambridge: Cambridge University Press, 1978) , 200。

84. 见 de la Costa, *Jesuits in the Philippines*, 661。

85. 见 Bartholome de Letona, "Description of Filipinas Islands, 1662, " in *Philippine Islands 1493-1898*, ed. Emma Helen Blair and James Alexander Robertson, vol.36, *1649-1666* (Cleveland, OH:A. H. Clark Company, 1905) , 205。

86. 见 Robert R. Reed, "The Colonial Origins of Manila and Batavia: Desultory Notes on Nascent Metropolitan Primacy and Urban Systems in Southeast Asia, " *Asian Studies* 5, No.3 (1967): 561。

87. 见 Corpuz, *Roots*, 208。

88. 见 Corpuz, *Roots*, 91。

89. 见 de la Costa, *Jesuits in the Philippines*, 533。

90. 见 Corpuz, *Roots*, 219。

91. 见 Phelan, Hispanization, 102, 151。

第四章 17 世纪

1. 见 Brian Fagan, *The Little Ice Age: How Climate Made History 1300-1850*

(New York: Basic Books, 2000) , 105。

2. 见 Victor Liberman, *Strange Parallels: Southeast Asia in Global Context, c.800-1830*, vol.1, *Integration on the Mainland* (Cambridge: Cambridge University Press, 2003) , 102。

3. 见 Brian Fagan, *Little Ice Age*, 49。"Other authorities restrict the term 'Little Ice Age' to a period of much cooler conditions over much of the world between the late seventeenth century and mid-nineteenth centuries" (Fagan, *Little Ice Age*, 40-50)。

4. 见 David D. Zhang, Jane Zhang, Harry F. Lee, and Yuan-qing He, "Climate Change and War Frequency in Eastern China over the Last Millennium, " *Human Ecology* 35, No.4 (2007): 411, 414。

5. 见 Zhang et al., "Climate Change and War Frequency."

6. 见 Charles Mann, *1493*; *Uncovering the New World Columbus Created* (New York: Random House, 2011) , 172。

7. 见 Anthony Reid, "The Seventeenth-Century Crisis in Southeast Asia, " *Modern Asian Studies* 24, No.4 (1990): 654-657。

8. 见 Casimiro Diaz, "The Augustinians in the Philippines, 1670-1694, " in *Philippine Islands 1493-1898*, ed. Emma Helen Blair and James Alexander Robertson, vol.42, *1670-1700* (Cleveland, OH: A. H. Clark Company, 1906) , 234。

9. 见 J. P. Geiss, "Peking under the Ming, 1368-1644" (PhD dissertation, Princeton University, 1979) , 165。

10. 见 Adam Smith, *An Inquiry into the Nature and Causes of the Wealth of Nations* (New York: Random House, 1937) , 192。

11. 见 Reid, "Seventeenth-Century Crisis, " 657。

12. 见 Geoffrey Parker, *Europe in Crisis*: 1598-1648 (Oxford: Wiley-Blackwell, 1979) , 188。

13. 见 Charles R. Boxer, *The Portuguese Seaborne Empire, 1415-1825* (New York: Alfred A. Knopf, 1969) , 107。

14. 见 Jonathan I. Israel, *The Dutch Republic: Its Rise, Greatness, and Fall*

1477-1806 (Oxford: Oxford University Press, 1998) , 315-17。

15. 见 John Lynch, *Spain under the Habsburgs, vol.2, Spain and America 1598-1700* (New York: Oxford University Press, 1969) , 69。

16. 见 Engel Sluiter, quoted in John L. Phelan, *The Kingdom of Quito in the Seventeenth Century: Bureaucratic Politics in the Spanish Empire* (Madison: The University of Wisconsin Press, 1967) , 89。

17. 见 Henry Kamen, Empire: How Spain Became a World Power, 1492-1763 (New York: HarperCollins, 203) , 286; John Mun, "England's Treasure by Forraign Trade: or, The Ballance of Our Forraign Trade is the Rule of our Treasure, " in *A Select Collection of Early English Tracts on Commerce, from the Originals of Mun, Roberts, North, and Others*, ed. John Ramsay McCulloch (London: Political Economy Club, 1856)。

18. 见 M. A. P. Meilink-Roelofsz, *Asian Trade and European Influence in the Indonesian Archipelago between 1500 and about 1630* (The Hague: Martinus Nijhoff, 1962) , 263。

19. 见 William L. Schurz, *The Manila Galleon* (New York: E. P. Dutton, 1959) , 351。

20. 见 Meilink-Roelofsz, *Asian Trade*, 268。

21. 见 Berthold Laufer, "The Relations of the Chinese to the Philippine Islands, " *Smithsonian Institution, Miscellaneous Collections* 50, No.13 (1907): 278nl。

22. 见 J. H. Elliott, *The Count-Duke of Olivares: The Statesman in an Age of Decline* (New Haven: Yale University Press, 1986) , 301, 303。

23. 见 Sebastian de Pineda, "Philippine Ships and Shipbuilding, " in *Philippine Islands 1493-1898*, ed. Emma Helen Blair and James Alexander Robertson, vol.18, *1617-1620* (Cleveland, OH:A. H. Clark Company, 1904) , 174-175。

24. 见 Pineda, "Philippine Ships"。

25. 见 Francisco Colin, *Labor evangelica, ministerios apostolicos de los*

obreros de la Compania de Jesus, ed. Pablo Pastells, vol.3 (Barcelona: Imprenta y Litografia de Henrich y Compania, 1900) , 158-159; Hernando de los Rios Coronel, "Reforms needed in Filipinas, " in *Philippine Islands 1493-1898*, ed. Emma Helen Blair and James Alexander Robertson, vol.18, *1617-1620* (Cleveland, OH: A. H. Clark Company, 1904) , 309。

26. 见 Horacio de la Costa, *The Jesuits in the Philippines, 1581-1768* (Cambridge, MA: Harvard University Press, 1961) , 344。

27. 见 de la Costa, *Jesuits in the Philippines*, 414。

28. 见 Onofre D. Corpuz, *The Roots of the Filipino Nation*, vol.1 (Quezon City: University of the Philippines Press, 2005) , 148; de la Costa, *Jesuits in the Philippines*, 141。

29. 见 Corpuz, *Roots of the Filipino Nation*, 149; John L. Phelan, *The Hispanization of the Philippines: Spanish Aims and Filipino Responses 1565-1700* (Madison: The University of Wisconsin Press, 1959) , 146。

30. 见 Corpuz, *Roots of the Filipino Nation,* 619。

31. 见 Antonio Morga, *Sucesos de las Islas Filipinas*, ed. J. S. Cummins (Cambridge: Cambridge University Press, 1971) , 281。

32. 见 William Henry Scott, *Cracks in the Parchment Curtain* (Quezon City: New Day, 1965) , 46。

33. 见 Morga, Sucesos (1971) , 61。

34. 见 Isacio Rodriguez Rodriguez, "El asentamiento: la fundacion de Manila, " in *Espana y el pacifico*, ed. Leoncio Cabrero Fernandez, vol.1 (Madrid: Sociedad Estatal de Conmemoraciones Culturales, 2004) , 307-309。

35. 见 Juan de Ronquillo, "The Pacification of Mindanao, 1597, " in *Philippine Islands 1493-1898*, ed. Emma Helen Blair and James Alexander Robertson, vol.9, *1593-1597* (Cleveland, OH: A. H. Clark Company, 1904) , 290。

36. 见 de la Costa, *Jesuits in the Philippines*, 300。

37. 见 Scott, *Cracks in the Parchment Curtain* , 72。

38. 见 Ronquillo, "Pacification of Mindanao, " 287。

39. 见 de la Costa, *Jesuits in the Philippines*, 279。

40. 见 de la Costa, *Jesuits in the Philippines*, 312。

41. 见 Morga, Sucesos (1971) , 263。

42. 见 Jeronimo de Jesus (1595) , in Juan Gil, *Hidalgos y samurais: Espana y Japon en los siglos XVI y XVII* (Madrid: Alianza Editorial, 1991) , 62。

43. 见 Gil, *Hidalgos y samurais*, 106。

44. 见 Charles R. Boxer, *The Christian Century in Japan, 1549-1650* (Berkeley: University of California Press, 1967) , 158。

45. 见 Michael Cooper, *Rodrigues the Interpreter and Early Jesuit in Japan and China* (New York: Weatherhill, 1974) , 71。

46. 见 Cooper, *Rodrigues the Interpreter*, 127。

47. 见 Cooper, *Rodrigues the Interpreter*, 144。

48. 见 Cooper, *Rodrigues the Interpreter*。

49. 见 Cooper, *Rodrigues the Interpreter*, 161。

50. 见 Gil, *Hidalgos y samurais*, 90-93, 95。

51. 见 Boxer, Christian Century, 264。

52. 见 Gil, *Hidalgos y samurais*, 63, 101。

53. 见 Gil, *Hidalgos y samurais*, 120-121。

54. 见 Gil, *Hidalgos y samurais*, 122-124。

55. 见 Boxer, Christian Century, 302。

56. 见 Gil, *Hidalgos y samurais*, 150-151。

57. 见 Gil, *Hidalgos y samurais*, 178, 186-189。

58. 见 Gil, *Hidalgos y samurais*, 231。

59. 见 Morga, *Sucesos* (1971) , 194。

60. 见 Gil, *Hidalgos y samurais*, 269-270。

61. 见 Boxer, Christian Century, 303。

62. 见 Gil, *Hidalgos y samurais*, 400。

63. 见 Cooper, *Rodrigues the Interpreter*, 140。

64. 见 Boxer, Christian Century, 320, 368。

65. 见 Gil, *Hidalgos y samurais*, 446, 447。

66. 见 Gil, *Hidalgos y samurais*, 452。

67. 见 James Murdoch and Isoh Yamagata, *A History of Japan* (London: K. Paul, Trench, Trubner, 1949) , 624。

68. 见 Morga, Sucesos (1971) , 308-309。

69. 见 Joseph de Navada Alvarado, "Discussion Regarding Portuguese Trade at Manila, 1632-1636, " in *Philippine Islands 1493-1898*, ed. Emma Helen Blair and James Alexander Robertson, vol.25, *1635-1636* (Cleveland, OH: A. H. Clark Company, 1904) , 117, 119, 120。

70. 见 Schurz, *Manila Galleon*, 133。

71. 见 Vitorino Magalhaes Godinho, *Os descobrimentos e a economia mundial*, vol.1 (Lisbon: Editorial Presenca, 1984) , 133。

72. 见 Han-sheng Chuan, "The Inflow of American Silver into China from the Late Ming to the Mid-Ch'ing Period, " *Journal of the Institute of Chinese Studies of the Chinese University of Hong Kong* 2 (1969) , 109。

73. 见 M. N. Pearson, "Spain and Spanish Trade in Southeast Asia, " *Journal of Asian History* 2, No.2 (1968): 115。

74. 见 Felipe Fernandez-Armesto, *Pathfinders: A Global History of Exploration* (New York: W. W. Norton & Company, 2006) , 212。

75. 见 Israel, *The Dutch Republic*, 319。

76. 见 Joan de Ribera, "Filipinas Menaced by Dutch, 1618, " in *Philippine Islands 1493-1898*, ed. Emma Helen Blair and James Alexander Robertson, vol.18, *1617-1620* (Cleveland, OH: A. H. Clark Company, 1904) , 162。

77. 见 Schurz, *Manila Galleon*, 142。

78. 见 John Villiers, "Manila and Maluku: Trade and Warfare in the Eastern Archipelago 1580-1640, " *Philippine Studies* 34 (1986): 155。

79. 见 Sanjay Subrahmanyam, *The Portuguese Empire in Asia, 1500-1700: A Political and Economic History* (London: Longman, 1993) , 214。

80. 见 Holden Furber, *Rival Empires of Trade in the Orient 1600-1800*

(Minneapolis: University of Minnesota Press, 1976) , 271。

81. 见 Vera Valdes Lakowsky, *De las minas al mar: Historia de la plata mexicana en Aisa, 1565-1834* (Mexico: Fondo de Cultura Economica, 1987) , 148。

82. 见 W. E. Cheong, "Changing the Rules of the Game (The India-Manila Trade 1785-1809) , " *Journal of Southeast Asian Studies* 1, No.2 (1970): 6。

83. Serafin D. Quiason, *English Country Trade with the Philippines, 1644-1765* (Quezon City: University of the Philippines Press, 1966) , 93。

84. 见 Subrahmanyam, *The Portuguese Empire*, 117。

85. 见 Jonathan I. Israel, *European Jewry in the Age of Mercantilism 1550-1750* (Portland: The Littman Library of Jewish Civilization, 1998) , 92, 128。

86. 见 Israel, *European Jewry*, 101, 102。

87. 见 James C. Boyajian, *Portuguese Trade in Asia under the Habsburgs, 1580-1640* (Baltimore: The Johns Hopkins University Press, 1993) , 76-81, 239-240。

88. 见 Subrahmanyam, *The Portuguese Empire*, 119; documents in Jose Toribio Medina, *Historia del tribunal de la Inquisicion de Lima: 1569-1820*, vol.2 (Santiago de Chile: Fondo Historico y Bibliografico Jose Toribio Medina, 1956) , 45-71。

89. 见 Pierre Chaunu, *Les Philippines et le Pacifique des Iberiques (XVI , XVII , XVIII siecles)*(Paris: S. E. V. P. E. N. , 1960) , 250。

90. 见 Inmaculada Alva Rodriguez, *Vida municipal en Manila (Siglos XVI-XVII)* (Cordoba: Universidad de Cordoba, 1997) , 366。

91. 见 Schurz, *Manila Galleon*, 260。

92. 见 Chaunu, *Les Philippines et le Pacifique*, 254-255。

第五章　大帆船

1. 本章内容参考 Shirley Fish, *The Manila-Acapulco Galleons: The Treasure Ships of the Pacific* (Central Milton Keynes, UK: AuthorHouseUK, 2011); Pablo

E. Perez-Mallaina, *Spain's Men of the Sea: Daily Life on the Indies Fleets in the Sixteenth Century* (Baltimore: The Johns Hopkins University Press, 1998); William L. Schurz, *The Manila Galleon* (New York: E. P. Dutton, 1959)。

2. 见 Gemelli G. Careri, *A Voyage to the Philippines: And an Appendix of the Chapters on the Philippines in the Travel of Fray Sebastian Manrique* (Manila: Filipiana Book Guild, 1963) , 131。

3. 见 Charles R. Boxer, *The Tragic History of the Sea 1589-1622* (Cambridge: Cambridge University Press, 1959) , 1。

4. 见 Charles R. Boxer, *The Portuguese Seaborne Empire, 1415-1825* (New York: Alfred A. Knopf, 1969) , 205。

5. 见 Carla Rahn Phillips, *The Short Life of an Unlucky Spanish Galleon: Los Tres Reyes 1628-1634* (Minneapolis: University of Minnesota Press, 1990) , 26。

6. 见 Hernando de los Rios Coronel, "Reforms needed in Filipinas, " in *Philippine Islands 1493-1898*, ed. Emma Helen Blair and James Alexander Robertson, vol.18, *1617-1620* (Cleveland, OH: A. H. Clark Company, 1904) , 288。

7. 见 Fish, *Manila-Acapulco Galleons*, 408-409。

8. 见 Perez-Mallaina, *Spain's Men of the Sea*, 140。

9. 见 Francois Pyrard, *The Voyage of Francois Pyrard of Laval to the East Indies*, vol.2 (London: Hakluyt Society, 1887-1888) , 196; Charles R. Boxer, *The Dutch Seaborne Empire, 1600-1800* (New York: Alfred A. Knopf, 1965) , 76。

10. 见 Fish, *Manila-Acapulco Galleons*, 409。

11. 见 Perez-Mallaina, *Spain's Men of the Sea*, 72。

12. 见 Boxer, *Dutch Seaborne Empire*, 166。

13. 见 Carlo M. Cipolla, *Guns, Sails and Empires: Technological Innovations and the Early Phases of European Expansion 1400-1700* (New York: Pantheon Books, 1965) , 137。

14. 见 Perez-Mallaina, *Spain's Men of the Sea*, 63。

15. 见 Schurz, *Manila Galleon*, Chapter 5。

16. 见 Perez-Mallaina, *Spain's Men of the Sea*, 66。

17. 见 Boxer, *Portuguese Seaborne Empire*, 208; Kirti N. Chauduri, *The English East India Company: The Study of an Early Joint-Stock Company, 1600-1640* (London: F. Cass, 1965) , 95。

18. 见 David F. Marley, "The Great Galleon: The Santisima Trinidad (1750-1765) , " Philippine Studies 41, No.2 (1993): 180。

19. 见 Osakr H. K. Spate, *The Spanish Lake* (Minneapolis: University of Minnesota, 1979) , 20。

20. 见 Fish, *Manila-Acapulco Galleons*, 162, 166。

21.见 Frederick L. Wernstedt and J. E. Spencer, *The Philippine Island World: A Physical, Cultural, and Regional Geography* (Berkeley: University of California Press, 1967) , 87。

22. 见 Domingo Navarrete, *The Travels and Controversies of Friar Domingo Navarrete 1618-1686*, vol.1 (Cambridge: Cambridge University Press, 1962) , 90-91。

23. 见 Sebastian de Pineda, "Philippine Ships and Shipbuilding, " in *Philippine Islands 1493-1898*, ed. Emma Helen Blair and James Alexander Robertson, vol.18, *1617-1620* (Cleveland, OH:A. H. Clark Company, 1904) , 160-162。

24. 见 Pineda, "Philippine Ships and Shipbuilding, " 164。

25. 见 Fish, *Manila-Acapulco Galleons*, 167。

26. 见 Pineda, "Philippine Ships and Shipbuilding, " 169。

27. 见 Pineda, "Philippine Ships and Shipbuilding, " 167。

28. 见 Onofre D. Corpuz, *The Roots of the Filipino Nation* (Quezon City: University of the Philippines Press, 2005) , 108。

29. 见 Guillaume Le Gentil, *A Voyage to the Indian Seas* (Manila: Filipiniana Book Guild, 1964) , 159, 167-171。

30. 见 Le Gentil, *A Voyage to the Indian Seas*, 159。

31. 见 Spate, *Spanish Lake*, 105。

32. 见 Schurz, *Manila Galleon*, 221。

33. 见 Le Gentil, *Voyage to the Indian Seas*, 163。

34. 见 Joseph de Acosta, *The Natural and Moral History of the Indies*, wol.1 (New York: Burt Franklin, 1970) , 116。

35. 见 Casimiro Diaz, “The Augustinians in the Philippines, 1670-1694, ” in *Philippine Islands 1493-1898*, ed. Emma Helen Blair and James Alexander Robertson, vol.42, *1670-1700* (Cleveland, OH:A. H. Clark Company, 1906) , 205。

36. 见 “Glossary of Meteorology: Monsoon Trough, ” American Meteorological Society, last modified January 26, 2021, accessed February 1, 2013, http://glossary.ametsoc.org/wiki/Monsoon_trough。

37. 见 Celia Martin-Puertas et al., “Regional Atmospheric Circulation Shifts Induced by a Grand Solar Minimum, ” Nature Geoscience 5 (2012): 397。

38. 见 Miguel Selga, *Charts of Remarkable Typhoons in the Philippines, 1902-1934: Catalogue of Typhoon, 1348-1934* (Manila: Bureau of Printing, 1935) , 16, 28, 34。

39. 见 Casimiro Diaz, *Conquistas de las Islas Filipinas: Parte Segunda* (Valladolid: De Gaviria, 1890) , 38。

40. 见 Pedro Cubero Sebastian, *Peregrinacion del mundo* (Madrid: Ediciones Polifemo, 1993) , 340。

41. 见 Boxer, *Dutch Seaborne Empire*, 244。

42. 见 Boxer, *The Tragic History of the Sea*, 24-29。

43. 见 Schurz, *Manila Galleon*, 261。

44. 见 Richard Walter, *A Voyage Round the World in the Years 1740, 41, 42, 42, 44* (London: N. p., 1818) , 75。

45. 见 Boxer, *Dutch Seaborne Empire*, 107。

46. 见 Cubero Sebastian, *Peregrinacion del Mundo* , 342。

47. 见 Schurz, *Manila Galleon*, 266。

48. 见 Pyrard, *The Voyage of Francois Pyrard of Laval to the East Indies*, vol.2, 9, 11-12。

49. 见 Boxer, *Dutch Seaborne Empire*, 243; Femme S. Gaastra, *The Dutch East India Company: Expansion and Decline* (Leiden: Walburg Press, 2003) , 87。

50. 见 Careri, *Voyage to the Philippines*, 127。

51. 见 Careri, *Voyage to the Philippines*, 15。

52. 见 Careri, *Voyage to the Philippines*, 156。

53. 见 Careri, *Voyage to the Philippines*, 156。

54. 见 Horacio de la Costa, *The Jesuits in the Philippines, 1581-1768* (Cambridge, MA: Harvard University Press, 1961) , 229。

55. 见 Careri, *A Voyage to the Philippines*, 229-30。

56. 见 Fish, *Manila-Acapulco Galleons*, 415。

57. 见 Careri, *A Voyage to the Philippines*, 230。

58. 见 Perez-Mallaina, *Spain's Men of the Sea*, 132。

59. 见 de la Costa, *The Jesuits in the Philippines*, 589-591。

60. 见 de los Rios Coronel, "Reforms needed in Filipinas" , 288-289。

61. 见 Boxer, *Tragic History of the Sea*, 20-21。

62.见 Francesco Carletti, My Voyage Around the World (New York: Pantheon Books, 1964)。

63. 见 Schurz, *Manila Galleon*, 272。

64.见 Navarrete, *The Travels and Controversies*, vol.1, 91; Perez-Mallaina, *Spain's Men of the Sea*, 155。

65. 见 Navarrete, *The Travels and Controversies*, vol.1, 46。

66. 见 Fish, *Manila-Acapulco Galleons*, 463。

67. 见 Schurz, *Manila Galleon*, 272。

68. 见 Diaz, *Conquistas de las Islas Filipinas*, 200, 273。

69. 见 Schurz, *Manila Galleon*, 282。

70. 见 Navarrete, *Travels and Controversies*, vol.2, 390。

71. 见 de la Costa, *Jesuits in the Philippines*, 9。

72. 见 Perez-Mallaina, *Spain's Men of the Sea*, 76-77。

73. 见 Schurz, *Manila Galleon*, 205。

74. 见 John Hawkins, *Hawkins' Voyages* (London: The Hakluyt Society, 1878) , 164-165。

75. 见 Pyrard, *Voyage of Francois Pyrard of Laval*, vol.2, 186。

76. 见 Gaastra, *The Dutch East India Company*, 91。

77. 见 Boxer, *Dutch Seaborne Empire*, 70; Boxer, *Portuguese Seaborne Empire*, 213。

78. 见 Fish, *Manila-Acapulco Galleons*, 310。

79. 见 Fish, *Manila-Acapulco Galleons*, 318。

80. 见 de los Rios Coronel, "Reforms needed in Filipinas, " 286-287。

81. 见 Francisco Leandro de Viana, "Demonstracion de misero deplorable estado de las Islad Philippinas, 1765, " in *Philippine Islands 1493-1898*, ed. Emma Helen Blair and James Alexander Robertson, vol.48, *1751-1765* (Cleveland, OH:A. H. Clark Company, 1907) , 301。

82. 见 Gaastra, *The Dutch East India Company*, 87。

83. 见 Santiago de Vera, "Letter from Santiago de Vera to Philip II, 1589, " in *Philippine Islands 1493-1898*, ed. Emma Helen Blair and James Alexander Robertson, vol.7, *1588-1591*(Cleveland, OH:A. H. Clark Company, 1903) , 87。

84. 见 Sebastian Hurtado de Corcuera, "Letter to Philip IV, " in *Philippine Islands 1493-1898*, ed. Emma Helen Blair and James Alexander Robertson, vol.26, *1636*(Cleveland, OH:A. H. Clark Company, 1905) , 194。One cavan was approximately 44kgs; one cavan had 25 gantas; if rice had been husked, the cavan was equivalent to 56 kgs。

85. 见 Charles Mann, *1493; Uncovering the New World Columbus Created* (New York: Random House, 2011) , 323。

86. 见 Gemelli G. Careri, Viaje a la Nueva Espana: Mexico a fines del siglo XVII , vol.1 (Mexico: Ediciones Libro-Mex, 1955) , 25, 31。

87. 见 Careri, *Voyage to the Philippines*, 160。

88. 见 Careri, *Voyage to the Philippines*, 169。

89. 见 Careri, *Voyage to the Philippines*, 156, 172。

90. 见 Navarrete, *Travels and Controversies*, 38-39, 43。

91. 见 Fish, *Manila-Acapulco Galleons*, 433; Carletti, *My Voyage Around the World*, 57。

92. 见 Careri, *Viaje a la Nueva Espana*, vol.1, 25-35。

93. 见 Schurz, *Manila Galleon*, 364。

第六章　航线经济

1. 见 Frank Spooner, *The International Economy and Monetary Movements in France, 1493-1725* (Cambridge: Harvard University Press, 1972) , 26, 45。

2. 见 Juan Grau y Monfalcon, "Informatory Memorial Addressed to the King, Madrid, 1637, " in *Philippine Islands 1493-1898*, ed. Emma Helen Blair and James Alexander Robertson, vol.27, *1636-1637* (Cleveland, OH:A. H. Clark Company, 1905) , 88。

3. 见 Kirti N. Chaudhuri, *The English East India Company: The Study of an Early Joint-Stock Company, 1600-1640* (London: F. Cass, 1965) , 135。

4. 见 Han-sheng Chuan, "The Inflow of American Silver into China from the Late Ming to the Mid-Ch' ing Period, " *Journal of the Institute of Chinese Studies of the Chinese University of Hong Kong* 2 (1969): 2。

5. 见 Richard Von Glahn, *Fountain of Fortune: Money and Monetary Policy in China, 1000-1700* (Berkeley: University of California Press, 1996) , 214。

6. 见 Charles R. Boxer, "Plata es Sangre: Sidelights on the Drain of Spanish-American Silver in the Far East, 1550-1700, " *Philippine Studies* 18 (1970): 461。

7. 见 Dennis Flynn and Arturo Giraldez, "Cycles of Silver: Globalization as Historical Process, " *World Economics* 3, No.2 (2002):7。

8. 见 Benito J. Legarda, *After the Galleons: Foreign Trade, Economic Change and Entrepreneurship in Nineteenth-Century Philippines* (Madison: Center for Asian Studies, University of Wisconsin-Madison, 1999) , 31。

9. 见 Guillaume Raynal, “L’Histoire philosophique et politique des etablissements et du commerce des Europeens dans les deux Indes, ” in *Travel Accounts of the Islands (1513-1787)* (Manila: Filipiniana Book Guild, 1971) , 205。

10. 见 Raynal, “L’Histoire philosophique, ” 208。

11. 见 William L. Schurz, *The Manila Galleon* (New York: E. P. Dutton, 1959) , 33; Antonio Morga, *Sucesos de las Islas Filipinas*, ed. J. S. Cummins (Cambridge: Cambridge University Press, 1971) , 2, 298。

12. 见 Gregorio F. Zaide, *Philippine Political and Cultural History*, vol.1 (Manila: Philippine Education Company, 1957) , 490。

13. 见 Hernando Riquel, “News from the Western Islands by Hernando Riquel and Others, ” in *Philippine Islands 1493-1803*, ed. Emma Helen Blair and James Alexander Robertson, vol.3, *1569-1576* (Cleveland, OH:A. H. Clark Company, 1903) , 247-249。

14. 见 Benito J. Legarda, *After the Galleons: Foreign Trade, Economic Change and Entrepreneurship in Nineteenth-Century Philippines* (Madison: Center for Asian Studies, University of Wisconsin-Madison, 1999) , 43。

15. 见 Casimiro Diaz, “The Augustinians in the Philippines, 1670-1694, ” in *Philippine Islands 1493-1898*, ed. Emma Helen Blair and James Alexander Robertson, vol.42, *1670-1700* (Cleveland, OH:A. H. Clark Company, 1906) , 206。

16. 见 Vera Valdes Lakowsky, *De las minas al mar: Historia de la plata mexicana en Aisa, 1565-1834* (Mexico: Fondo de Cultura Economica, 1987) , 94。

17. 见 Morga, *Sucesos*, 136-141。

18. 见 Schurz, *Manila Galleon*, 83。

19. 见 Horacio de la Costa, *The Jesuits in the Philippines, 1581-1768* (Cambridge, MA: Harvard University Press, 1961) , 132。

20. 见 Legarda, *After the Galleons,* 43。

21. 见 Schurz, *Manila Galleon*, 171。

22. 见 Lakowsky, *De las minas al mar*, 84。

23. 见 Diaz, “The Augustinians in the Philippines, ” 203。

24. 见 “Letter from the Manila Audencia to Felipe II, ” in *Philippine Islands 1493-1898*, ed. Emma Helen Blair and James Alexander Robertson, vol.6, *1583-1588* (Cleveland, OH:A. H. Clark Company, 1903) , 311-312。

25. 见 “Copy of Letter from London[1569], ” in *Calendar of State Papers, Spain (Simancas)* , ed. Martin A. S. Hume, vol.4, 1587-1603. British History Online, 481。Accessed December 22, 2012。http://www.british-history.ac.uk/report.aspx?Compid=87201。

26. 见 Chuan, “The Inflow of American Silver, ” 114。

27.见 Woodrow Borah, *Silk Raising in Colonial Mexico* (Berkeley: University of California Press, 1943) , 97。

28.见 Woodrow Borah, *Early Colonial Trade and Navigation between Mexico and Peru* (Berkeley: University of California Press, 1954) , 122。

29. 见 Schurz, *Manila Galleon*, 366, 370。

30. 见 Grau y Monfalcon, “Informatory Memorial, ” 88, 148-150。

31. 见 Legarda, *After the Galleons,* 42。

32. 见 Borah, *Early Colonial Trade*, 123。

33. 见 Jonathan I. Israel, *Race, Class and Politics in Colonial Mexico 1610-1670* (Oxford: Oxford University Press, 1975) , 192。

34. 见 Borah, *Early Colonial Trade*, 123。

35. 见 Israel, *Race, Class and Politics*, 101。

36. 见 Schurz, *Manila Galleon*, 190。

37. 见 Pierre Chaunu, *Les Philippines et le Pacifique des Iberiques (XVI , XVII , XVIII siecles)*(Paris: S. E. V. P. E. N. , 1960) , 269; Louisa S. Hoberman, “Merchants in Seventeenth-Century Mexico City: A Preliminary Portrait, ” *Hispanic American Historical Review* 57, No.3 (1977): 493。

38. 见 Han-sheng Chuan, “Inflow of American Silver” ; Hoberman, “Merchants in Seventeenth-Century Mexico City, ” 219; Mariano Ardash Bonialian, *El Pacifico hispanoamericano: Politica y comercio asiatico en el imperio Espanol (1680-1784)* , *La centralidad de lo marginal* (Mexico: El Colegio de Mexico, 2012)

, 215。

39. 见 Bonialian, *El Pacifico hispanoamericano,* 267, 279。

40. 见 Kirti N. Chaudhuri, *The Trading World of Asia and the English East India Company, 1660-1760* (Cambridge: Cambridge University Press, 1978) , 155。

41. 见 Thomas Gage, *Travels in the New World* (Norman: University of Oklahoma Press, 1958) , 77。

42. 见 Gemelli G. Careri, *Viaje a la Nueva Espana: Mexico a fines del siglo XVII* , vol.1 (Mexico: Ediciones Libro-Mex, 1955) , 28。

43. 见 Bonialian, *El Pacifico hispanoamericano,* 214; Guillermina Del Valle Pavon, "Los Mercaderes de Mexico y la transgresion de los limites al Comercio Pacifico en Nueva Espana, " *Revista de historia economica, Numero Extraordinario. La economia en tiempos de Don Quijote*, 2005: 236; Schurz, *Manila Galleon*, 188。

44. 见 Schurz, *Manila Galleon*, 159。

45. 见 Oskar H. K. Spate, *The Spanish Lake* (Minneapolis: University of Minnesota Press, 1979) , 161。

46. 见 Bonialian, *El Pacifico hispanoamericano,* 214。

47. 见 Legarda, *After the Galleons,* 41; Schurz, *Manila Galleon*, 188。

48. 见 Del Valle Pavon, "Los Mercaderes de Mexico, " 236。

49. 见 Charles R. Boxer, *The Portuguese Seaborne Empire, 1415-1825* (New York: Alfred A. Knopf, 1969) , 336。

50. 见 Holden Furber, *Rival Empires of Trade in the Orient 1600-1800* (Minneapolis: University of Minnesota Press, 1976) , 336。

51. 见 William M. Mathers, "Nuestra Senora de la Concepcion, " *Natioinal Geographic* 178, No.3 (1990): 40。

52. 见 Israel, *Race, Class and Politics*, 45。

53. 见 Israel, *Race, Class and Politics*, 180。

54. 见 Israel, *Race, Class and Politics*, 185; Jose Carlos Chiaramonte, "En torno a la recuperacion demografica y la depresion economica novohispanas durante el siglo XVII" , *Historia Mexicana* 30, No.4 (1981): 593。

55. 见 Israel, *Race, Class and Politics*, 192。

56. 见 Israel, *Race, Class and Politics*, 193。

57. 见 Schurz, *Manila Galleon*, 188。

58. 见 Jose Montero y Vidal, *Historia general de Filipinas*, vol.1 (Madrid: Est. Tip. Viuda e Hijos de Tello, 1887) , 452。

59. 见 Mathers, "Nuestra Senora de la Concepcion, " 40。

60. 见 Timothy Brook, "Communications and Commerce, " in *The Cambridge History of China*, vol.8, bk.2, *The Ming Dynasty*, 1368-1644 (Cambridge: Cambridge University Press, 1998) , 164。

61. 见 Deng, *Chinese Maritime Activities*, 147-148。

62. 见 Zaide, *Philippine Political and Cultural History*, 270。

63. 见 Gang Deng, *Chinese Maritime Activities and Socioeconomic Development c.2100 B. C. -1900 A. D.* (Westport, CT: Greenwood Press, 1997) , 110。

64. 见 Brook, "Communications and Commerce, " 698。

65. 见 de la Costa, *The Jesuits in the Philippines*, 206-207。

66. 见 Onofre D. Corpuz, *The Roots of the Filipino Nation* (Quezon City: University of the Philippines Press, 2005) , 305。

67. 见 Schurz, *Manila Galleon*, 188。

68. 见 Schurz, *Manila Galleon*, 71。

69. 见 M. N. Pearson, "Spain and Spanish Trade in Southeast Asia, " *Journal of Asian History* 2, No.2 (1968): 114; Schurz, *Manila Galleon*, 71。

70. 见 Hieronimo Banuelos y Carrillo, "Relations of the Filipinas Islands (1638) , " in *Philippine Islands 1493-1898*, vol. 29, ed. Emma Helen Blair and James Alexander Robertson, *1638-1640* (Cleveland, OH:A. H. Clark Company, 1905) , 69-70。

71. 见 Brook, "Communications and Commerce, " 698。

72. 见 Brook, "Communications and Commerce, " 698。

73. 见 de la Costa, *The Jesuits in the Philippines*, 203-204。

74. 见 Bartolome Leonardo de Argensola, *The Discovery and Conquest of the*

Moluccas and Philippine Islands (London: N. p., 1708) , 219-26; de la Costa, *Jesuits in the Philippines*, 208。

75. 见 de Argensola, *The Discovery and Conquest*, 217。

76. 见 Francisco Colin, *Labor evangelica, ministerios apostolicos de los obreros de la Compania de Jesus*, ed. Leoncio Cabrero, vol.2 (Barcelona: Imprenta y Litografia de Henrich y Compania, 1900) , 438。

77. 见 de Argensola, *The Discovery and Conquest*, 219-226。

78. 见 Tellez de Almazan, "Relacion, " in Labor evangelica, ed. Pablo Pastells (Barcelona: Imprenta y Litografia de Henrich y Compania, 1902) , 427。

79. 见 de Argensola, *The Discovery and Conquest*, 219-226; de la Costa, *The Jesuits in the Philippines*, 219-226。

80. 见 Schurz, *Manila Galleon*, 91。

81. 见 Berthold Laufer, "The Relations of the Chinese to the Philippine Islands" , *Smithsonian Institution, Miscellaneous Collections* 50, No.13 (1907): 272。

82. 见 "Relation of the Insurrection of the Chinese, " in *Philippine Islands 1493-1803*, vol.29, ed. Emma Helen Blair and James Alexander Robertson (Cleveland, OH:A. H. Clark Company, 1909) , 208n50。

83. 见 Juan Lopez, "Events in the Filipinas Islands from August, 1639, to August, 1640, " in *Philippine Islands 1493-1898*, ed. Emma Helen Blair and James Alexander Robertson, vol.29, *1638-1640* (Cleveland, OH:A. H. Clark Company, 1905) , 194-95。

84. 见 Joseph de Navada Alvarado, "Discussion Regarding Portuguese Trade at Manila, 1632-1636, " in *Philippine Islands 1493-1898*, ed. Emma Helen Blair and James Alexander Robertson, vol.25, *1635-1636* (Cleveland, OH: A. H. Clark Company, 1904) , 135。

85. 见 George B. Souza, *The Survivial of the Empire: Portuguese Trade and Society in China and the South China Sea, 1630-1754* (Cambridge: Cambridge University Press, 2004) , 81。

86. 见 “Relation of the Insurrection of the Chinese, ” 209。

87. 见 Joaquin Martinez de Zuniga and W. E. Retana, “Tomo Primero” and “Relacion verdadera del levantamiento de los sangleys...el ano pasado de 1640 y 1641, ” in *Estadismo de las Islas Filipinas o Mis viajes por este pais*, Apendix A (Madrid: Imprenta da la Viuda de M. Minuesa de los Rios, 1893) , 50。

88. 见 “Relation of the Insurrection of the Chinese, ” 202。

89. 见 “Relation of the Insurrection of the Chinese, ” 249-250。

90. 见 “Relation of the Insurrection of the Chinese, ” 250。

91. 见 “Relation of the Insurrection of the Chinese, ” 222, 224, 226。

92. 见 “Relation of the Insurrection of the Chinese, ” 222。

93. 见 Joaquin Martinez de Zuniga and W. E. Retana, *An Historical View of the Philippine Islands* (Manila: Filipiniana Book Guild, 1966) , 50。

94. 见 “Relation of the Insurrection of the Chinese, ” 253, 255。

95. 见 Joaquin Martinez de Zuniga and W. E. Retana, *An Historical View of the Philippine Islands* (Manila: Filipiniana Book Guild, 1966) , 108。

96.见 de la Costa, Jesuits in the Philippines, 392; Zaide, Philippine Political and Cultural History, vol.1, 281; Hubert S. C. Liao, *Chinese Participation in Philippine Culture and Economy* (Manla: Bookman, 1964) , 26; Diaz, Conquistas de las Islas Filipinas, 287。

97. 见 Zuniga, *Historical View*, 54。

98. 见 Deng, *Chinese Maritime Activities*, 148。

99. 见 de la Costa, *Jesuits in the Philippines*, 392。

100. 见 Inmaculada Alva Rodriguez, *Vida municipal en Manila (Siglos XVI-XVII)* (Cordoba: Universidad de Cordoba, 1997) , 70-72。

101. 见 Furber, *Rival Empires of Trade*, 142。

第七章　18 世纪的大帆船航线

1. 见 Ping-ti Ho, *Studies on the Population of China, 1368-1953* (Cambridge:

Harvard University Press, 1959) , 193; Jonathan D. Spence, *The Search for Modern China* (New York: W. W. Norton & Company, 1990) , 95。

2. 见 Spence, *Chinese Roundabout*, 231, 233。

3. 见 Ho, *Studies on the Population of China*, 2。

4. 见 Sucheta Mazumdar, "The Impact of New World Food Crops on the Diet and Economy of China and India, 1600-1990, " in *Food in Global History*, ed. Raymond Grew (Boulder: Westview Press, 1999) , 62, 70。

5. 见 John K. Fairbank, ed., *The Cambridge History of China*, vol.10, part 1, *Late Ch' ing, 1800-1911* (Cambridge: Cambridge University Press, 1978) , 35。

6. 见 J. R. McNeill and William H. McNeill, *The Human Web: A Bird's-Eye View of World History* (New York: W. W. Norton & Company, 2003) , 211。

7. 见 McNeill and McNeill, *The Human Web*, 211。

8. 见 F. W. Mote, *Imperial China 900-1800* (Cambridge: Harvard University Press, 1999) , 941。

9. 见 William H. McNeill, *The Pursuit of Power: Technology, Armed Force, and Society since A. D. 1000* (Chicago: The University of Chicago Press, 1982) , 214-15。

10. 见 Peter C. Perdue, *China Marches West: The Qing Conquest of Central Eurasia* (Cambridge, MA: Harvard University Press, 2005) , 561。

11. 见 John R. Fisher, "Mining and Imperial Trade in 18th-Century Spanish America, " in Monetary History in Global Perspective, 1500-1808: B6 Proceedings, Twelfth International Economic History Congress, ed. Clara Eugenia Nunez (Sevilla: Universidad de Sevilla, 1998)。

12. 见 Mark A. Burkholder and Lyman L. Johnson, *Colonial Latin America* (New York: Oxford University Press, 1988) , 140。

13. 见 John H. Coatsworth, "The Mexican Mining Industry in the Eighteenth Century" , in *The Economies of Mexico and Peru During the Late Colonial Period, 1760-1810*, ed. Nils Jacobsen and Hans-Jurgen Puhle (Berlin: Colloquium Verlag, 1986) , 26-27。

14. 见 William A. Shaw, *Select Tracts and Documents Illustrative of English Monetary History 1626-1730* (London: Clement Wilson, 1896) , 192, 295。

15. 见 William A. Schurz, *Manila Galleon* (New York: E. P. Dutton, 1959) , 47。

16. 见 Holden Furber, *Rival Empires of Trade in the Orient 1600-1800* (Minneapolis: University of Minnesota Press, 1976) , 134, 232。

17. 见 Kirti N. Chaudhuri, *The Trading World of Asia and the English East India Company, 1660-1760* (Cambridge: Cambridge University Press, 1978) , 181-82。

18. 见 Diego G. Lopez Rosado, *Historia del peso mexicano* (Mexico: Fondo de Cultura Economica, 1975) , 27。

19. 见 Rosado, *Historia del peso mexicano*, 32。

20. 见 Richard Von Glahn, *Fountain of Fortune: Money and Monetary Policy in China, 1000-1700* (Berkeley: University of California Press, 1996) , 57。

21. 见 Dennis Flynn and Arturo Giraldez, "Cycles of Silver: Global Economic Unity through the Mid-Eighteenth Century, " Journal of World History 13, No.2 (2002): 410-11。

22. 见 Dennis Flynn and Arturo Giraldez, "Cycles of Silver, " 411。

23. 见 Louis Dermigny, *La chine et l'occident: Le commerce a Canton au XVIIIe siecle, 1719-1833*, vol.2 (Paris: SVEPN, 1964) , 688-89; Louis Dermigny, *La chine et l'occident: Le commerce a Canton au XVIIIe siecle, 1719-1833*, vol.1 (Paris: SVEPN, 1964) , 432-433。

24. 见 Furber, *Rival Empires of Trade*, 257。

25. 见 K. Pomeranz and S. Topik, *The World That Trade Created* (Armonk, NY: M. E. Sharpe, 1999) , 103。

26. 见 Carl A. Trocki, *Opium, Empire and the Global Political Economy: A Study of the Asian Opium Trade, 1750-1950* (London: Routledge, 1999) , 51, 54。

27. 见 John Keay, *The Spice Route: A History* (Berkeley: University of California Press, 2006) , 254-255。

28. 见 Henry Kamen, *Spain 1469-1714: A Society in Conflict* (New York: Longman, 1983) , 473。

29. 见 Kamen, *Spain 1469-1714*, 474。

30. 见 Stanley J. Stein and Barbara H. Stein, *Silver, Trade, and War: Spain and America in the Making of Early Modern Europe* (Baltimore: The Johns Hopkins University Press, 2000) , 262, 265。

31. 见 Kamen, *Spain 1469-1714*, 472。

32. 见 Kamen, *Spain 1469-1714*, 475。

33. 见 Richard Walter, *A Voyage Round the World in the Years 1740, 41, 42, 42, 44* (London: N. p., 1818) , vi-vii。

34. 见 Furber, *Rival Empires of Trade*, 160。

35. 见 Benito J. Legarda, *After the Galleons: Foreign Trade, Economic Change and Entrepreneurship in Nineteenth-Century Philippines* (Madison: Center for Asian Studies, University of Wisconsin-Madison, 1999) , 48。

36. 见 Mariano Ardash Bonialian, *El Pacifico hispanoamericano: Politica y comercio asiatico en el imperio Espanol (1680-1784) , La centralidad de lo marginal* (Mexico: El Colegio de Mexico, 2012) , 164-165。

37. 见 Furber, *Rival Empires of Trade*, 169。

38. 见 Furber, *Rival Empires of Trade*, 272。

39. 见 Chaudhuri, *The Trading World of Asia*, 180。

40. 见 Furber, *Rival Empires of Trade*, 272。

41. 见 Vera Valdes Lakowsky, *De las minas al mar: Historia de la plata mexicana en Aisa, 1565-1834* (Mexico: Fondo de Cultura Economica, 1987) , 148。

42. 见 W. E. Cheong, "Changing the Rules of the Game (The India-Manila Trade 1785-1809)" , *Journal of Southeast Asian Studies* 1, No.2 (1970): 9。

43. 见 Lakowsky, *De las minas al mar*, 189。

44. 见 Guillaume Le Gentil, *A Voyage to the Indian Seas* (Manila: Filipiniana Book Guild, 1964) , 182-183, 192。

45. 见 Jose Montero y Vidal, *Historia general de Filipinas*, vol.2 (Madrid: Est.

Tip. Viuda e Hijos de Tello, 1894) , 33。

46. 见 Schurz, *Manila Galleon*, 341。

47. 见 Joaquin Martinez de Zuniga, *An Historical View of the Philippine Islands*, vol.2(London: J. Asperne, 1814) , 208。

48. 见 Nicholas P. Cushner, *Documents Illustrating the British Conquest of Manila, 1762-1763* (London: Offices of the Royal Historical Society, 1971) , 14-15。

49. 见 Martinez de Zuniga, *Historical View*, vol.2, 208-209。

50. 见 Martinez de Zuniga, *Historical View*, vol.2, 191。

51. 见 Martinez de Zuniga, *Historical View*, vol.2, 211。

52. 见 Montero y Vidal, *Historia general de Filipinas*, vol.2, 82-83。

53. 见 Montero y Vidal, *Historia general de Filipinas*, vol.2, 83。

54. 见 Onofre D. Corpuz, *The Roots of the Filipino Nation* (Quezon City: University of the Philippines Press, 2005) , 307。

55. 见 Gregorio F. Zaide, *Philippine Political and Cultural History* (Manila: Philippine Education Company, 1957) , 283。

56. 见 Corpuz, *Roots of the Filipino Nation*, 381。

57. 见 Zaide, *Philippine Political and Cultural History*, 283。

58. 见 Martinez de Zuniga, *Historical View*, vol.2, 229。

59. 见 Kamen, *Spain 1469-1714*, 484。

60. 见 Ronald Findlay and Kevin H. O'Rourke, *Power and Plenty: Trade, War, and the World Economy in the Second Millennium* (Princeton, NJ: Princeton University Press, 2007) , 247。

61. 见 Felipe Fernandez-Armesto, *The World: A History* (Upper Saddle River, Pearson, Prentice Hall, 2007) , 705, 706。

62. 见 Corpuz, *Roots of the Filipino Nation*, 305, 309。

63. 见 Elliot C. Arensmeyer, "Foreign Accounts of the Chinese in the Philippines: 18th-19th Centuries, " *Philippine Studies* 18 (1970): 91。

64. 见 Edgar Wickberg, *The Chinese in Philippine Life* (New Haven: Yale University Press, 1965) , 12。

65. 见 Jose Vila, “Condition of the Islands, 1701, ” in *Philippine Islands 1493-1898*, ed. Emma Helen Blair and James Alexander Robertson, vol.44, *1700-1736* (Cleveland, OH: A. H. Clark Company, 1906) , 134, 137。

66. 见 Edgar Wickberg, *The Chinese in Philippine Life* (New Haven: Yale University Press, 1965) , 9-10。

67. 见 Corpuz, *Roots of the Filipino Nation*, 306。

68. 见 Martinez de Zuniga, *Historical View*, vol.2, 12-14。

69. 见 Martinez de Zuniga, *Historical View*, vol.2, 89-90。

70. 见 Arensmeyer, “Foreign Accounts of the Chinese, ” 89, 91。

71. 见 Arensmeyer, “Foreign Accounts of the Chinese, ” 93。

72. 见 Juan Jose Delgado, *Historia general sacro-profana, politica y natural de las islas del poniente llamadas Filipinas* (Manila: Imprenta del Eco de Filipinas, 1892) , 52。

73. 见 Martinez de Zuniga, *Historical View*, vol.2, 115。

74. 见 Joaquin Martinez de Zuniga, “Events in Filipinas, 1739-1762, ” in *Philippine Islands 1493-1898*, ed. Emma Helen Blair and James Alexander Robertson, vol.48, *1751-1765* (Cleveland, OH: A. H. Clark Company, 1909) , 183n104。

75. 见 Corpuz, *Roots of the Filipino Nation*, 306。

76. 见 Legarda, *After the Galleons,* 57。

77. 见 Corpuz, *Roots of the Filipino Nation*, 307。

78. 见 Wickberg, *The Chinese in Philippine Life*, 17。

79. 见 Corpuz, *Roots of the Filipino Nation*, 307。

80. 见 Victor Purcell, *The Chinese in Southeast Asia* (London: Oxford University Press, 1965) , 529。

81. 见 Cheong, “Changing the Rules, ” 147。

82. 见 Wickberg, *The Chinese in Philippine Life*, 25, 31。

83. 见 Miguel A. Bernard, “Father Ducos and the Muslim Wars: 1752-1759, ” *Philippine Studies* 16 (1968):700。

84. 见 Bernard, "Father Ducos and the Muslim Wars, " 694, 696-697。

85. 见 Bernard, "Father Ducos and the Muslim Wars, " 702。

86. 见 William Henry Scott, *Slavery in the Spanish Philippines*, 2nd ed. (Manila: De La Salle University Press, 1997) , 56。

87. 见 Linda A. Newson, *Conquest and Pestilence in the Early Spanish Philippines* (Honolulu: University of Hawaii Press, 2009) , 33-34。

88. 见 Carmen Yuste Lopez, *El comercio de la Nueva Espana con Filipinas, 1570-1785* (Mexico: Instituto Nacional de Antropologia e Historia, 1987) , 80。

89. 见 Francisco Leandro de Viana, "Memorial of 1765, " in *Philippine Islands 1493-1898*, ed. Emma Helen Blair and James Alexander Robertson, vol.48, *1751-1765* (Cleveland, OH:A. H. Clark Company, 1907) , 274-276。

90. 见 Carmen Yuste Lopez, "El eje comercial transpacifico en el siglo XVIII: la disolucion imperial de una alternativa colonial, " in *El comercio exterior de Mexico 1713-1850: Entre la quiebra del sistema imperial y el surgimiento de una nacion,* ed.Carmen Yuste Lopez and Matilde Soto Mantecon (Mexico: Instituto de Investigaciones Historicas Dr. Jose Maria Luis Mora, 2000) , 26。

91. 见 Viana, "Memorial of 1765, " 315。

92. 见 Viana, "Memorial of 1765, " 334。

93. 见 Legarda, *After the Galleons,* 53。

94. 见 Yuste Lopez, "El eje comercial transpacifico, " 31。

95. 见 Stein and Stein, *Silver, Trade , and War*, 231。

96. 见 Luis Alonso Alvarez, *El costo del imperio Asiatico: La formacion colonial de las islas Filipinas bajo domino espanol, 1565-1800* (La Coruna: Universidad da Coruna, 2009) , 307。

97. 见 Furber, *Rival Empires of Trade*, 225。

98. 见 Legarda, *After the Galleons,* 60。

99. 见 Bonialian, *El Pacifico hispanoamericano*, 407。

100. 见 Hernandez M. Sanchez-Barba, "Las Indias en el siglo XVIII , " *in Historia de Espana y America social y economica,* vol.4, *Los Borbones en el siglo*

XVIII en Espana y America, ed. J. Vicens Vives (Barcelona: Vicens-Vives, 1972) , 176-177。

101. 见 J. H. Parry, *Trade and Dominion: The European Oversea Empires in the Eighteenth Century* (London: Phoenix Press, 2000) , 279。

102. 见 Legarda, *After the Galleons,* 61。

103. 见 Legarda, *After the Galleons,* 77。

104. 见 Cheong, "Changing the Rules, " 147。

105. 见 Legarda, *After the Galleons,* 80。

106. 见 Carmen Yuste Lopez, *El comercio de la Nueva Espana con Filipinas, 1570-1785* (Mexico: Instituto Nacional de Antropologia e Historia, 1987) , 80。

107. 见 Carmen Yuste Lopez, *Emporios transpacificos: Comerciantes mexicanos en Manila* (Mexico: Universidad Nacional Autonoma de Mexico, 2007) , 11-12。

108. 见 Bonialian, *El Pacifico hispanoamericano*, 195。

109. 见 Yuste Lopez, *El comercio de la Nueva Espana*, 81。

110. 见 Lakowsky, *De las minas al mar*, 255。

111. 见 W. E. Cheong, "Trade and Finance in China, 1784-1834, " *Business History* 7, No.1 (1965): 43, 45。

112. 见 Legarda, *After the Galleons,* 44。

图书在版编目（CIP）数据

贸易：马尼拉大帆船与全球化经济的黎明 /（美）阿图罗·吉拉尔德斯著；李文远译 . — 北京：中国工人出版社，2021.2
书名原文：*The Age of Trade : The Manila Galleons and the Dawn of the Global Economy*
ISBN 978-7-5008-7612-0

Ⅰ . ①贸… Ⅱ . ①阿… ②李… Ⅲ . ①国际贸易–贸易史–研究
Ⅳ . ① F749
中国版本图书馆 CIP 数据核字（2021）第 110740 号

著作权合同登记号：01–2021–3304

Published by agreement with the Rowman & Littlefield Publishing Group through the Chinese Connection Agency, a division of Beijing XinGuangCanLan ShuKan Distribution Company Ltd., a.k.a Sino-Star.

贸易：马尼拉大帆船与全球化经济的黎明

出 版 人 王娇萍
责任编辑 董佳琳
责任印制 栾征宇
出版发行 中国工人出版社
地　　址 北京市东城区鼓楼外大街 45 号　邮编：100120
网　　址 http://www.wp-china.com
电　　话 （010）62005043（总编室）（010）62005039（印制管理中心）
（010）62001780（万川文化项目组）
发行热线 （010）62003056　82029051
经　　销 各地书店
印　　制 北京市密东印刷有限公司
开　　本 880 毫米 ×1230 毫米　1 / 32
印　　张 10.625
字　　数 250 千字
版　　次 2021 年 7 月第 1 版　　2023 年 2 月第 2 次印刷
定　　价 56.00 元